HONG KONG

香港

国家安全維持法の
インパクト

一国二制度における
自由・民主主義・経済活動は
どう変わるか

廣江倫子
Noriko Hiroe

阿古智子
Tomoko Ako

＝編

日本評論社

◆
はじめに

　第一次アヘン戦争でイギリスの圧倒的な軍事力に屈した中国（当時の清国）は1842年、南京条約を結び、香港島をイギリスに永久に割譲することに合意、1860年には第二次アヘン戦争（アロー号戦争）の講和条約、すなわち北京条約によって、九龍半島の南端が割譲された。さらに1898年には、香港島への水の供給などの対策で、イギリスは中国から新界を99年期限で租借した。

　1982年9月、イギリス首相のマーガレット・サッチャーが中国を訪問した。同年6月にフォークランド紛争でアルゼンチンに勝利して自信をつけていたサッチャー首相に対し、鄧小平は、「香港はフォークランドではないし、中国はアルゼンチンではない」と激しく応酬し、イギリスが香港返還に応じないなら武力行使や水の供給停止も辞さないことを示唆した。新界のみの返還を検討していたイギリスは、その後の中英交渉において、香港島と九龍半島の返還をも求める鄧小平に押され、折れる形となった。

　1984年12月19日、中英共同宣言が発表され、1997年7月1日に香港の主権を中国（中華人民共和国）に返還し、香港は中国の特別行政区となることが明らかにされた。

　この宣言には、「高度の自治」が明記され、中国政府は2047年までの50年間、香港に対して「一国二制度」を実施することとなった。つまり、香港は中国の一部となったが、外交・軍事を除く分野においては、中国とは異なる制度が適用される。香港は資本主義を採用し、特別行政区として独自の行政、立法、司法権を有し、通貨やパスポートの発行権も維持できる。この制度の下で、香港には、言論・報道・出版の自由、集会やデモの自由なども保障されるはずだった。

　しかし、香港の憲法にあたる「香港特別行政区基本法」（香港基本法）は、

1985年の全国人民代表大会（全人代）が起草委員会を設立し、1989年の天安門事件を経た1990年4月4日、やはり全人代によって制定された。この「憲法」の解釈や改正の権利、政府高官の任命権も全人代が握っている。

　中国は社会主義国だ。おまけに一党が支配する、政治的自由の極めて限られた国である。不安を抱えた人たちは返還を前に、イギリス連邦内のカナダやオーストラリアなどへ移民した。しかし、香港居住者のほとんどが、元々は中国から渡ってきたのであり、祖国との新たな関係に思いを膨らませている人も少なくなかった。返還当時、経済が好調だった中国との関わりはチャンスに満ちているととらえていた人もいるだろう。

＊　　　　＊　　　　＊

　香港の主権が中国に返還され、22年が経った2019年2月、香港政府は逃亡犯条例改正案を提出した。中国、マカオ、台湾にも刑事事件の容疑者を引渡しできるようにするためだが、そのきっかけとなったのが、2018年2月17日に台湾で起きた殺人事件であった。香港の刑法では殺人事件で容疑者を訴追できなかったため、逃亡犯条例の規定で中国やマカオ、台湾が除外されているままでは法の抜け穴になると、香港政府は主張した。

　改正案は立法会で審議され、民主派と建制派（親中派）の間で激しい攻防が繰り広げられた。世論は批判的な声が強く、司法の独立への影響などを危惧する観点からバリスタ（法廷弁護士）協会、ソリシタ（事務弁護士）協会も反対を表明した。民間人権陣線など、緩やかに組織されたネットワークが主催者として申請する反対デモが実施され、デモは大規模化していった。主催者側と警察発表の参加者数には乖離があるが、例えば2019年6月9日のデモには、主催者側発表で103万人、警察発表で24万人が参加したという。そして当初、許可されていたデモは次第に許可されなくなり、非合法集会として位置づけられるようになる。

　デモ参加者は目標として「五大要求」を掲げていた。すなわち、①逃亡犯条例改正案の完全撤回、②行政長官や立法会での普通選挙の実現、③警察の暴力に関する独立調査委員会の設置、④抗議運動を「暴動」とする見解の取り消し、⑤拘束・逮捕された人たちの釈放である。林鄭月娥（キャリー・ラム）行政長官は7月9日、「改正案は死んだ、完全な失敗だった」と発言し、9月4日には

正式に撤回を表明した。10月23日に正式に撤回されたが、抗議者たちは「五大要求は一つも譲れない」と叫び、デモ活動を継続した。

　ちなみに、②の普通選挙は香港基本法に明記されており、2017年の行政長官選挙で導入される予定だったが、2014年、全人代常務委員会が行政長官候補は指名委員会の過半数の支持が必要であり、候補は2-3人に限定すると決定した。これは事実上、民主派の候補を排除する制度であるとして、反発した学生団体が反政府デモ（雨傘運動）を展開した。だが、長期間にわたる金融街の占拠は市民の反発を買い、警察による強制排除を受けて、雨傘運動は失敗に終わった。

　逃亡犯条例改正案の反対に端を発した今回のデモは、雨傘運動とは異なり、特定のリーダーや組織が存在せず、「水のように姿を変える」（Be water）戦略を取ったと言われている。「心を空にしろ。水のように形をなくすのだ。（中略）水になれ、我が友よ」というブルース・リーの名言から取ったもので、「どんな入れ物に入れても、それぞれの形に収まり、時に激しくぶつかることもあるが、滑らかに流れてもいく」。つまり、問題にぶつかった時には形式にとらわれず、臨機応変に対応するという考え方だ。

　明確なリーダーや組織が存在せず、デモ参加者はアプリなどを通じて連絡し合い、さまざまな場所と時間に、集まっては、散っていく。政府や警察に対抗するため、そして自分の身を守るため、秘匿性の高い連絡手段を使い、匿名性を確保することが鉄則だ。ツイッターやフェイスブック、インスタグラムなどのSNS、ゲームアプリなどの活用によって、運動は急速に広がった。

　しかし、「水のように姿を変える」戦略によって、地下鉄の駅や道路が破壊され、警察署や親中派だとされる店が襲撃されるなど、一部の抗議者による暴力行為がエスカレートしていった。また、アジア有数のハブ空港である香港国際空港が占拠された際には、多くの航空便が欠航となって空港機能が麻痺するなど、経済にも大きな打撃を与えた。このような事態が生じたのは、運動が内部分裂によって崩壊することを避けようと、いわゆる「勇武派」と呼ばれる過激な暴力をも辞さないグループに対し、「和理非」（平和、理性、非暴力）を貫くグループが異議を申し立てなかったからであろう。

＊　　　＊　　　＊

　警察が催涙ガスの銃やペッパースプレーを無差別に発射するのに対し、黒ず

くめの服装の若者たちは、竹の棒や鉄の仕切りでバリケードを築き、火炎瓶を投げる。抗議者側と政府・警察側の対立で出口が見えない状況が続いていた2020年5月28日、全人代が国家分裂や中央政府転覆を企図する反体制的言動を禁じる「香港国家安全維持法」（以下「国安法」）を香港に導入する方針を圧倒的多数で可決した。この突然のニュースには、私たち研究者はもちろん驚いたが、何よりも香港の人たちにとって青天の霹靂であったに違いない。それから1か月後、国安法が公布、施行され、香港の情勢は一変した。

　先述の通り、香港基本法には「将来的には、行政長官選挙（間接選挙）を普通選挙に移行できる」（附属文書）といった香港の民主化を期待する条項がある一方、香港における反体制活動を取り締まるための条文（23条）もあり、これを具体的に実施するための法令（国家安全条例）の制定も義務づけられている。ただ、国家安全条例の草案が2003年に立法会に提出された際には、50万人以上の市民がデモに参加し、廃案に追い込まれた。

　今回全人代は、香港の立法会での議論を迂回し、香港基本法18条が規定する附属文書3に追加する形で国安法を施行した。これまでに附属文書3に列挙されていたのは、国旗、国章、祝日、国籍に関する法律である。また、18条は「外交と国防に関するものを除き、全国性法律（中国法）は香港には適用されない」と定めている。本来、香港の自治の範囲に属する事項は、附属文書3に追加できないはずである。その上、6月30日午後11時（日本時間7月1日午前0時）の公布まで、法律の全容は明らかにされず、即日施行という異例の対応であった。

　本書は、この国安法が香港にどのようなインパクトを与えるのかを、関連する法律や政治・社会情勢を視野に入れて分析し、香港の自由、民主主義、経済活動はどう変わるのかについて検討することを目的としている。全体は三部構成となっている。第1部では、2019年以降の法曹界の対応、香港の法・司法制度について論じている。第2部では、国安法への流れをつくった逃亡犯条例の改正案について詳述し、デモ行進・集会の自由や警察等の公権力行使に対する規制を歴史的視野から、そして現在の状況においてとらえる。さらに、逃亡犯条例改正案に対する抗議活動が盛り上がりを見せる中、制定された覆面禁止法を違憲審査との関係において分析する。また、香港の情勢を米中新冷戦という

国際政治の文脈からとらえ、その中で成立した香港人権・民主主義法、香港自治法についても取り上げる。

　第3部では、国安法の概要を紹介した上で、国安法の実務への影響、香港基本法との関係、違憲審査権の限界を分析する。さらに、中国と香港の刑事司法、中国、マカオ、香港の国家安全に関わる法律を比較して論じる。最後に、コモン・ロー（英米法）を法体系の基本的理念としてきた香港において、「法の支配」の考え方を普及する意味において重要な役割を果たしてきた公民教育、通識教育（リベラル・スタディーズ）に着目する。

　香港は大陸法・社会主義法を採用する中国とは異なり、コモン・ローをイギリス統治時代に採用しているが、香港の他の法律と矛盾する場合は国安法が優先されるという。長い年月をかけて築かれてきた香港の法文化や司法の実践に対する評価が、一つの法律によってすべて変わるということはないが、少なからぬ影響を及ぼすことは予想される。私も参加した国安法施行直後に開かれたオンラインセミナーでは、香港の弁護士が「香港が築いてきたコモン・ローの体系に突然、大きな穴が開けられたかのようだ」と悲嘆の声を上げていた。

　人権保障や民主主義に関して思考を深めたいという人に、法律と政治情勢の変化が経済活動に与える影響を分析したいという実務家に、本書を活用していただけるよう、切に望んでいる。

　　2021年2月

編著者を代表して
阿古　智子

なお、本書では頻出する法律および用語について、以下の通り略する（省略していない主要な中国および香港の法律については括弧内に原文を記している）。

中英共同声明　　中華人民共和国とグレートブリテン・北アイルランド連合王国政府の香港問題に関する共同宣言（Joint Declaration of the Government of the United Kingdom of Great Britain and Northern Ireland and the Government of the People's Republic of China on the Question of Hong Kong　中華人民共和國政府和大不列顛及北愛爾蘭聯合王國政府關於香港問題的聯合聲明）

香港基本法　　中華人民共和国香港特別行政区基本法（Basic Law of the Hong Kong Special Administrative Region　中華人民共和國香港特別行政區基本法）

逃亡犯条例改正案　　2019年逃亡犯罪人および刑事相互法律協力（改正）草案（The Fugitive Offenders and Mutual Legal Assistance in Criminal Matters Legislation（Amendment）Bill 2019　2019年逃犯及刑事事宜相互法律協助法例（修訂）條例草案）

国安法、香港国安法、香港国家安全維持法　　中華人民共和国香港特別行政区国家安全維持法（Law of the People's Republic of China on Safeguarding National Security in the Hong Kong Special Administrative Region　中華人民共和國香港特別行政區維護國家安全法）

香港人権条例　　香港人権法案条例（Hong Kong Bill of Rights Ordinance, Cap 383　香港人權法案條例　第383章）

自由権規約　　市民的及び政治的権利に関する国際規約

社会権規約　　経済的、社会的及び文化的権利に関する国際規約

全人代　　中華人民共和国全国人民代表大会

全人代常務委　　中華人民共和国全国人民代表大会常務委員会

目　次

◆

第1部

いま香港で何が起こっているのか？

──香港法のもとでの中国に対する抗議運動の意味

1

法曹界の反応はどのようなものだったか

増山　健

　2019年に始まった抗議活動や社会情勢の変容は、激動する香港社会をあらわにした。これに伴って生じた事象はさまざまな切り口から考察できるが、法律的観点からの検討を試みる本書では、まず法曹界の反応に焦点を当ててみたい。

　香港の法曹界と一口に言ってもさまざまなプレイヤーがいる。裁判所、バリスタ（法廷弁護士）の弁護士会であるバリスタ協会（香港大律師公会 Hong Kong Bar Association）、ソリシタ（事務弁護士）の弁護士会であるソリシタ協会（香港律師会 The Law Society of Hong Kong）などである。これらの団体は、逃亡犯条例改正案に対する抗議活動が始まって以後、国安法に関する問題も含めて、ステートメントの公表や香港政府へのレター発出などの対応をとっており、香港社会からも一定の注目を浴びた。そこで、以下では、これらのステートメントやレターを中心に、香港の法曹界の反応を見ていく。

1　裁判所の反応

(1)　裁判所の立場

　裁判所は、いうまでもなく、香港の抗議活動の中でも重要な地位にあり続けた。デモや集会に参加した抗議者たちに有罪判決を下してきたのも裁判所であるし（第2部2参照）、香港政府が制定した覆面禁止法に一部違憲無効という結果を突き付けて待ったをかけたのもまた裁判所である（第2部4参照）。そのため、裁判所は、判決の内容をめぐってことあるごとに民主派・親政府派双方から批判を浴びてきた。

ただ、裁判所は、本質的には政治的に中立な紛争解決機関であり、政治的な思想に影響されることなく法律にのっとり事案に対する判断を行うのがその職責であって、終審法院首席裁判官であった馬道立自身も繰り返しそのことを述べている[1]。さらに、個々の裁判官の独立性も保障されなければならないため、裁判所あるいはその内部の者が、社会情勢や具体的な事案について、裁判所という組織全体を代表して公に何らかの意見を表明することは決して多くないはずである。その意味では、本来的な職務である判決の内容を分析することが「裁判所の反応」を見る上での本筋であり、それは次章以降における本書の重要な役割の一つでもある。しかし、2019年および2020年の香港にあっては、裁判所までもが、判決以外の形式での意見表明を余儀なくされているようにも見え、この時期の香港の情勢の特殊さを垣間見ることができる。

(2)　国安法制定までの動き

　2019年に逃亡犯条例改正案に対する抗議活動が始まって以後しばらくの間は、裁判所が判決という形以外で香港情勢に対して何らかの反応を示すことはほとんどなかったと言ってよい。この間、判決の内容をめぐって民主派・親政府派双方からの批判にさらされてきたわけであるが、裁判所がこうした批判に公式に応答することはほとんどなかった。しいて取り上げるとすれば、2019年9月12日、裁判所が違法集会参加者の保釈を認めたことを受けて、親政府派が終審法院の前で馬道立辞職を求める抗議活動が発生したことがあったが（【図1】）、これを念頭においてか、馬道立が同月24日に韓国で行われた国際法曹協会の年次総会におけるスピーチで、保釈請求に対する判断は法に則って行われており、政治的要素は考慮されていないと述べたくらいである[2]。

　しかし、抗議活動の過激化や社会の分断が顕著になっていた2020年1月13日、香港で毎年1月に開催される法曹新年記念式典（Ceremonial Opening of the

---

1)　例えば、Speech by The Honourable Chief Justice Geoffrey Ma at the International Bar Association Annual Conference 2019 – Asia Pacific Regional Forum Lunch Seoul, Korea 24 September 2019 "Hong Kong and the Rule of Law: Is it Tangible?" para. 6, 9.

2)　前掲注1）para. 10-12.

【図 1】 終審法院の前で終審法院首席裁判官馬道立の辞職を求める親政府派による
抗議活動を報じるニュース記事

Hong Kong / Law and Crime

Pro-government demonstrators demand resignation of Hong Kong Chief Justice Geoffrey Ma over 'lenience' shown to democracy activists

- 100 people from Defend Hong Kong Campaign rally outside Court of Final Appeal, alleging judges have helped offenders by bailing them
- But legal expert Eric Cheung says judges give bail based on reasoning and one's political stance is never taken into account in decision-making

Linda Lew
Published: 9:56pm, 12 Sep, 2019 ·

Why you can trust SCMP

Pro-government demonstrators gather outside the Court of Final Appeal in Central to demand resignation of Chief Justice Geoffrey Ma. Photo: Nora Tam

（出所） 2019年 9 月12日付サウス・チャイナ・モーニング・ポスト　https://
/www.scmp.com/news/hong-kong/law-and-crime/article/3
026994/pro-government-demonstrators-demand-resignation-
hong（2020年12月10日閲覧）

Legal Year）のスピーチにおいて、馬道立は、裁判所を代表して、次のようなメ
ッセージを読み上げた。
　「私は、誰もが裁判所の業務について意見を表明する権利があると幾度とな
く申し上げてきましたし、すべての案件の結果を誰もが受け入れることを期待
することなどできません。しかし、裁判所の廉潔性や公平性、法制度の健全性
に反する攻撃や、事件の結果のみに基づいて裁判官に対して個人的かつ極度に

【図2】法曹新年記念式典でスピーチする馬道立

侮辱的な攻撃が行われる場合は、この社会に対して、法の運用とは何かについてのメッセージを発せざるを得ません。法の支配は、香港の核心的価値であり、その成功の礎石であるとよく言われます。この概念を尊重していくためには、法律がどのように機能し、あるいは、機能することが期待されているかを理解することが重要なのです。」

馬道立は、このように前置きをした上で、抗議活動に関連して起こった前年の出来事を念頭に、正義の概念や刑事事件における公正な裁判などについて、力強く語ったのである（【図2】）。

この式典と終審法院首席裁判官によるスピーチ自体は毎年行われるものであり、前年の出来事を総括しつつ法の支配や裁判所の役割などについて述べることは何ら不思議なことではない。しかし、この時のスピーチでは、上記に引用した言葉からも察せられるように、市民に対し、あらゆる事象が政治化していく香港にあって裁判所に求められている事項とは何か、法の支配とは何かを理解するよう求めているように見えた。これ以後、2020年は、馬道立名義での裁

判所の公式ステートメントなどが相次いで公表される異例の年となる。

2020年4月14日には、ロイター通信が物議を醸す記事を公開する[3]。香港における司法制度の独立性が北京の共産党指導部により脅かされていると、香港の上級裁判官が匿名を前提に語ったというのである。この記事は大きな反響を呼び、香港の他のメディアにも引用して報道されることとなった[4]。これに対しては、裁判所も公式に対応せざるを得ないと考えたのか、翌日、馬道立名義で、自らが中国政府から干渉を受けたことはないこと、司法の独立は香港基本法により保障されており、香港における法の支配の根幹であることを強調する、暗に報道内容を否定するかのような短いステートメントを出した[5]。

同月24日には、レノンウォールの現場で民主派をナイフで襲撃して殺人未遂罪で起訴された被告人に対して、民主派を攻撃する行動に同情するかのような判決[6]が下された。裁判所は同年5月25日、この具体的な判決と裁判官名を挙げた上で、同裁判官は当面の間同種の政治的文脈を含む事件を担当させないことにしたと発表した[7]。個別の事件に対して裁判所が公式に言及し、しかも、担当裁判官を同種事件の担当から外すことを公表するのは、異例の対応であるといってよい。

3) Reuters Investigates "Hong Kong judges battle Beijing over rule of law as pandemic chills protests" (14 April, 2020) https://www.reuters.com/investigates/special-report/hongkong-politics-judiciary/ (2020年12月10日閲覧)

4) 例えば、RTHK News "Top HK judges: 'judicial independence under assault'" (14 April, 2020) https://news.rthk.hk/rthk/en/component/k2/1520605-20200414.htm?spTabChangeable=0 (2020年12月10日閲覧)

5) The Government of the Hong Kong Special Administrative Region Press Releases "Statement by Chief Justice of Court of Final Appeal" (15 April, 2020) https://www.info.gov.hk/gia/general/202004/15/P2020041500568.htm (2020年12月10日閲覧)

6) (DCCC 834/2019) [2020] HKDC 9.

7) The Government of the Hong Kong Special Administrative Region Press Releases "Statement by Chief Justice of Court of Final Appeal" (25 May, 2020) https://www.info.gov.hk/gia/general/202005/25/P2020052500233.htm (2020年12月10日閲覧)

（3）　国安法制定以後の動き

　国安法が制定された後も、裁判所が個別の事項に対してステートメントを公表するという異例の事態は続いた。

　国安法が施行された翌々日である2020年7月2日、国安法に関して、馬道立名義でのステートメントが公表された[8]。同ステートメントでは、司法手続に関連する部分以外についてコメントすることは不適切であるとしつつ、①国安法違反案件を担当するよう行政長官から指定された裁判官は、香港基本法に従って任命される裁判官のみが対象となること、②行政長官による裁判官の指定は、政治的考慮に基づいてなされるべきものではないこと、③外国籍裁判官は除外されないこと、④行政長官からの指定を受けなかったからといって、他の裁判官の不適切性が示されるわけではないこと、⑤具体的な事件に対して行政長官が指定したリストの中から担当裁判官を割り当てるのは裁判所の役割であることが述べられており、司法の独立と法の支配を維持し守っていくことは、裁判所の香港基本法上の義務であり続ける、と締めくくっている。国安法に対する是非を述べているわけではないが、国安法が施行された後も、裁判所は香港基本法に従いその職務を適切に遂行していくという意志が窺い取れる。

　国安法施行後2か月余りがたった同年9月23日には、プレスリリースに加え、18頁にもわたる相当詳細な馬道立名義のステートメントが公表された[9]。香港における正義の実現に関して、基本的な事項や本質的な原則を社会にリマインドしたいと前置きした上で、原理原則・保釈・判決・上訴・裁判官の公平・裁判所に対する批判の在り方といった、多岐にわたる各論的項目を解説している。その内容自体は、香港基本法や香港人権条例に定められた事項の解説をベースとしたものであり、従来の馬道立のステートメントやスピーチなどで説明され

---

8)　The Government of the Hong Kong Special Administrative Region Press Releases "Statement by Chief Justice of Court of Final Appeal"（2 July, 2020）https://www.info.gov.hk/gia/general/202007/02/P2020070200414.htm（2020年12月10日閲覧）

9)　"Statement by The Honourable Chief Justice Geoffrey Ma"（23 September, 2020）https://www.hkcfa.hk/filemanager/common/pdf/Statement%20by%20CJ%20of%20CFA%20（23%20Sep%202020)%20Eng.pdf（2020年12月10日閲覧）

たものから逸脱するものではない。しかし、ここで繰り返し述べられているのは、裁判所は政治的な機関ではないということや、司法の独立性・政治的公平性、裁判所における判断は公開されていて透明性があるといったことである。いずれも、2019年以後生じた裁判所へのさまざまな批判に対応するものであろうが、ここまで詳細に市民への説明をしなければならないほどに、司法への信頼に揺らぎが生じてしまっているともいえる。

　同年10月8日には、地区法院とマジストレート裁判所の判決の一部について、判決の要約が作成され、ウェブサイト上にアップロードされるという措置が決定され、その旨のプレスリリースが出された。マジストレート裁判所の判決は、従来、判決理由が文書の形で公にされることはほとんどなかったが、抗議者に対する違法集会などの罪についてはその多くがマジストレート裁判所で審理・判決されるため、その判決結果や透明性に対する苦情が多く寄せられたことに対応する措置であると推察される。実際に、この措置に従ったものと考えられるが、日本でも度々報道に登場する周庭（アグネス・チョウ）や欧米でも著名な黄之鋒（ジョシュア・ウォン）らに対する判決理由書は、マジストレート裁判所における判決であるにもかかわらず、全文が公開され、英文・中文両方のプレスサマリーまでもが即日公開された[10]。

（4）　小括

　ここまで見てきたように、政治的に中立的であり、判決によって社会への説明責任を果たすのが原則であるはずの裁判所が、相次いでステートメントという形で意見表明をせざるを得なくなっていること自体、2019年からの香港情勢の特殊性を物語っている。その背景にあるのは、（民主派か親政府派であるかにかにかかわらず）市民社会全体の司法への信頼の低下とこれに伴う裁判所への攻撃的批判の増加であろう。法の支配は、裁判所に対する市民の信頼により成り立っており、今後の行方を注視していく必要がある。なお、終審法院首席裁判官は2021年1月11日に馬道立から張学能へ交代しており、裁判所のスタン

---

10)　WKCC 2289/2020［2020］HKMagC 16　https://legalref.judiciary.hk/lrs/common/ju/ju
　_frame.jsp?DIS=132201&currpage=T（2020年12月10日閲覧）

スに変化があるのか否かも注目される。

2　バリスタ協会の反応

(1)　バリスタ協会の立場

　バリスタ協会は、約1500人のバリスタが加入する強制加入団体であり、法曹界の中で最も精力的にステートメントなどを出している団体である。以下でみるように、プレスリリースなどにとどまらず、香港政府や諸機関に対してレターを発出するなど、積極的に意見表明を行っている。会長は2019年の抗議活動当初から2021年1月21日まで英国籍のバリスタフィリップ・ダイクスであり、現在は英国籍のポール・ホリスである。

　イギリスに由来する法制度を持つ香港では、バリスタとソリシタという二つの資格が存在し、それらの資格を管理する強制加入団体としての弁護士会も別々に存在している。この点は、弁護士といえば単一の資格しか存在しない日本とは異なり、やや難解であるため、ここで簡単に説明を加えておく。

　バリスタとは、紛争における裁判所などでの代理人およびアドバイザリー業務に特化し、個々が独立した事業主として業務を営む弁護士である。裁判所での弁論権に制限はなく、下級審から最上級審（終審法院）

バリスタ協会
フィリップ・ダイクス元会長

(出所)　バリスタ協会ウェブサイト
https://www.hkba.org/
(2020年12月17日閲覧)

まですべての裁判所で弁護活動を展開することができる。ただし、紛争当事者から直接の依頼を受けることができず、ソリシタまたは香港政府からの依頼[11]に基づいてしか業務を行うことができない。他方、ソリシタとは、企業法務や契約書のドラフト・レビュー、財産取引のアドバイスなどを提供する弁護士であり、原則として高等法院以上での裁判所では弁論できないなど、裁判所での弁論権は制限されている。ソリシタは、依頼者から直接依頼を受けることがで

きる[12]。

　バリスタ（法廷弁護士）・ソリシタ（事務弁護士）という語感から、裁判所に関連する案件は前者が、それ以外は後者が担当するという印象を招きがちであるが、両者の大きな違いはむしろ、クライアントの依頼を直接受けられるか否かというところにある。民事でも刑事でも、裁判ということになれば、クライアントはまずソリシタに依頼を行い、ソリシタが信頼するバリスタを選任するという形になり、ソリシタが主としてクライアントから聞き取りや証拠整理を行い、バリスタがそれに基づいて書面を作成し法廷で弁論を行うということが多い（ソリシタも共に法廷に出廷し、クライアントへの報告のためにメモを取ったり、バリスタの補助を行ったりする）。そのため、一般的には、バリスタよりもソリシタの方が、直接の顧客である企業や財界との結びつきは強く、事務所運営にあたってもその影響を受けやすい。特に、香港にあっては、中国企業からの依頼が大きな収入源となることも多く、後述するようなバリスタ協会とソリシタ協会の温度差の違いにも影響していると思われる。

（2）　逃亡犯条例改正およびそれに対する抗議活動に関連する意見表明

　バリスタ協会は、逃亡犯条例改正に関して、2019年3月から2020年5月まで、所見（Observation）や関係諸機関への意見書提出、ステートメント、プレスリリースなどの形式で合計25回も公式に意見表明を行っている（【表1】）。

　内容の詳細は第2部1に譲るが、逃亡犯条例改正に関連する法的問題点について複数回にわたりコメントが出されている上、条例改正案の撤回を求めても

---

11)　香港政府から依頼を受ける場合とは、香港政府あるいはその下部組織が紛争当事者となっている場合のことを指し、香港政府が案件一般について直接指示や介入をし得るという意味ではない。また、公的な法律援助制度を利用した当事者の案件の場合にも、形式的には香港政府の法律援助署（Legal Aid Department）からの依頼になる。

12)　Charles Mo, Joanne Mok, Karen Tsang, Morgan, Lewis & Bockius（In Association with Luk & Partners）"Regulation of the legal Profession in Hong Kong: Overview"（Thomson Reuters, 2020）https://uk.practicallaw.thomsonreuters.com/w-010-3473?comp=pluk&transitionType=Default&contextData=(sc.Default)&firstPage=true&OWSessionId=9e16efcd6693405a9fe7659d1e1fac05&skipAnonymous=true（2020年12月12日閲覧）

【表 1】 逃亡犯条例改正およびそれに対する抗議活動に関連してバリスタ協会が行った公式意見表明

公表月日	内容	形式[13]
	2019年	
3月4日	保安局 (Security Bureau) による刑事相互法律協力条例 (Mutual Legal Assistance in Criminal Matters Ordinance, Cap. 525,《刑事事宜相互法律協助條例》第 525 章) 及び逃亡犯条例 (Fugitive Offenders Ordinance, Cap. 503,《逃犯條例》第 503 章) の改正提案について	所見
4月2日	2019年逃亡犯罪人および刑事相互法律協力（改正）草案（The Fugitive Offenders and Mutual Legal Assistance in Criminal Matters Legislation(Amendment) Bill 2019, 2019年逃犯及刑事事宜相互法律協助法例（修訂）條例草案。以下「改正草案」）について	所見
6月6日	・改正草案により生じる問題についての概要解説 ・香港政府による改正草案の追加修正について	所見、解説（Q&A形式）
6月12日	改正草案を撤回するべきであることについて	行政長官への意見書提出
6月13日	2019年6月12日の香港警察による有形力行使について	ステートメント
6月21日	香港政府が改正草案を撤回しないことへの国際的懸念について	ステートメント
7月5日	2019年7月1日に抗議者が立法会へ突入した出来事について	プレスリリース
7月24日	2019年7月21日に元朗で発生した公衆への暴力的攻撃について	プレスリリース
9月2日	裁判所による差止命令を無視して行われた香港国際空港や鉄道 (MTR) に対する操業妨害行為や毀損行為について	ステートメント
9月3日	過去数か月間における抗議活動に対する香港警察の行動について	ステートメント
9月13日	終審法院首席裁判官の辞職を求める抗議活動を行った抗議者について	ステートメント
9月30日	2019年9月27日に抗議者が上級検事を取り囲み罵倒したことについて	ステートメント
10月18日	ドイツ弁護士会による行政長官宛ての2019年10月9日付公開書簡について	プレスリリース
11月9日	2019年11月6日に中国の副総理韓正が「暴力を止め秩序を回復することは、行政、立法、司法共通の職責である」との発言をしたことについて	ステートメント
11月14日	2019年11月13日に沙田裁判所の建物に放火される事件が発生したことに対する非難	ステートメント
11月19日	2019年11月18日に全人代常務委が覆面禁止法一部違憲判決を受けて「全人代常務委のみが香港基本法適合性を判断できる」と述べたことについて	ステートメント

12月9日	2019年12月8日に終審法院と高等法院の建物が毀損される事件が発生したことに対する最大限の強い非難	ステートメント
2020年		
1月2日	2020年1月1日に高等法院の建物に特定の裁判官に対する攻撃的な落書きがなされた事件に対して憤りと非難	ステートメント（ソリシタ協会と共同）
1月13日	2020年度法曹新年記念式典においてフィリップ・ダイクス会長によって行われたスピーチ	法曹新年記念式典におけるスピーチ
1月14日	・前年から続く情勢不安に関して独立調査委員会を設立するように提案 ・同提案内容に関する概要説明資料	行政長官への意見書提出
3月31日	警察苦情処理独立監察委員会 (Independent Police Complaints Council,《獨立監察警方處理投訴委員會》) に全幅の信頼を置いているとの香港政府からの回答に対し、同委員会のみで昨年から続く深刻な問題に対する対処は十分に行えないとする回答書	行政長官への意見書提出
4月14日	中央政府駐香港連絡弁公室と国務院香港澳門事務弁公室による覆面禁止法の第二審判決に関するコメントについて	ステートメント
4月20日	中国政府所属の部門が香港が自ら管理する事務に関与してはならないとする香港基本法22条について	ステートメント
4月27日	中央政府駐香港連絡弁公室の香港基本上の地位と役割について	香港政府への意見書提出
5月15日	中央政府駐香港連絡弁公室の香港基本上の地位と役割について	香港政府への意見書提出

（出所）　バリスタ協会ウェブサイト　https://www.hkba.org/（2020年12月17日閲覧）に公表されている資料をもとに筆者作成。

いることがわかる。それだけではなく、抗議活動に伴って生じた問題についても法的な観点から積極的にコメントを出している。例えば、2019年7月1日の抗議者による立法会突入事件や同月21日の元朗での襲撃事件などといった、香港社会でも関心を集めた重大な出来事についてもステートメントが出されている。さらに、行政長官に対する独立調査委員会の設立の要望、中央政府駐香港

13）　所見などの公表とあわせて、同一の文書をプレスリリースとして公表している場合もあるが、その場合にはプレスリリースの記載を省略している。

連絡弁公室や国務院香港澳門事務弁公室に対する香港基本法の理解と遵守の要望など、中国政府や香港政府サイドに対しても積極的に意見具申を行っているといえる。

　他方で、裁判所に対する攻撃や過度な批判に対しては一貫して強く反対し、裁判所の命令を無視する行為にも非難を表明している。特定の政治的立場に肩入れしているということはなく、政治的な中立性を保ちつつあくまで法的観点から見解を表明するという立場が維持されているものと思われる。

(3)　国安法に関する意見表明

　国安法制定が決まってからも、バリスタ協会は積極的に意見表明を継続しており、その回数は15回にのぼる（2020年12月30日現在。【表2】）。

　国安法に関するバリスタ協会の意見は詳細であり、国安法の内容や影響を分析するのに有用である。詳しくは第3部1および第3部5を参照されたいが、香港基本法の各条文やコモン・ローなどとの整合性に複数の理由から国安法に疑問を投げかけ、整合性ある運用が行われるべきとの意見を表明している。

　また、立法会の延期や立法会議員の資格剥奪、行政長官らによる権力分立否定発言についても、香港基本法や法の支配といった観点から懸念を表明するコメントをしており、香港社会での重要な出来事に関する法的な観点からの意見表明は引き続き行われている。裁判所に対する攻撃や過度な批判に対しても、政治的立場にかかわらず一貫して強く反対している。

(4)　小括

　バリスタ協会の意見に通底するのは、香港基本法や関連法令を含む徹底した「法」の擁護であり、政府機関であろうが民主派であろうが親政府派であろうが、法を遵守して行動するべきであるという考えである。積極的に意見表明を行っており、国安法といった相当センシティブな事項についても、裁判所とは異なりその是非についての見解を明らかにしている点は特徴的である。

　とはいえ、ここでバリスタ協会が擁護している法は、イギリスの植民地時代から引き継がれた、自由や人権といった西洋諸国的価値観に基づくものであり、社会主義法に流れをくむ社会統治システムとは全く発想が異なる。実際、2020

【表2】国安法に関連してバリスタ協会が行った公式意見表明

公表月日	内容	形式
2020年		
5月25日	全人代が全人代常務委に委任して香港における国家安全に関する法律を制定して施行しようとしていることについて	ステートメント
6月2日	国安法の草案を提供すること等を求める意見書	全人代常務委への意見書提出
6月12日	香港基本法、一国二制度、コモン・ローなどとの関係から、国安法に関する懸念を表明	ステートメント
6月19日	・全人代常務委による国安法の審議及び報道されている内容について ・国安法の内容や施行について ・国安法の条文内容を適切な時期に公開することを求める意見書	ステートメント、解説（Q&A形式）、行政長官への意見書提出
6月23日	2020年6月20日に国安法違反事件では行政長官が裁判官を指定できるようになることが提案されていると報じられたことについて	ステートメント
6月29日	条文内容が公開されることなく国安法が施行になることその他の懸念を伝える意見書	香港政府への意見書提出
7月1日	2020年6月29日午後11時に施行された国安法の内容及び施行の方法について深い憂慮の念を表明	ステートメント
7月3日	国安法の公式英語版を提供する緊急の必要性があるとする意見書	香港政府への意見書提出
8月2日	香港政府が2020年9月6日に実施される予定だった立法会選挙を延期したことについて、深い憂慮の念を表明	ステートメント
8月21日	裁判所での事実発見等について批判が高まっていることについて	ステートメント
9月2日	行政長官と教育省長官が香港に権力分立の原理は存在しないと述べたことを受けて、そのような説明は香港基本法の定めに適合しないこと	ステートメント
11月12日	2020年11月11日に全人代常務委の決定に基づいて香港政府が4名の立法会議員の資格を剥奪したことについて法的安定性が著しく害されるとの懸念を表明	ステートメント
11月23日	・2020年11月20日に特定の裁判官に対する攻撃予告がなされたと報道された事件について、これを非難 ・同事件について、司法省長官宛てに、同省の責任のもと、裁判所と裁判官個人を適切に保護されたいこと	ステートメント、香港政府への意見書提出
12月6日	2020年11月23日に公表されたステートメントに関連して、裁判官に対する殺人予告等の個人攻撃は香港基本法の下での法の支配をも没却しかねないこと	ステートメント

12月28日	2020年11月23日付意見書に対する返信を受けて、適切な対処を求める意見書を再提出	香港政府への意見書提出

(出所) バリスタ協会ウェブサイト　https://www.hkba.org/（2020年12月30日閲覧）に公表されている資料をもとに筆者作成。

年９月２日付ステートメントが取り上げている権力分立という法的な概念一つを取ってみても、欧米では当然存在するべき常識である一方中国ではそもそも存在しない[14]非常識なものとなる。そうすると、このバリスタ協会の主張は、中国政府にとっては、自国の統治機構体制の否定にも繋がりかねない極めて厄介なものとして映っていても何ら不思議はないであろう。

3　ソリシタ協会の反応

(1)　ソリシタ協会の立場

ソリシタ協会は、ソリシタ約１万人が加入する強制加入団体である。ソリシタだけでなく、約500人の外国法弁護士（香港以外の法域の資格に基づき香港で活動する弁護士）も所属しており、バリスタ協会に比べると規模も大きく、多様性にも富んでいる。会長は、ソリシタメリッサ・パンである（2019年の抗議活動当初から2021年３月現在まで）。

ソリシタ協会
メリッサ・パン会長

(出所)　ソリシタ協会ウェブサイト　http://www.hklawsoc.org.hk/pub_e/news/press/2019060 4.asp（2020年12月17日閲覧）

---

14)　田中信行編『入門中国法［第２版］』（弘文堂、2019年）９頁。

（2）　逃亡犯条例改正およびそれに対する抗議活動に関連する意見表明

　ソリシタ協会は、逃亡犯条例改正に関して、【表3】のように、2019年6月から2020年5月までで合計12回の公式意見表明を行っている。

　これらのソリシタ協会の意見表明は、バリスタ協会に比べると、回数も少なく、一見して分量も短い。改正草案や香港社会での重大な出来事に関しては明確に見解を表明していることは確かであるが、改正草案に関する提案書を除けばいずれもステートメントを公表するという形式を取っており、香港政府などに直接申し入れをするなどの形はとっていないのがバリスタ協会の反応との大きな違いであろう。さらに、逃亡犯条例改正に対して初めて公式に意見表明したのは抗議活動が大規模化した2019年6月になってからであり、同年3月には早くも懸念を示していたバリスタ協会に比べれば、反応はやや遅かった。

【表3】逃亡犯条例改正およびそれに対する抗議活動に関連してソリシタ協会が行った公式意見表明

公表月日	内容	形式
2019年		
6月5日	改正草案について、香港政府は制定を急ぐべきではなく、複数の点に関して慎重な検討を要するとする提案	提案文書
6月13日	改正草案に関連して2019年6月12日に暴力的な衝突が発生したことに対する遺憾を表明し、文明的な議論を行うよう呼び掛け	ステートメント
6月28日	司法省による起訴について生じている議論に関して、公共サービスや社会の法と秩序が害されてはならないこと、司法省による起訴の香港基本法での位置づけ等	ステートメント
7月2日	2019年7月1日に抗議者が立法会に突入した事件に関して、暴力的な行為を非難	ステートメント
8月1日	最近の暴力的な衝突が深刻な悪影響をもたらしていることに鑑み、独立委員会による調査を実施するべきこと	ステートメント
9月3日	2019年9月1日に香港国際空港等で発生した交通妨害等の行為について、裁判所による命令を無視するものであって法の支配を侮辱するものであって、いかなる形でも違法な暴力は批難されるべきとする一方で、香港警察がMTRの駅内で不必要な有形力を行使したことに対する深刻な懸念を表明	ステートメント

9月13日	抗議活動に関連する事案の裁判官の公平性を批判し、終審法院首席裁判官の辞職を求める動きに対し、深刻な懸念を表明	ステートメント
11月21日	覆面禁止法を一部違憲とした高等法院判決に対し、翌日全人代常務委が述べたコメントに関連して、香港の裁判所の独立および役割、香港基本法による一国二制度の下での香港の司法制度の適切な運用はゆるぎないものであると表明	ステートメント
12月9日	2019年12月8日に裁判所の建物が毀損される事件が発生したことについて深刻な懸念を表明	ステートメント
2020年		
1月2日	2020年1月1日に高等法院の建物に特定の裁判官に対する攻撃的な落書きがなされた事件に対して憤りと非難を表明	ステートメント（法廷弁護士会と共同）
1月13日	2020年度法曹新年記念式典においてメリッサ・パン会長によって行われたスピーチ	法曹新年記念式典におけるスピーチ
5月25日	2020年5月25日にソリシタを含む複数人が攻撃を受けた事件について、強くこれを非難	ステートメント

（出所）　ソリシタ協会ウェブサイト　https://www.hklawsoc.org.hk/pub_e/（2020年12月17日閲覧）に公表されている資料をもとに筆者作成。

(3)　国安法に関する意見表明

　国安法の制定後は、【表4】のように、5回の公式意見表明が行われているが、回数・各ステートメントなどの長さともにやはりバリスタ協会よりも消極的との印象を受ける。内容を見ると、全人代常務委や香港政府に対する提言や要求といった書きぶりになってはいるものの、バリスタ協会のように会長名義のレターを送付することまではしていない。国安法の内容や影響について、詳細な解説がされているわけでもない。

【表4】 国安法に関連してソリシタ協会が行った公式意見表明

公表月日	内容	形式
2020年		
6月11日	国安法制定に関して、全人代常務委に対し、犯罪類型は狭い範囲でかつ明確に定められるべきこと、遡及処罰をしないこと、現行の刑事手続における証拠法制を適用すべきことなど	所見
6月24日	国安法の内容案が明らかにされたことに鑑み、行政長官が担当裁判官を指定することができるとすることは司法の独立への疑いを生じさせること、中国へ案件を移送する例外的状況をより具体的に明らかにすべきこと、2020年6月11日付の所見を全人代常務委は考慮すべきであることなど	所見
9月22日	裁判所による判決に対する批判が出ていることに関して、香港の裁判所の独立及び役割、香港基本法による一国二制度の下での香港の司法制度の適切な運用はゆるぎないと表明	ステートメント
11月13日	2020年11月11日に4名の立法会議員が全人代常務委の決定および香港政府の発表に基づいて資格を剥奪されたことに関して、香港政府に対し、公衆の懸念への対処を最優先するよう意見求める	ステートメント
12月7日	裁判官およびその家族に対する殺害予告がされた前週の事件に関して、これを強く非難	ステートメント

（出所） ソリシタ協会ウェブサイト　https://www.hklawsoc.org.hk/pub_e/（2020年12月17日閲覧）に公表されている資料をもとに筆者作成。

（4）　小括

　ソリシタ協会も、逃亡犯条例改正・国安法いずれの問題についても公式に見解を表明していることは確かだがバリスタ協会に比べればやや控えめなスタンスであることは否めない。このような違いが生じる背景には多くの要因があるだろうが、少なくとも、会の規模・多様性や、構成員の職務上の違いがあると推察できる。政治的中立性を保っているように見えても、国家安全という側面において、欧米的価値観と切り離すことができない香港の法を積極的に擁護する姿勢を見せること自体、中国政府からは目の敵にされるおそれがあり、団体としてそのカラーを前面に押し出すことは容易ではないのであろう。
　なお、ソリシタ協会の中にも政治的変化が生じ得ることを指摘しておきたい。

ソリシタ協会の理事会は、会長1名、副会長3名、理事16名で構成されている
が、2020年5月に理事5名の改選選挙が行われた。この5名の枠に10名のソリ
シタが立候補し、リベラルと評される者が4名も当選したとメディアを賑わせ
たのである[15]。ソリシタ協会の構成は多様であり、内部でも常に政治的変化が
起こっていることにも、注意を要するだろう。

15) Hong Kong Free Press "'Liberal' voices win four seats in Hong Kong's Law Society
council election" https://hongkongfp.com/2020/05/29/liberal-voices-win-four-seats-in-hon
g-kongs-law-society-council-election/（2020年12月6日閲覧）

2
香港の法・司法制度はどのようなものか

廣江倫子

1　香港の法・司法制度の発展

　1840年の第一次アヘン戦争の最中、イギリスは香港島を軍事占領し、1841年
1月26日に、エリオット大佐がイギリスの香港に対する主権を宣言し、香港島
はイギリス軍によって征服された。1842年8月には中英間の南京条約によって、
香港島がイギリスに国際法上正式に割譲された。さらに、1856年のアロー号事
件によって、第二次アヘン戦争が勃発し、1860年イギリスは九龍半島に進駐し
た。同年10月に中英間で北京条約が締結され、九龍半島（バウンダリー・スト
リート以南）がイギリスに割譲された。1894年の日清戦争以後、帝国主義諸国
の中国侵略はさらに激しさを増した。そのような中、1898年6月、イギリスは
香港の安全を守ることを理由に中英間の香港境界拡張条約によって、新界（バ
ウンダリー・ストリート以北から深圳川以南および235の島）を1997年に期限が
切れる99年の期限付きで租借した。その結果、香港島、九龍半島および新界か
ら構成される現在の香港がイギリスの植民地となった[1]。

　イギリスは香港を植民地とした直後から自国法の移植を開始した。占領当初
は香港で中国法の継続適用が宣言されたが[2]、すぐに香港立法機関によってイ
ギリス法の適用が宣言されることになった[3]。イギリスは、他の植民地と同様

---

1)　Fisher, Michel John, *Text, Cases and Commentary on the Hong Kong Legal System*
（Hong Kong: Hong Kong University Press, 2019）, pp. 1-4.

に開封勅許状（Letters Patent 英皇制誥）および王室訓令（Royal Instructions 皇室訓令）で、植民地統治体制を規定し、1844年に新設された香港立法評議会（Legislative Council）がイギリス法継受の宣言を行った[4]。イギリス法継受の宣言は、1873年に最高法院条例（Supreme Court Ordinance）5条として条文化され、「植民地に地方立法機関が設立された時、つまり1843年4月5日にイギリスに存在する法律は、植民地およびその住民に適用できない場合あるいは地方立法機関に修正された場合を除き、植民地において効力を持つ。」と規定する。1843年4月5日は香港に立法評議会が設立された日で、イギリスは植民地支配の便宜のため、この日までのイギリス法をすべて香港に導入した上で、この日以降は立法評議会が条例を制定できるようにした[5]。その後、時代が下るにつれて、どの法が1843年にイギリスで効力を有していたかを確定するのが難しくなったために、1966年にイギリス法適用条例（Application of English Law Ordinance Cap.88）が採択された。同条例は、附属文書に香港に継続して適用されるイギリス法を列挙するという形でイギリス法の適用に関する期限を撤廃した[6]。

裁判制度についてみれば、1833年に、イギリスは自国の極東貿易保護およびイギリスの中国領あるいは中国沿岸より100海里以内の公海におけるイギリス人による犯罪を審理するために広州に刑事・海事法院（Court of Justice with

---

2) 「エリオット宣言（Captain Elliot's proclamation of 1841）」による。植田捷雄『在支列国権益概説』（厳松堂書店、昭和14年）435頁。Chen, Albert H. Y. "From Colony to Special Administrative Region: Hong Kong's Constitutional Journey", in Raymond Wacks (ed.), *The Law in Hong Kong 1969-1989* (Oxford: Oxford University Press, 1989), pp. 76-77. Fisher, Michel John, op. cit., p. 3.
3) 田中和夫『大東亜旧英領地域の法律』（厳松堂書店、昭和19年）44-49頁。
4) Wesley-Smith, Peter, *Constitutional And Administrative Law in Hong Kong* (Hong Kong: Longman Asia Limited, 1995), p. 31.
5) Wesley-Smith, Peter, *Source of Hong Kong Law* (Hong Kong: Hong Kong University Press, 1994), p. 85.
6) 陳弘毅ほか編『香港法概論』（三聯書店（香港）有限公司、1999年）9頁。ただし、新界の九龍城塞（Kowloon Walled City）のような独特の法的地位を有する地域もあった。Fisher, Michel John, op. cit., pp. 11-12.

Criminal and Admiralty Jurisdiction）を設立した。

1843年1月4日の枢密院令によって、イギリスは広州の刑事・海事法院を香港に移転した。同時にイギリスは44人の徳望のある香港居民を治安判事（Justice of the Peace）[7]に任命し、彼らが地域の治安維持を助けた[8]。

1844年、刑事法院の第一回目の審理の際、イギリスの例にならって陪審員が招集され、総督が陪審員の議長となった。1845年には陪審員条例（Jurors Ordinance）が立法評議会によって制定され、陪審員制度が確立された。

1844年、香港政庁は最高法院条例を採択し、10月1日に香港で正式に最高法院が成立した[9]。最高法院は刑事、民事事件の管轄を持った。最高法院の設立によってマジストレート裁判所[10]と最高法院からなる裁判所制度が確立された。1846年には最高法院の判決がイギリス枢密院司法委員会に上訴されることになった。同時に、イギリスの弁護士制度、法制度も導入された。このように香港の現行の裁判制度は1845年前後にその原型が確立された[11]。

2　香港返還

香港では、香港政庁が香港の土地管理をイギリス女王に代行し、香港政庁は土地の使用権を土地使用者にリースし、香港政庁に賃料が納入される仕組みだった。新界の土地は租借地であり、租借期限は1997年6月30日に切れる。このため、70年代末期になると、新界の土地のリース期間は次第に短くなり、投資家にとって不利になるばかりか、香港政庁の財政収入に大きな影響を与えるよ

---

7) 非法律家から任命されるパート・タイムの裁判官で、軽微な事件の処理にあたる（田中英夫『英米法辞典』（東京大学出版会、1991年）488頁）。

8) 楊奇『香港概論［第2版］』（三聯書店（香港）有限公司、1990年）132頁。

9) Wesley-Smith, Peter, *Constitutional and Administrative Law in Hong Kong*（Hong Kong: Longman Asia Limited, 1995), p. 140.

10) 治安判事によって構成される裁判所であり、事件類型、訴額などの点でその管轄権が制限される（田中・前掲注7）534頁）。

11) ただし、1941年12月25日に大日本帝国陸軍が香港を占領し、1945年8月30日にイギリスが主権を回復するまでの期間は、これらイギリス統治下の法制度の施行は停止されていた。

うになった。このような状況において、イギリス政府は外交ルートを通じて1997年以後の香港の地位問題に対する中国の態度を探るようになり、世論もまた香港問題の将来に注目するようになった[12]。

　1979年3月下旬に、当時の香港総督マクルホースが北京を訪問し、鄧小平と会談を行った。鄧小平は、香港は中国の一部であるが、香港問題の解決方法について、香港の特殊な地位は保障され、今世紀および来世紀の相当な長期にわたって、中国が社会主義を維持する一方で香港は資本主義を維持することができるので、各国の投資家は安心してもよい、と語った。これは中英双方が香港問題について行った初めての対話であり、中国の指導者が初めて香港問題に対して明確な態度を対外的に表した。

　当初は、「一国二制度」は台湾問題の解決に向けて提起されたものだった。1979年に全人代常務委は「台湾同胞に告げる書」を発表し、中国政府が平和的に台湾問題を解決するという政治的方針を公表していた[13]。

　1982年9月からは、中英両国の香港問題に関する本格的な協議が行われ、1984年9月26日に、中英共同声明が北京の人民大会堂で署名された。中英共同声明は共同声明および三つの附属文書から構成される。すなわち、前文と8か条からなる本文、「中華人民共和国政府の香港に対する基本方針の具体的説明」である附属文書1、「中英連合連絡グループ」に関する附属文書2、「土地契約」に関する附属文書3および中英双方が交換する備忘録から構成される。

　ところで、中英共同声明の法的地位について、現在では、中英間で見解の相違がある。イギリスは、中英共同声明は国際条約であり、イギリスは反論提出資格（locus standi）を有し、条約締結国として、中国による条約違反について異議申立てをできると考える[14]。しかし、中国は、香港問題は国内問題だとして、この権利を否定している。中国は、中英共同声明は、批准から1997年7月1日の香港返還までの間に義務を課すにすぎず、香港問題を解決し、「歴史的文

---

12)　国務院港澳事務弁公室香港社会文化司編著『香港問題読本』（中共中央党校出版社、1997年）71頁。王叔文編『香港特別行政区基本法導論（修訂本）』（中共中央党校出版社、1997年）5頁、355頁。王振民『中央与特別行政区関係──一種法治結構的解析』（精華大学出版社、2002年）79頁。

13)　国務院港澳事務弁公室香港社会文化司編著・前掲注12）60頁。王振民・前掲注12）78頁。

書」となった以上、イギリスはもはや香港に対して何の責任もないと主張し対立が深まっている[15]。

中英共同声明の署名の後、香港は返還移行期に入り、香港基本法の制定に着手した[16]。1985年7月1日に香港基本法起草委員会が北京において正式に成立し、1990年3月の第7回全人代第三次会議で香港基本法（草案）および三つの附属文書が審議され、香港基本法起草委員会設立から4年8か月後の4月4日午後に採択された。

3　香港の法制度

返還後の香港法において、ミニ憲法としての役割を果たしているのが、香港基本法である。その最大の特色が、「一国二制度」の基本原則を法律として規定することである。

香港基本法8条によると、香港法は返還後も変わらずコモン・ロー（英米法）[17]系に属する[18]。香港基本法18条によると、中国法は、香港基本法附属文書3に列記されるものを除いて、香港で実施されない。香港で実施される中国法は、国防、外交その他香港の自治範囲内に属さないものに限られる。したがって、ごく少数の中国法を除いては、基本的に返還以前の法律が残されている。

---

14) Secretary of State for Foreign and Commonwealth Affairs, *The Six-Monthly Report on Hong Kong 1 July to 31 December 2019*, p.19. https://www.gov.uk/government/publications/six-monthly-report-on-hong-kong-july-to-december-2019（2020年12月1日閲覧）

15) 例えば、外交部耿爽報道官の以下の発言がある。「英外相の香港関連発言を外交部が批判『植民地の幻影に浸っている』」人民網日本語版2019年7月4日http://j.people.com.cn/n3/2019/0704/c94474-9594565-2.html（2020年12月1日閲覧）

16) 国務院港澳事務弁公室香港社会文化司編著・前掲注12）116頁。

17) 香港法はイギリス法を継受しているため、イギリス法の影響が強い。

18) 香港基本法8条は、従来の香港法、つまりコモン・ロー（common Law 普通法）、エクィティ（equity 衡平法）、香港立法会が制定する条例（ordinance 条例）、および条例を根拠として制定される付属立法（subordinate legislation 附属法例）、中国の慣習法（customary law 習慣法）は、香港基本法と抵触するか、あるいは香港の立法機関が改正したものを除いて、保留されると規定する。

【図1】 香港法検索サイト

（出所）　Hong Kong e-Legislation https://www.elegislation.gov.hk/ （2020年12月1日閲覧）

【図2】 香港判例検索サイト（HKLII）

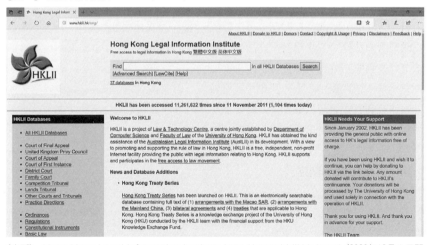

（出所）　Hong Kong Legal Information Institute http://www.hklii.hk/eng/ （2020年12月1日閲覧）

このため、香港法はイギリス法との類似性を強く有し、社会主義法系に属する中国法とはかなり異なる。

ただし、香港基本法18条4項によると、全人代常務委が戦争状態宣言を決定したか、あるいは香港内で香港政府が制御できない、国家の統一または安全に危害を及ぼす動乱が発生して香港が緊急事態に入ることを決定した場合、中央政府は関係する全国性法律を香港で実施する命令を発布することができる。

香港の立法機関が制定した法律は、全人代常務委に報告され、記録に留められるが、これは当該法律の発行には影響しない。例外的に、全人代常務委は、香港の立法機関の制定した法律が香港基本法の中央の管理する事務あるいは中央と香港の関係に関する条文に合致しないと認めた場合、香港基本法委員会の意見を求めた後に、その法律を送り返すことができる（香港基本法17条）。

コモン・ロー系の大きな特色の一つに、判例法主義がある。香港基本法84条は、「その他のコモン・ロー適用地区の司法判例を参考にすることができる」と規定する。そして返還後も、イギリスやカナダといった他のコモン・ロー適用諸国の判例が大いに参考にされており、中国法とは一線を画している。

法律言語に関して、香港基本法9条によると、英語も公用語である。公用語条例（Official Languages Ordinance Cap.5《法定語文條例》第5章）は、いかなる裁判所の法廷でも当事者や弁護人、証人は、公用語のいずれかあるいは双方、または裁判所が許可する他の言語を使用することができるとする。香港法はコモン・ロー系に属するため法律や判例の多くが英語であり、さらに慣行として外国籍裁判官が審理に参加する終審法院での審理は基本的に英語であり、香港法において英語は特に重要な役割を持つ。

4　香港の裁判制度

香港の裁判制度も、イギリス植民地時代とほぼ変わらない制度が現在も維持されている（香港基本法81条）。

香港基本法2条によると、香港の裁判所は独立の司法権と終審権を持つ。したがって、中国の法院の判決は最高人民法院の判決であっても香港の裁判所に対して拘束力を持たず、香港の訴訟が中国の法院に上訴されることはない。

香港の裁判所の体系は、終審法院（終審法院、Court of Final Appeal）、高等法院（高等法院、High court―高等法院は、控訴院（上訴法庭、Court of Appeal）と、第一審裁判所（原訴法庭、Court of First Instance）から構成される）、地区法院（区域法院、District Court））、マジストレート裁判所（裁判法院、Magistrates Courts）、競争審判所（競争事務審裁處、Competition Tribunal）、死因裁判所（死因裁判法庭、Coroner's Court）、少年裁判所（少年法庭、Juvenile Court）およびその他審判所に分かれている（【図3】）。このうち、終審法院のみが返還を機に新設された。返還以前は、香港域内に最終審級の裁判所はなく、イギリス枢密院司法委員会が最高裁判所の役割を果たしていた。残りは返還以前の裁判所が名称を若干変更して存続している。このため、イギリスの裁判所制度と極めて似通った構造になっている。以下、香港の各裁判所について概説していく。

　まず、終審法院が返還後香港の最高裁判所にあたる。香港基本法2条は香港が独立した司法権と終審権を享有することを、香港基本法82条は独立した終審権が終審法院に属することを規定する。高等法院からの民事・刑事の上訴事件を扱う。

　次に、高等法院は控訴院と第一審裁判所から構成され、第一審裁判管轄権と上訴管轄権を持つ。

　控訴院は、第一審裁判所、競争審判所、地区法院、労働審判所と条例によって設立された審判所や団体からの民事・刑事の上訴事件を扱う。香港では日本と同じく三審制が採用されているが、上訴関係はイギリスの裁判所制度に類似しているため複雑になっている。香港法院の上訴関係については【図4】を参照されたい。

　第一審裁判所は民事・刑事事件に対する司法管轄に制限を持たない。第一審裁判管轄権と上訴管轄権を持ち、マジストレート裁判所、少額請求審判所（小額錢債審裁處、Small Claims Tribunal）、猥褻物審判所（淫褻物品審裁處、Obscene Articled Tribunal）、労働審判所（勞資審裁處、Labour Tribunal）および少額報酬請求仲裁所（小額薪酬索償仲裁處、Minor Employment Claims Adjudication Board）からの上訴を扱う。香港ではイギリスと同様に陪審員制度があり、刑事事件に関して、第一審裁判所では裁判官と共に7人（裁判官から特

【図3】香港法院一覧（2021年）

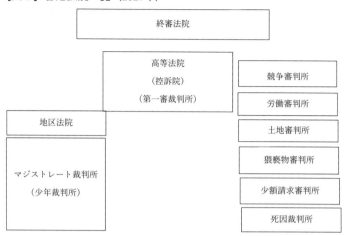

（出所）　Judiciary（https://www.judiciary.hk/en/about_us/courtchart.ht
ml 2020年12月1日閲覧）を参考に筆者作成。

別な指示がある場合は9人）の陪審員が出席する。民事事件でも名誉毀損など
で陪審員が出席する。

　競争審判所は、競争に関する法的手続を担当する。

　地区法院は民事・刑事管轄権を持つ。民事事件は、主に契約、準契約、不法
行為、土地や建物の回復、差押えなどで、7万5000以上300万香港ドル以下の事
件を扱う。刑事事件では、懲役7年までの事件を扱い、殺人、故殺および強姦
は扱えない。被告人は法的扶助を申請できる。家族法院（家事法庭、Family
Court）は、主に離婚訴訟および子どもの扶養・福祉に関する事件を扱う。

　香港には7つのマジストレート裁判所がある。マジストレート裁判所は懲役
2年および罰金10万香港ドルまでの起訴犯罪と略式犯罪を審理する。しかし、
多くの条例が、マジストレート裁判所に懲役3年および500万香港ドルまでの
罰金刑を科す権限を与えている。重大な起訴犯罪は地区法院か第一審裁判所に
委ねられるが、もっぱら多くの事件がマジストレート裁判所で処理される。少
年裁判所はマジストレート裁判所に併設され、殺人事件以外の、16歳以下の子
どもと少年への告訴を扱う。少年裁判所はまた18歳以下の少年に対して管理保

【図4】香港法院上訴関係図（2021年）

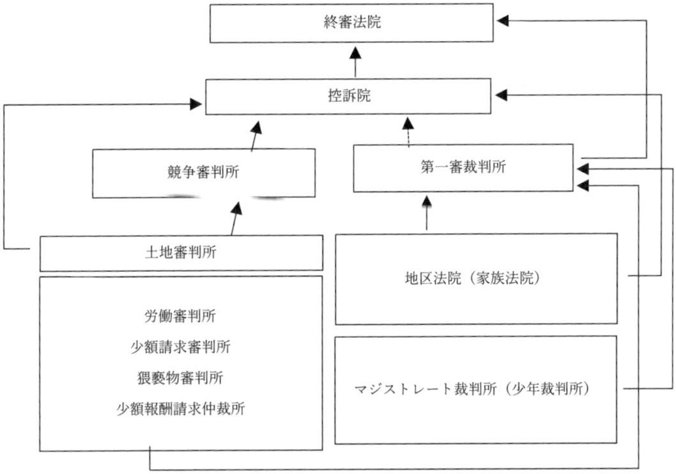

（出所） Ip, Eric, *Law and Justice in Hong Kong[second edition]* （Hong Kong: Sweet & Maxwell, 2016), p.222.を参考に筆者作成。

護命令を下す権限を持つ。

　この他、審判所（審裁處、tribunals）がある。例えば、土地審判所（土地審裁處、Lands Tribunal）、労働審判所（労資審裁處、Labour Tribunal）、小額訴訟審判所、猥褻物審判所および死因裁判所がある。

　以上、香港の裁判所を概観した。香港の裁判所制度は返還された現在でも、極めてイギリスの裁判所制度と似通った構造を留めている。

　次に、裁判官について概説する。裁判所制度と同様に、裁判官制度もまた、イギリス植民地時代と基本的に同様の制度が残されている。

　まず、香港にもイギリスと同様に職業裁判官は存在しない。裁判官への任命は法曹界の他の職業（特にバリスタ）を経た後になされる。香港基本法92条によると、裁判官は、その司法と専門面の才能に基づいて選任されなければならない[19]。裁判官は、司法人員推薦委員会（Judicial Officers Recommendation Commission　司法人員推薦委員會）の推薦に基づき、行政長官によって任命される（香港基本法88条[20]、48条6項）。司法人員推薦委員会は司法人員推薦委

【表1】 香港の裁判所、裁判官数および事件審理数（2019年）（注1）

裁判所		常任裁判官数	事件審理数
終審法院	4 （注2）	終審法院首席裁判官（Chief Justice）1 終審法院常任裁判官（Permanent Judges of the Court of Final Appeal）3	509
控訴院	13	高等法院首席裁判官（Chief Judge of the High Court）1 副首席裁判官（Vice-Presidents）4 控訴院裁判官（Justices of Appeal）8	973
第一審裁判所	27	高等法院裁判官（High Court Judges）27	21,101
地区法院	45	地区法院首席裁判官（Chief District Judge）1 家庭裁判所首席裁判官（Principal Family Court Judge）1 地区法院裁判官（District Judges）43	49,289
マジストレート裁判所	71	マジストレート首席裁判官（Chief Magistrate）1 マジストレート主任裁判官（Principal Magistrates）7 マジストレート裁判官（Magistrates）62 特別マジストレート裁判官（Special Magistrate）1	332,746

（注1）　裁判官数については、2020年11月2日時点の人数。
（注2）　非常任裁判官を除く。
（出所）　司法機構（https://www.judiciary.hk/en/about_us/judges.html 2020年11月2日閲覧）、香港司法機構年報2019（https://www.judiciary.hk/en/publications/annu_rept_2019r/index.htm 2020年11月2日閲覧）を参考に筆者作成。

員会条例によって設立された独立の団体である。

　香港の裁判官には、香港以外のコモン・ロー法域の裁判官を招聘できる。香港基本法82条、92条によると、終審法院においてさえも、域外の裁判官、つまり外国籍裁判官の招聘が認められている[21]。裁判官の国籍について、終審法院首席裁判官および高等法院首席裁判官のみ、外国国籍を持たない香港人（香港居留権を持つ中国公民）であるべきことが規定される（香港基本法90条1項）。しかし、その他の終審法院裁判官、さらにすべての審級において、裁判官に外

---

19)　香港基本法92条　香港特別行政区の裁判官と司法要員は、本人の司法と専門面の才能に基づいて選任しなければならず、他のコモン・ロー適用地区から招聘することもできる。

20)　香港基本法88条　香港特別行政区法院の裁判官は、香港の裁判官と法曹界およびその他の知名人からなる独立した委員会の推薦に基づいて、行政長官が任命する。

21)　香港基本法82条　……終審法院は必要に応じてその他のコモン・ロー適用地区の裁判官を招聘して裁判に参加させることができる。

【表 2】 司法人員推薦委員会の構成

委員長	終審法院首席裁判官
委員	裁判官 2 名
	バリスタ 1 名
	ソリシタ 1 名
	法曹関係者以外 3 名

（出所） 筆者作成

国国籍保持者が就くことが認められている。また返還以前に司法機関に就いていた外国国籍保持者の待遇が悪化しないことも保障されている（同93条 2 項）。

　要するに、香港基本法は、香港裁判官制度において、終審法院首席裁判官、高等法院首席裁判官以外の裁判官および法院職員は、返還以前と同様に、外国国籍保持者でもかまわないことを憲法上保障している。香港の事情から、香港では、立法・行政・司法にわたり外国国籍保持者の就任が香港基本法上保障されているが、中でも司法は極めて広く外国国籍保持者に門戸を開いている。

　裁判官のうち、とりわけ終審法院裁判官と高等法院首席裁判官の任免にあたっては、香港基本法90条 2 項が特別の要件を課している。すなわち、行政長官が立法会の同意を求めるとともに全人代常務委に報告して記録に留めなければならない。具体的には、首席裁判官および常任裁判官の任命権限は、司法人員推薦委員会の推薦に従った行政長官にある（《香港終審法院條例》第484章 Hong Kong Court of Final Appeal Ordinance Cap. 484 6 条、7 条）。行政長官は、終審法院裁判官任命あるいは解任において、立法会から同意を得る（終審法院条例 7 A 条(a)、香港基本法73条 7 項）。行政長官は任命あるいは解任を全人代常務委に報告し記録に留める（香港基本法90条、終審法院条例 7 A 条(b)）。

5　終審法院

　香港基本法 2 条は香港特別行政区が「独立した司法権と終審権」を享有すると規定する。この終審権の内容について、香港基本法起草委員王叔文によると「これは香港各法院が事件を審理する際、その終審権は香港にあり、北京の最高

人民法院に上訴する必要はないことである」[22]。このため、終審法院設立により、香港内の事件は、最高人民法院に上訴されることなしに香港内で解決されることになった。

　香港において、終審法院首席裁判官への認知度は高い。これを裏づけるように、香港大学が実施する世論調査には、行政長官に対する支持率と並んで、終審法院首席裁判官への支持率を問う項目がある。【表3】は、歴代行政長官およびイギリス統治時代の総督、そして歴代終審法院首席裁判官に対する支持率の推移を示している。これを見ると、歴代終審法院首席裁判官は、歴代行政長官および総督に対してよりも、高い支持率を誇っていることがわかる。

　香港返還までは、イギリス枢密院司法委員会が、香港裁判所制度における最上級審だった。【表4】は、香港返還直前の1997年における、イギリス枢密院司法委員会への、香港を含むコモンウェルス諸国からの上訴件数を示している。香港からの上訴件数は、他の地域と比較すれば多いものの、年間15件前後に収まっている。したがって、香港の事件が、当時の香港の最高裁であったイギリス枢密院司法委員会においてまで審理されることは極めて稀だった。

　では終審法院は、設立後、どのように機能しているのだろうか。まず、終審法院の事件審理数は、イギリス枢密院司法委員会よりもはるかに多い。【表5】は終審法院の年間事件審理数を示している。直近の数値を見ると、2019年の事件審理数は509件となり、枢密院司法委員会が審理した事件数に比べ、30倍以上になっている。したがって、実質的にも香港の最終審としての機能を果たしているものと推論されよう。

　終審法院裁判官は、どのような人々から構成されており、どのような特徴を持つのか。

　まず、終審法院裁判官の国籍に関していえば、前述のように、香港基本法90条1項は、終審法院首席裁判官と高等法院首席裁判官は外国国籍を持たない香港人（香港居留権を持つ中国公民）であることを規定する。しかし、外国国籍保持者の就任を禁止する規定は、これのみにとどまっている。そして、香港基本法82条は、終審法院へ外国籍裁判官の招聘を認めている。

22）　王叔文編・前掲12）297頁9-11行。

それでは、終審法院裁判官には、香港基本法の規定通り、外国国籍保持者が多数就任しているのであろうか。以下、まず終審法院裁判官の構成から概説する。

　終審法院は、首席裁判官（首席法官、Chief Justice, CJ）および常任裁判官（常任法官、Permanent Judges, PJs）から構成される（終審法院条例5条）。必要な場合、非常任裁判官（非常任法官、Non-Permanent Judges, NPJs）を裁判に招聘し（2項）、他のコモン・ロー適用地区裁判官（其他普通法適用地區非常任法官、Common-Law Non-Permanent Judges, CLNPJs）を裁判に招聘することができる（3項）。非常任裁判官には2種類が存在する。それらは、(a)香港非常任裁判官（香港非常任法官、Hong Kong Non-Permanent Judges、HKNPJs）および(b)コモン・ロー適用地区裁判官である。

　要するに、終審法院裁判官は、首席裁判官、常任裁判官、非常任裁判官から構成され、非常任裁判官はまた香港非常任裁判官とコモン・ロー適用地区非常任裁判官からなる（【表6】）。

　次に、首席裁判官、常任裁判官、非常任裁判官についてそれぞれの特徴を見る。

　首席裁判官は、返還以降これまでに、初代李國能首席裁判官、第二代馬道立首席裁判官が担当し、2021年1月11日に馬道立首席裁判官の定年により、第三代に張舉能が首席裁判官に就任した。

　常任裁判官は、その数に制限はないが、3人を超えない慣行となっている。2018年までに、合計7人が常任裁判官を担当した。

　非常任裁判官のうち、コモン・ロー適用地区裁判官の存在は、終審法院の大きな特色といえよう。その制度の創設を見るに、それはイギリス枢密院司法委員会への上訴が廃止されたのちも、国際的で先進的な法律実践との一体性を保つことが目的であったこと、そして実際的な事情として、返還時に香港では著名なバリスタが裁判官として就職したがらなかった点が指摘されている[23]。

---

23)　Young, Simon N. M. and Antonio De Roza, "The judges" in Young, Simon N. M. and Yash Ghai（eds）, *Hong Kong's Court of Final Appeal: The Development of the Law in China's Hong Kong*（Cambridge: Cambridge University Press, 2014）, p. 263.

【表3】 歴代行政長官・総督および歴代終審法院首席裁判官の支持率の推移

在任期間	キャリー・ラム（林鄭月娥）（注1）第4代行政長官（2017年－現在）	梁振英 第3代行政長官（2012年－2017年）	ドナルド・ツァン（曾蔭權）第2代行政長官（2005年－2012年）	董建華 初代行政長官（1997年－2005年）	クリス・パッテン 植民地最後の総督（1992年－1997年）	アンドリュー・リー（李國能）初代終審法院首席裁判官（1997年－2010年）	ジェフリー・マー（馬道立）第2代終審法院首席裁判官（2010年－2021年）
6か月	59.8	53.4	72.3	64.8	55.9	59.6	62.9
12か月	55.3	50.0	67.4	58.8	61.5	59.3	64.6
18か月	53.2	48.9	67.3	56.5	57.7	61.4	61.7
24か月	46.9	44.7	62.9	57.6	58.2	60.1	63.7
30か月		47.2	66.1	53.9	55.3	60.1	65.2
36か月		42.6	64.9	53.7	56.4	56.4	68.5
42か月		42.5	63.5	51.3	55.5	58.7	60.6
48か月		41.6	53.2	53.9	53.1	59.0	62.9
54か月		38.8	53.9	50.7	55.7	62.4	68.4
60か月		38.5	52.9	54.0	57.7	63.7	66.0
66か月		40.5	51.4	48.4	59.4	62.2	65.5
72か月			53.8	44.1		60.9	66.0
78か月			50.3	42.3		60.5	66.8
84か月			48.4	44.2		63.8	66.8
90か月			44.6	48.2		61.1	67.3
96か月				47.4		60.2	（注2）
102か月						60.9	62.7
108か月						61.0	
114か月						68.1	
120か月						67.5	
平均支持率（注3）	53.8	44	58	52	57	61	63

（注1） キャリー・ラム行政長官のデータについては、2019年6月まで。
（注2） データなし。
（注3） 小数点以下四捨五入。
（注4） 質問は以下の通り。Please use a scale of 0-100 to rate your extent of support to（the

Chief Executive Carrie Lam, the Chief Executive Leung Chun-ying, the Chief Executive Donald Tsang Yam-kuen, the Chief Executive Tung Chee-hwa, the Governor Chris Patten, the Chief Justice Andrew Li Kwok-nang, the Chief Justice Geoffrey Ma Tao-li), with 0 indicating absolutely not supportive, 100 indicating absolutely supportive and 50 indicating half-half. How would you rate (the Chief Executive Carrie Lam, the Chief Executive Leung Chun-ying, the Chief Executive Donald Tsang Yam-kuen, the Chief Executive Tung Chee-hwa, the Governor Chris Patten, the Chief Justice Andrew Li Kwok-nang, the Chief Justice Geoffrey Ma Tao-li)?

（行政長官林鄭月娥・梁振英・曾蔭權・董建華、パッテン総督、首席裁判官李國能・馬道立）へのあなたの支持の度合いを0から100までの数値で評価してください。0が全く支持しない、100が完全に支持する、そして50がどちらともいえないとします。あなたは（行政長官林鄭月娥・梁振英・曾蔭權・董建華、パッテン総督、首席裁判官李國能・馬道立）をどのように評価しますか？）

（出所）　HKU POP SITE（https://www.hkupop.hku.hk/english/popexpress/ce2017/cl/halfyr/datatables.html, https://www.hkupop.hku.hk/english/popexpress/ce2012/cy/halfyr/datatables.html, https://www.hkupop.hku.hk/english/popexpress/ce2005/donald_new/halfyr/datatables.html, https://www.hkupop.hku.hk/english/popexpress/ceall/cerq/halfyr/datatables1.html, https://www.hkupop.hku.hk/english/archive/poppolls/chris/hyear/datatables1.html, https://www.hkupop.hku.hk/english/popexpress/judiciary/geoffrey/halfyr/datatables.html, https://www.hkupop.hku.hk/english/popexpress/judiciary/andrew/halfyr/datatables.html 2020年12月1日閲覧）を参考に筆者作成。

　任命資格を見るに、コモン・ロー適用地区裁判官は、条文上は必ずしもその他の地域の最高裁裁判官経験者である必要はない。しかし実際には、元最高裁裁判官が招聘されている[24]。これまで、終審法院には、元イギリス最高裁判所長官、元イギリス貴族院裁判官、元オーストラリア高等裁判所裁判官、元ニュージーランド最高裁判所裁判官といったコモン・ロー系を代表する錚々たる顔触れの裁判官が在籍してきた。法曹一元制度を採用するコモン・ロー適用諸国では、裁判官にはバリスタ中の傑出した者が任命される。このため、裁判官の質は高く、高い権威を持ち、弁護士の裁判官に対する心からの尊敬の念が存在する[25]。こうした背景から、終審法院判決は、国際的にも注目されている[26]。

　最終審級裁判所に外国国籍の裁判官が在籍することについて、批判はないの

---

24)　*Id.* p. 256.

25)　田中英夫『英米の司法——裁判所・法律家』（東京大学出版会、1973年）179-180頁。

【表4】コモンウェルス諸国からイギリス枢密院司法委員会への上訴件数（1997年）

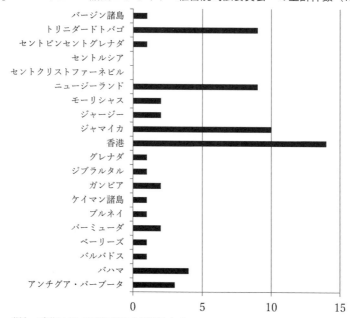

（注）　香港についての統計は 6 月31日まで。
（出所）　Privy Council Office（Appeal Statistics 1997）（http://webarchive.
nationalarchives.gov.uk/20101103140224/http://www.privy-counc
il.org.uk/output/Page34.asp 2020年12月 1 日閲覧）を参考に筆者作成。

だろうか。少なくとも法曹界においては、外国籍裁判官の存在が香港の法院の
独立を補強していると肯定的に評価する声が圧倒的である。例えば、香港大学
楊艾文教授は、終審法院の外国籍裁判官は、コモン・ロー適用地域の著名で実
務経験を積んだ裁判官として尊敬を受けているとし、「彼らは知識と経験を香

26)　*Id.* p. 263. なお、2020年11月現在、今後は終審法院にインドやマレーシア、シンガポー
ルといったアジア諸国から裁判官を招聘することも立法会において議論されている。
Cheryl Heng "Hong Kong lawmakers back appointment of leading British judge to city's
top court" 28 Oct 2020, *South China Morning Post* https://scmp.com/news/hong-kong/la
w-and-crime/article/3107411/hong-kong-lawmakers-back-appointment-leading-british
（2020年12月 1 日閲覧）

【図5】イギリス枢密院司法委員会―席上には上訴を認める国々の国旗が並ぶ

（出所）　筆者撮影。

【表5】枢密院司法委員会および終審法院における事件審理数の比較

	枢密院司法委員会		終審法院		
	1996年	1997年（注）	2017年	2018年	2019年
事件審理数	16	14	138	234	509

（注）　1997年6月31日まで。
（出所）　Privy Council Office（Appeal Statistics 1996）（http://webarchive.nationalarchives.
gov.uk/20101103140224/http://www.privy-council.org.uk/output/Page34.asp　2020年
12月1日閲覧）、Privy Council Office（Appeal Statistics 1997）（http://webarchive.nat
ionalarchives.gov.uk/20101103140224/http://www.privy-council.org.uk/output/Pag
e34.asp　2020年12月1日閲覧）、香港司法機構年報2019（https://www.judiciary.hk/en/pu
blications/annu_rept_2019r/index.htm　2020年12月1日閲覧）を参考に筆者作成。

港にもたらしている。彼らの貴重な洞察が香港法院の可能性を高めている。」
と評価している[27]。
　とはいえ、2014年の雨傘運動、2019年の逃亡犯条例改正案反対デモという香
港社会を二分する問題にかかわる判決が続々と下される現在、自らの立場と相

【表6】 終審法院における裁判官の構成および定員

名称	定員
首席裁判官 （Chief Justice, CJ）	1名
常任裁判官 （Permanent Judges, PJs）	規定なし
非常任裁判官 （Non-Permanent Judges, NPJs）	30名を超えない
①香港非常任裁判官 （Hong Kong Non-Permanent Judges, HKNPJs） ②コモン・ロー適用地区裁判官 （Common Law Non-Permanent Judges, CLNPJs）	

（出所）　終審法院条例5条、9条、10条、14条をもとに筆者作成。

いれない判決が下された場合、担当の外国籍裁判官や司法に批判の声が上がることが増加した。この状況を憂慮した馬道立終審法院首席裁判官は、2020年9月に13頁にわたる声明を発表し、根拠のない司法批判を慎むように苦言を呈した[28]（第1部1も参照）。

　最後に、香港非常任裁判官は、その多くが退職などの理由で香港を離れ、減少傾向にある[29]。

6　中国法の影響

(1)　香港基本法158条（香港基本法解釈権）

香港基本法の条文の中でも、とりわけ、返還後から常に議論を巻き起こし、

---

27)　Eddie lee "Beijing throws the book at Hong Kong's foreign judges" 9 Mar 2020, *South China Morning Post* http://www.scmp.com/news/hong-kong/law-crime/article/2077521/experts-line-throw-book-hong-kongs-foreign-judges （2020年12月1日閲覧）

28)　The Government of the HKSAR "Chief Justice of Court of Final Appeal Issues Statement" 23 Sep 2020　https://www.news.gov.hk/eng/2020/09/20200923/20200923_150919_990.html （2020年12月1日閲覧）

29)　Young, Simon N. M. and Antonio De Roza, op. cit., p. 269.

法曹界のみならず香港社会からも注目されてきたのは、ながらく、香港基本法158条が規定する香港基本法解釈権だった[30]。香港法と中国法の接点であったのが、この香港基本法解釈権である。

香港基本法158条は、香港基本法解釈権を全人代常務委と香港法院それぞれに与えている。当初、香港基本法解釈権は158条の条文の通り、以下のように香港法院に広い権限を認めたものと理解されていた。すなわち、香港法院は自治範囲内の条項、つまり「高度の自治」範囲内の条項、および香港基本法の「その他の条項」を自ら解釈できる。しかし、「その他の条項」の中において「中央人民政府が管理する事務」および「中央と香港特別行政区の関係」に該当する条文を、事件の審理にあたり解釈する必要が生じる場合には、最終的な判断が下される以前に、終審法院を通じて、全人代常務委にその解釈を要請しなければならない。

実践においては、しかしながら、全人代常務委は、香港基本法解釈権の行使を、事例は少ないものの、香港統治の効果的な手段として活用している。そして、その方法は、事実上ほぼすべての香港基本法条文を解釈し、香港法院で審理中の事件に対しても自発的に解釈を行うなど、香港基本法158条に制限されない、予測不可能ともいえる様態を呈している（【表7】）。

---

30)　香港基本法158条

（1項）本法の解釈権は全国人民代表大会常務委員会に属する。

（2項）全国人民代表大会常務委員会は香港特別行政区の法院に、事件の審理にあたって、本法の香港特別行政区の自治範囲内の条項について自ら解釈する権限を授与する。香港特別行政区の法院は事件を審理するとき本法のその他の条項についても解釈することができる。ただし、香港特別行政区の法院が事件を審理するにあたって、本法の中央人民政府の管理する事務または中央と香港特別行政区との関係に関する条項について解釈する必要があり、当該条項の解釈が事件の判決に影響する場合、当該事件に対し上訴できない最終判決を行う前に、香港特別行政区終審法院が全国人民代表大会常務委員会に関係条項について解釈するよう要請しなければならない。全国人民代表大会常務委員会が解釈を加えた条項を香港特別行政区の法院が引用する場合、全国人民代表大会常務委員会の解釈に依拠しなければならない。ただし、それ以前に行った判決は影響を受けない。

（3項）全国人民代表大会常務委員会は本法を解釈する前に、それに所属する香港特別行政区基本法委員会の意見を求めるものとする。

【表7】全人代常務委の香港基本法解釈が行われた事例
　　　　（1997年7月1日〜2020年12月末）

年月日	事件名	事件の概要（テーマ）	終審法院での審理の存否	全人代常務委解釈の要請主体
1999年6月26日	居留権事件（香港基本法22条4項および24条2項3号に関する解釈）	中国から香港への移民を制限する香港基本法22条4項を根拠とする移民条例が、香港居民から出生した子女は香港居留権を享有すると規定する香港基本法24条2項3号に違反し違憲だと終審法院が判決を下したが、後に全人代常務委解釈によって、従来の制限が復活した。（移民）	○（1999年1月29日判決）	香港政府
2004年4月6日	行政長官および立法会の普通選挙に関する解釈（香港基本法附属文書1の7条および附属文書2の3条に関する解釈）	行政長官および立法会の選挙制度について、民主派による普通選挙の導入要求が高まる中で全人代常務委解釈によって、現存制度の存続が確定した。（民主化）	×	なし
2005年4月27日	行政長官の任期に関する解釈（香港基本法53条2項に関する解釈）	行政長官が任期途中で辞職した場合の後継者の任期に関して、香港法院に任期を確認するための訴訟が民主派から提起される直前に全人代常務委解釈がなされ、中国が主張していた「剰余任期」が確定した。（民主化）	×	香港政府
2011年8月26日	コンゴ事件（香港基本法13条1項および19条に関する解釈）	香港法院で訴えられた外国政府に対して香港法院がとる主権免除の種類が争われ、全人代常務委解釈の結果、主権免除に関して、香港は返還以前の制限免除主義から、中国と同じ絶対免除主義に変化していることが明らかにされた。（中国のアフリカ投資）	○（2011年9月8日判決）	終審法院

（2）　香港国家安全維持法

　2020年6月30日に施行された香港国家安全維持法は、香港法の状況を一変させ、「一国二制度」を形骸化させるものだとして多くの批判がなされている。香港国家安全維持法については、第3部をご覧いただきたい。

2016年 11月7日	立法会議員宣誓事件 （香港基本法104条に 関する解釈）	全人代常務委解釈の結果、香港基本法104条が規定する宣誓とは、法定の手続と条件にのっとり、法定の形式と内容に合致する宣誓を指し、宣誓を拒絶した場合には公職資格を失うとされた。結果、立法会の宣誓において中国に敵対する発言、行為を行った議員が続く第一審裁判所での審理を経て失職することとなった。（民主化）	×	なし

（出所）　廣江倫子『香港基本法解釈権の研究』（信山社、2018年）150-153、155頁より一部改変。

第 2 部

香港国家安全維持法への流れをつくった
逃亡犯条例の改正

1
逃亡犯条例改正案はどのような内容か

廣江倫子

はじめに

　2018年2月に、台湾旅行中の香港の大学生陳同佳（当時19歳）が、痴情のもつれから同じく香港の大学生の交際相手潘曉頴（当時20歳）を殺害、死体を遺棄し、香港に逃亡した。その後、陳同佳は、香港で逮捕された。しかし、香港法には、陳同佳を台湾に引き渡す規定はなく、香港の裁判所は域外の殺人に対する管轄権を持たない。そこで香港では、陳同佳を交際相手のクレジットカード不正使用のかどでマネーロンダリング罪で起訴するしかなかった。

　被疑者を台湾に引き渡すため、2019年3月、香港政府は逃亡犯条例改正案を提案した。逃亡犯条例改正案は、長年の論争点であった中国への引渡しをも実現するものであった。

　香港・中国間の犯罪人引渡協定は、「一国二制度」や香港の司法の独立に影響するため、返還後全く進展していなかった。とはいえ、返還後、両地の越境犯罪には、大富豪（張子強）事件[1]や徳福花園殺人事件[2]、ボッシーニ誘拐事件[3]といった有名な事件があり、法整備の必要性は強く認識されていたが、中国法

---

1)　1997年に香港人張子強を中心とする犯罪グループが、香港を代表する大富豪李嘉誠の長男および新鴻基不動産社長の郭炳湘（ウォルター・コック）を身代金目的で誘拐した事件。広東省高級人民法院で死刑が確定した。

2)　1998年に中国出身の自称風水師李育輝が香港において強盗目的で裕福な女性顧客を殺害し中国に逃亡した事件。広東省高級人民法院で死刑が確定した。

と香港法の差異を背景に膠着状態にあった[4]。

　上記背景にもかかわらず香港政府が逃亡犯条例改正を強行することに、多くの香港人が疑問を持ち[5]、改正案提出以降、香港社会は激しく二極化し、改正案を支持する親中派と反対する民主派に割れた。法曹界においては、バリスタ協会を中心に批判の声が強く、同年6月6日には、弁護士など司法関係者ら約3000人がデモ行進した。民主派の重鎮でもあるバリスタ李柱銘（マーティン・リー）は「香港政府は中国政府の言いなりになっており、香港は安全な場所でなくなる」と語っている[6]。また、業務上、中国との関わりが強いため親中派寄りと目されるソリシタ協会も、法改正の影響は「広範囲におよび重大な意義を持つ」ため、「利害関係者や地域社会との広範な協議が必要」だとし、「香港政府は立法を急ぐべきではない」との異例の反対意見を表明し注目された[7]。

　ついに6月9日には、逃亡犯条例改正案に反対する103万人（主催者発表）が香港島でデモを行った。2014年の雨傘運動を超えたアジア最大規模の抗議活動の勃発と続く激化により、香港は国際的な注目を集めたばかりか、香港国家安全維持法の制定が促され（第3部1）、以来、香港問題は国際問題であり続けている。

　本章は、契機となった逃亡犯条例改正案を検討する。具体的には、まず現行法の引渡制度を整理した上で、逃亡犯条例改正案による変更点を明らかにし、

---

3)　2015年に有名アパレル香港企業ボッシーニの創業者の孫が香港人を含む暴力団グループにより身代金目的で誘拐された事件。深圳市中級人民法院で裁判が行われた。

4)　Fisher, Michael John, *Text, Cases and Commentary on the Hong Kong Legal System* (Hong Kong: Hong Kong University Press, 2019), pp. 503–507.

5)　香港大学陳文敏教授によると、「香港では、台湾の殺人事件が改正案を導入する本当の理由だと誰も信じていない。」Chan, Johannes, "Ten Days that Shocked the World: The Rendition Proposal in Hong Kong" in https://ssrn.com/abstract=3442969（2020年12月1日閲覧）

6)　『朝日新聞デジタル』2019年6月7日 https://www.asahi.com/articles/ASM6640VZM66UHBI00Q.html（2020年12月1日閲覧）

7)　The Law Society of Hong Kong "Fugitive Offenders and Mutual Legal Assistance in Criminal Matters Legislation（Amendment）Bill 2019 Submission" http://www.hklawsoc.org.hk/pub_e/news/submissions/20190605.pdf（2020年12月1日閲覧）

最後に逃亡犯条例改正案に対する香港法曹界からの懸念を紹介し、香港法の観点から逃亡犯条例改正案の問題点を浮かび上がらせる。

1　現行法の引渡制度

(1)　現行法の枠組み

イギリス植民地期の香港の引渡法は、香港に適用されるイギリス議会法と枢密院令から構成された。引渡しは、主にコモンウェルス諸国との間で行われ、中国との間では行われなかった。返還直前に、逃亡犯条例（Fugitive Offenders Ordinance, Cap. 503《逃犯條例》第503章）および刑事相互法律協力条例（Mutual Legal Assistance in Criminal Matters Ordinance, Cap. 525《刑事事宜相互法律協助條例》第525章）が制定された（1997年 4 月施行）。この結果、これらを根拠として、返還後は引渡協定が締結されている。

逃亡犯条例は、香港域外で犯罪を行い香港に逃亡した犯罪人の引渡しを規定する。刑事相互法律協力条例は、外国政府の要請に応じて、香港域外で犯罪を行った犯罪人の犯罪の証拠を、捜索や差押えの方法で収集、あるいは他の方法での支援（当該犯罪人の資産の凍結、没収など）を規定する[8]。

逃亡犯条例は主にイギリスの引渡法に従い、国連の犯罪人引渡しに関するモデル条約とコモンウェルスの引渡しに関するロンドンスキームの原則を多く組み込んでいる。例えば、政治犯罪人不引渡しの原則があり、政治的意見、宗教、人種、国籍を理由に起訴されたもの、上記理由のいずれかのために公正な裁判が行われない可能性があり、引渡された場合に拷問の危険にさらされるものは引き渡されない。

---

[8]　Hong Kong Bar Association "Hong Kong Bar Association a Brief Guide to Issues Arising From the Fugitive Offenders and Mutual Legal Assistance in Crimminal Matters Legislation（Amendment）Bill 2019" https://www.hkba.org/sites/default/files/A%20Brief%20Guide%20to%20issues%20arising%20from%20the%20Fugitive%20Offenders%20And%20Mutual%20Legal%20Assistance%20in%20Criminal%20Matters%20Legislation%20%28Amendment%29%20Bill%202019%20%28%E2%80%9CThe%20Bill%E2%80%9D%29_0.pdf（2020年12月 1 日閲覧）

【表1】 香港が犯罪人引渡協定を締結した国（2020年4月22日現在）

相手国名	締結年	マレーシア	2001年（2007年改正）
オーストラリア	1997年（2008年改正）	オランダ	1997年（2016年改正）
カナダ	1997年	ニュージーランド	1998年
チェコスロバキア	2015年	フィリピン	1997年
フィンランド	2013年	ポルトガル	2004年
ドイツ	2009年	シンガポール	1998年
インド	1997年	南アフリカ	2011年
インドネシア	2001年	スリランカ	2003年
アイルランド	2009年	イギリス	1998年
大韓民国	2007年	アメリカ	1998年

（注）　2020年6月30日の香港国家安全維持法施行以降、オーストラリア、カナダ、ニュージーランド、イギリス、アメリカ、フランス、ドイツ、オランダ、フィンランド、アイルランドが引渡協定の停止を発表。

（出所）　Department of Justice "List of Surrender of Fugitive Offenders Agreements"（As at 22 Apr 2020）（https://www.doj.gov.hk/eng/laws/table4ti.html　2020年4月30日閲覧）を参考に筆者作成。

　引渡協定の引渡手続は以下の通りである。まず、請求国により引渡請求がなされると（逃亡犯条例附属文書1記載の犯罪のみ請求可能）、行政長官はそれが政治目的か、あるいは死刑の可能性があるのかを検討した後、法的手続権限書を発行し（逃亡犯条例6条）、マジストレートが逮捕令状を発行する（7条）。次に、マジストレートが請求の根拠となる書類を元に被疑者を正式事実審理に付するか否かを決定する手続を行った後、施設収容命令を発行する（10条）。この時、被疑者は人身保護令状の申請ができる（12条）。最終的に、行政長官が再度引渡請求を検討した後、引渡命令を発行する。被疑者はなお司法審査を申請できる（13条）。

　返還以来、香港は【表1】の通り引渡協定を締結した。また、香港は犯罪人引渡しに関する多国間条約も数多く締結している[9]。引渡協定を締結していない諸国とも【表2】の通り司法共助を締結している。

---

9)　ジェノサイド禁止条約など。前掲注8）

【表2】香港が司法共助を締結した国（2020年4月22日現在）

国名	締結年		
		マレーシア	2008年
オーストラリア	1999年	オランダ	2003年
ベルギー	2006年	ニュージーランド	1999年
カナダ	2002年	フィリピン	2004年
チェコ共和国	2015年	ポーランド	2007年
デンマーク	2005年	ポルトガル	2004年
フィンランド	2012年	シンガポール	2004年
フランス	1999年	南アフリカ	2011年
ドイツ	2009年	スペイン	2014年
インド	2011年	スリランカ	2011年
インドネシア	2012年	スウェーデン	2018年
アイルランド	2011年	スイス	2002年
イスラエル	2006年	ウクライナ	2004年
イタリア	2010年	イギリス	2002年
日本	2009年	アメリカ	2000年
大韓民国	2000年		

（出所）　Department of Justice "List of Mutual Legal Assistace Agreements"（As at 22 Apr 2020）（https://www.doj.gov.hk/eng/laws/table3ti.html 2020年4月30日閲覧）を参考に筆者作成。

　逃亡犯条例においては、香港と引渡協定を締結していない地域とも、個別の事例において、1回限りの引渡しという形で引渡協定を締結できる。この場合、請求国により引渡請求がなされると官報に公表され28〜49日後までに立法会で引渡請求が審議される（3条）。立法会が1回限りの引渡しを認めると、行政長官が法的手続権限書を発行し（6条）、マジストレートが逮捕令状を発行する（7条）。以降の手続は前述した引渡協定を締結している国との手続が適用される。ただし、2条は適用を「中華人民共和国のいかなるその他の地域を除く」と規定するため、中国、台湾およびマカオはそうした取決めから除外されている。また返還後現在までにこの取決めによる諸外国との引渡しはなされていない[10]。

　現行法では、前述した協定未締結国からの1回限りの引渡請求であれ、協定

に基づく引渡請求であれ、引渡請求された人の基本的人権保障のための手厚い要件がある。第一に、行政長官は引渡請求を受理した際に、引渡しを拒否できる。第二に、行政長官が引渡請求に応じたが、その請求国と引渡協定がない場合、行政長官は、前述した1回限りの取決めを命じることができるが、命令は立法会の審査の対象となり、かつこの取決めは中国、台湾およびマカオと締結できない。第三に、命令が立法会の審査を通れば、次に引渡請求が逃亡犯条例の要件を遵守しているかどうかがマジストレート裁判官により審査される。要件には以下が含まれる。①逃亡犯罪人が請求国で引渡しの対象となる犯罪を行ったとして、逃亡犯罪人からの訴え却下の申立てを免れるだけの証拠を請求国が提出している事件（prima facie case）であること、②犯罪は逃亡犯条例に定められた引渡し対象犯罪に含まれ、政治犯罪ではないこと、③被請求国である香港で犯罪が行われたならば、香港刑法に基づく犯罪を構成すること（双方可罰性の原則）、④引渡請求は政治目的ではなく、逃亡犯罪人は人種、国家、宗教または政治的意見に基づいて処罰を受けないこと、⑤死刑が科されないこと、⑥逃亡犯罪人に請求国を退去する機会を与えずに第三国への再引渡しがされないこと。さらに逃亡犯罪人は弁護人を依頼し、マジストレート裁判官に対して引渡請求に反対する権利を持ち、マジストレート裁判官が逃亡犯条例の要件が遵守されたと判断しても、行政長官は人道上の理由で引渡しを拒否する裁量権を持つ。行政長官が引渡しを決定した後でさえ、逃亡犯罪人は司法審査や人身保護手続を申請でき、棄却されるまで引渡しされない[11]。

(2) 中国との引渡協定

逃亡犯条例および刑事相互法律協力条例の重要な特徴は、いずれも中国、台湾およびマカオに適用されないことにある。これは、条例制定時点での香港のコモン・ローと中国の社会主義法との大きな違いから、香港が中国との引渡協定を締結するのは時期尚早だと考えられたことによる[12]。

ここで、中国の犯罪人引渡条約の締結状況を香港と比較してみよう。【表3】

---

10)　前掲注8）

11)　Chan, Johannes, 前掲注5）

【表3】 中国が犯罪人引渡条約を締結した国（2019年3月4日現在）

相手国名	批准年	リトアニア	2003
タイ	1999	パキスタン	2008
ベラルーシ	1998	レソト	2005
ロシア	1997	ブラジル	2014
ブルガリア	1997	アゼルバイジャン	2010
ルーマニア	1999	スペイン	2007
カザフスタン	1998	ナミビア	2009
モンゴル	1999	アンゴラ	2013
キルギスタン	1998	アルジェリア	2009
ウクライナ	2000	ポルトガル	2009
カンボジア	2000	フランス	2015
ウズベキスタン	2000	メキシコ	2012
大韓民国	2002	インドネシア	2018
フィリピン	2006	イタリア	2015
ペルー	2003	イラン	2017
チュニジア	2005	ボスニア・ヘルツェゴビナ	2014
南アフリカ	2004	タジキスタン	2017
ラオス	2003	アフガニスタン	2017
アラブ首長国連邦	2004	エチオピア	2017

（出所）　Hong Kong Bar Association "Observations of the Hong Kong Bar Association on the Security Bureau's Proposal to Amend the Mutual Legal Assistance in Criminal Matters Ordinance, Cap. 525 and the Fugitive Offenders Ordinance, Cap.503" (https://www.hkba.org/sites/default/files /Security%20Bureau%27s%20%2 0 Proposal%20to%20Amend%20the%20M utual%20Legal%20Assistance%20in%20Criminal%20Matters..Fugistive.FO O%20and%20MLA%20%28Final%29%28website%29.pdf 2020年12月1日閲覧) を参考に筆者作成。

は中国が犯罪人引渡条約を締結した国を、**【表4】** は中国が犯罪人引渡条約を締結したが未批准の国を示している。

---

12)　Chen, Albert H. Y., "A Perfect Storm: Hong Kong? China Rendition of Fugitive Offenders", (2019) 49 H.K.L.J. 422.

【表4】中国が犯罪人引渡条約に署名したが未批准の国（2019年3月4日現在）

国名
アルゼンチン、オーストラリア、ベトナム、チリ、バルバドス、グレナダ、スリランカ、モロッコ、コンゴ共和国、ベルギー、エクアドル、トルコ、ケニア

（出所）Hong Kong Bar Association "Observations of the Hong Kong Bar Association on the Security Bureau's Proposal to Amend the Mutual Legal Assistance in Criminal Matters Ordinance, Cap. 525 and the Fugitive Offenders Ordinance, Cap.503"（https://www.hkba.org/sites/default/files/Security%20Bureau%27s%20%20Proposal%20to%20Amend%20the%20Mutual%20Legal%20Assistance%20in%20Criminal%20Matters..Fugistive.FOO%20and%20MLA%20%28Final%29%28website%29.pdf 2020年12月1日閲覧）を参考に筆者作成。

　中国と引渡条約を締結した西側諸国は少ない。中国と引渡条約を締結しているのは多くが共産主義国や社会主義（または近年民主化された）国である。香港と協定を締結している国は、インドネシアを除き、民主主義の歴史が長い国々である[13]。

　香港と中国の引渡協定に関する交渉は、1999年の大富豪事件の直後に始まっていた。香港保安局によると、これまでに数回の交渉が行われ、遵守すべき指針への合意もあった。

　中国との引渡協定締結の最大の障害が死刑である。現在では、死刑廃止国が、死刑実施国や逃亡犯罪人が死刑が科される可能性がある国からの引渡請求を拒否することは共通の慣行となっている。香港は1993年4月に死刑を廃止している[14]。対照的に中国では刑法に60以上の死刑が規定されるなど、死刑の罪名が多く、殺人ばかりか経済犯罪、麻薬の製造や国際売買などにまで、死刑が多く適用されている[15]。次に、公正な裁判を受ける権利と司法の独立の欠如がある。例えば、中国では引渡請求は、政治的理由に基づく可能性があり、引渡された犯罪人が公平な裁判を受けずに死刑になる可能性が指摘される[16]。

---

13)　Fisher, Michael John, op. cit., p. 504. Albert H.Y. Chen, op. cit., pp.424-425.

14)　香港最後の死刑執行は1966年11月である。Fisher, Michael John, op. cit., p. 509.

15)　Choi, Dick Wan and Fu Hualing, "Cross-Border Relations in Criminal Matters", in Mark S. Gaylord, Danny Gittings and Harold Traver（eds）, *Introduction to Crime, Law and Justice in Hong Kong*（Hong Kong: Hong Kong University Press, 2009）, pp. 236-238.

ただし、正式な引渡協定は存在しないが、中国が香港人を中国に移送したと推測される事件はあった。代表的な事件として、2015年の銅鑼湾書店事件がある。同事件では、中国共産党に批判的な書籍を販売していた書店主らが相次いで失踪し、後に中国で拘束されていたことが判明した。

　さらに、非公式的な慣行もある。中国に逃亡した香港の逃亡犯罪人を、情報に基づく国外退去強制（informed deportation）の方式で移送するものである。これは香港警察の請求に基づき中国を追放された逃亡犯罪人を、香港警察が境界で確保する手法である[17]。また、香港に逃亡した中国の逃亡犯罪人に対しては、香港移民条例が規定する香港政府の不法入国者排除権限を用いて、逃亡犯罪人が香港の法執行機関（香港警察や移民局など）に逮捕された場合、中国に送還する手段がある[18]。

2　逃亡犯条例改正案

　2019年2月に保安局が逃亡犯条例改正案を提出し、立法会で議論が始まった。

　同年3月26日に、経済関連犯罪の引渡しに対する経済界の懸念から、1回目の改正が発表された。経済犯罪9種類の除外と3年以上の懲役刑が科せられない犯罪の除外が発表された[19]。

　3月29日に改正案は官報に掲載され、4月3日に第一読会と第二読会が立法会で行われた[20]。

　5月30日には、社会各方面からの批判を受けて、2回目の修正が以下の通り発表された。①引渡し対象犯罪の最低刑罰の懲役7年への引上げ、②引渡請求国での犯罪に時効を設け、遡及的な要求を排除、③引渡請求国が、無罪推定、

16)　Fisher, Michael John, op. cit., p. 504,509.

17)　Fisher, Michael John, op. cit., p. 512.

18)　Choi, Dick Wan and Fu Hualing, op. cit., pp. 236-238.

19)　The Government of HKSAR "Fugitive Offenders and Mutual Legal Assistance in Criminal Matters Legislation（Amendment）Bill 2019 to be submitted to Leg Co" https://www.info.gov.hk/gia/general/201903/26/P2019032600708.htm?fontSize=1（2020年12月1日閲覧）

公開の裁判、強制による自白の禁止、上訴の権利などを尊重するよう要請する文言を、行政長官が協定に挿入、④中国に関して、引渡しと押収の請求は、最高人民法院と最高人民検察院によるものに限定。ただし、6月1日に保安局は立法会の答弁において、上記修正のうち、①のみが改正案に記載され、他の提案は指針としての位置づけであり改正案には記載されないとした[21]。

改正案は、以下の効果を持つ。

逃亡犯条例に対して、第一に、地理的制限の撤廃を行い、中国の他の地域を含む現時点で犯罪人引渡協定を締結していない地域が、特定の事件に基づく1回限りの協定を香港と締結し逃亡犯罪人を引き渡すことを認める。第二に、新しく提案された1回限りの協定に対して、立法会の審査を廃止し、代わりに行政長官に引渡請求を受理する証明書の発行権限を与える。新設の1回限りの協定は「特別引渡協定（special surrender arrangements 特別移交安排）」と名づけられた[22]。

刑事相互法律協力条例に対しても、逃亡犯条例と同様の地理的制限の撤回を行い、刑事事件の証拠収集に対する支援を、中国、台湾およびマカオとも行えるようにした[23]。

---

20) Hong Kong Bar Association "Observations of the Hong Kong Bar Association on the Fugitive Offenders and Mutual Legal Assistance in Criminal Maters Legislation（Amendment）Bill 2019" https://www.hkba.org/sites/default/files/HKBA%20Observations%20on%20FOMLACM%20Bill%202019%20%28Final%29.pdf（2020年12月1日閲覧）, Chen, Albert H.Y., op. cit., 423.

21) Hong Kong Bar Association "Additional Observations of the Hong Kong Bar Association on the HKSAR Government's proposed further changes to the Fugitive Offenders and Mutual Legal Assistance in Criminal Matters Legislation（Amendment）Bill 2019" https://www.hkba.org/sites/default/files/Additional%20Observations%20of%20the%20Hong%20Kong%20Bar%20Association%20%28%E2%80%9CHKBA%E2%80%9D%29%20on%20the%20HKSAR%20Government%27s%20proposed%20further%20changes%20to%20the%20Fugitive%20Offenders%20and%20Mutual%20Legal%20Assistance%20in%20Criminal%20Matters%20%20Legislation%20%28Amendment%29%20Bill%202019_0.pdf（2020年12月1日閲覧）

22) 前掲注8）

こうして、逃亡犯条例と刑事相互法律協力条例の双方に改正が加えられたが、懸念は逃亡犯条例の改正に集中した。というのも、逃亡犯条例改正は、「この約90年間で初めて、香港に住む人が香港から中国に引き渡され、裁判を受け、刑罰を科されるようになることを意味」[24]したからである。

改正案が実現すれば、引渡協定がなかった中国と香港との間で特別引渡協定を締結することが可能になる。これは返還以降、香港と中国が正式な引渡協定の締結を実現できていないにもかかわらず、特別引渡協定を事件発生毎に締結するという形で、両地の引渡協定を実質的に導入する効果を持った[25]。

3 香港法曹界からの懸念

香港法曹界は改正案に強く反対した。【表5】のようにバリスタ協会は幾度も声明を発表した。改正案は「生活を変えるポテンシャルを持ち[26]」、「法の支配が保障された自由で安全な都市としての香港の評判を損なう」[27]と厳しく批判した。

(1) 中国への引渡しに対する根本的な懸念

改正案に対する最大の懸念は、中国へ引き渡され、中国の刑事裁判を受ける可能性に対してだった。香港における中国の刑事裁判への恐怖について、代表的な見解を紹介しよう。

香港大学法学部学部長を長年勤めた陳文敏教授は、次のように述べる。「多

---

23) Hong Kong Bar Association "Observation of the Hong Kong Bar Association on the Security Burean's Proposal to Amend the Mutual Legal Assistance in Criminal Matters Ordinance, Cap. 525 and the Fugitive Offenders Ordinance, Cap. 503" https://www.hkba.or g/sites/default/files/Security%20Bureau%27s%20%20Proposal%20to%20Amend%20the% 20Mutual%20Legal%20Assistance%20in%20Criminal%20Matters..Fugitive.FOO%20and% 20MLA%20%28Final%29%28website%29.pdf（2020年12月１日閲覧）

24) 前掲注8）

25) Chen, Albert H.Y., op. cit., 423.

26) 前掲注8）

27) 前掲注23）

【表5】 バリスタ協会の声明

日付	主な主張
2019年3月4日	中国への引渡しに関する根本的な懸念
	臨時の取り決めに対する立法会の審査の除去
	立法会の審査における事例詳細の公開に関する懸念
	立法会の審査プロセスの遅延
	台湾への引渡しのみを規定する法律改正の提案
	代替手段としての刑事管轄条例の改正
2019年4月2日	事例ごとの取り決め
	立法会の審査の除去
	認証書類
	特定犯罪の免除
	最低刑の設定
	台湾の視点
2019年6月6日	最低刑の引き上げ
	その他の保障措置
	遡及効の制限
	中国の最高機関からの要請
	刑事相互法律協力に関して

（出所）　Hong Kong Bar Association（https://www.hkba.org/content/events-publication　2020年12月1日閲覧）を参考に筆者作成。

くの香港人は、ビジネス、仕事、家族、旅行などで、中国と関わった経験を持ち……多くの人は中国の刑事司法制度を信頼していない。香港政府は、中国における法の支配と人権保障に対する香港人の根強い懐疑を理解していないか、目をつぶった[28]」。

　バリスタ協会は、ヒューマンライツ・ウォッチやアムネスティ・インターナショナルといった国際社会からの中国の人権保障への深刻な懸念を挙げつつ、声明で次のように指摘する。「中国との犯罪人引渡協定が締結されなかったのは、香港人の、中国法と司法制度への重大な不信感が背景にある」、「1997年か

---

28)　Chan, Johannes, 前掲注5）

ら状況が変わり、中国を（犯罪人引渡協定の締結先に）含めることへの障害がなくなったのであれば、香港政府はなぜ状況が変わったのか説明する必要がある。仮に明白な変化が起こっており、香港政府が中国の刑事司法制度を信頼しているなら、アドホックな協定ではなく、正式な犯罪人引渡協定が結ばれて然るべきではないのか[29]。」

　香港と中国の引渡しにおける法的問題点には、かねてより以下が指摘されており、現在でも解消されていない。

① 双方可罰性の原則はどのように適用されるのか。

② 死刑に関する不引渡し原則はどのように適用されるのか。

③ 政治犯罪人不引渡しの原則は確立された普遍的な原則だが、「政治犯罪」は、中国との協定において、どのように定義されるのか。

④ コモン・ローの基本原則である二重の危険（double jeopardy）の禁止は香港人権条例11条で保障されるが、中国刑法10条は、外国の裁判所で裁判を経て有罪となったものは、同じ事件で中国の裁判所で裁判の対象となることを規定している。二重の危険の禁止はどうなるのか。

⑤ 双方が同時に管轄権を持つ場合はどのように解決されるのか。

⑥ 人身保護令状は中国法にはないが、香港法にある。香港居民の権利を十分に保護するために、どのような協定が結ばれるのか。

⑦ 逃亡犯条例では、引渡請求は、司法と行政の両方の審査を経ることになっており、これは基本的人権の保障を目的としている。中国の審査制度はもっぱら形式的なもので、実質的な審査はなされていない。これら二つの異なる制度は引渡協定において統合されるべきか[30]。

　逃亡犯条例制定時に、中国を除外したのは、立法の慎重な判断であった。香港と中国の刑事司法制度の根本的な違い、中国の基本的人権保障に関する懸念が背景にある[31]。この地理的制限は明らかに故意であり、前外務・イギリス連邦大臣マルコム・リフキンドも、イギリス外務省の文書を指摘し明言してい

29）　前掲注23）

30）　前掲注23）

31）　前掲注23）

る[32]。

　バリスタ協会は、香港政府は、中国の人権保障と刑事司法を取り巻く状況が1997年から変わったと考えた説明責任を果たしていないと指摘する。そして、中国の状況が変わったと考えるのであれば、ふさわしい方法は、正式な犯罪人引渡協定の締結のための協議の開始であり、かつ犯罪人引渡協定締結の提案は立法会と世論に審議されるべきだとする[33]。

(2)　台湾殺人事件の解決になるのか

　香港政府が法改正を行う理由が、台湾殺人事件の加害者を台湾に引き渡すことだった。政府は彼が2019年10月に刑務所から出所予定で、その時点で引渡協定が締結されていなければ、彼は自由の身になってしまうと主張していた。

　これに対して、台湾当局は2019年2月に早々と、改正案は台湾の「一つの中国の原則」に反するため、引渡しに協力しないと表明した[34]。こうした経緯をみて、香港居民の多くが、台湾殺人事件の解決という理由は香港人を中国での裁判のために引き渡すための法制度導入の口実にすぎないのだろうかといぶかしんだ[35]。

　法的にみても、バリスタ協会の指摘によると、改正案の目的は、台湾のみと1回限りの引渡協定を締結することで足りる。基本的人権の保障についていえば、台湾は、中国の国連加盟時に国連自由権規約の署名国としての地位を喪失したが、国連人権委員会に自発的に報告書を送付している。したがって、台湾が自由権規約が定める刑事司法の最低水準に合致していないとする理由はない[36]。

---

32)　前掲注8）

33)　前掲注20）

34)　Ng Kang-chung "Taipei won't sign any extradition deal with Hong Kong if it implies Taiwan is part of China, official says" 22 Feb 2019, *South China Morning Post* https://scmp.com/news/hong-kong/politics/article/2187224/taipei-wont-sign-any-extradition-deal-hong-kong-if-it（2020年12月1日閲覧）

35)　Chen, Albert H.Y., op. cit., 424.

36)　前掲注23）

そこでバリスタ協会は、以下の代替手段を提案している。つまり、刑事管轄条例（Criminal Jurisdiction Ordinance, Cap. 461《刑事司法管轄權條例》第461章）の改正である。同条例は、香港の域外管轄権を規定し、以下の犯罪に香港は域外管轄権を行使できる。それらは、窃盗、不正会計、恐喝、偽造に関連する犯罪を、香港域外で企図し、試み、あるいは示唆することである。刑事条例（Crimes Ordinance, Cap. 200《刑事罪行條例》第200章）は、香港永住性居民が、香港域外で16歳以下の子どもに一定の性犯罪を行った場合について、人身侵害犯罪条例（Offences Against the Person Ordinance, Cap. 212《侵害人身罪條例》第212章）は、香港において香港域外の人の殺人を企図し、殺人が香港でなされたとき、香港で裁判に付されると規定している[37]。

(3)　特別引渡協定が内包する問題点

　改正案が提案する特別引渡協定は、中国を含むこれまで香港が正式な犯罪人引渡協定を締結していないすべての国に適用される。特別引渡協定は、行政長官が証明書を発行することで開始され、従来のように立法会の審査を経る必要がない。その後、裁判所が犯罪人に逮捕令状を発行する[38]。つまり、香港から中国への引渡しに対する立法会の審査という制限が取り除かれ、行政長官が、引渡しにおける唯一の決定権者とされた。

　香港政府によると、立法会の審査廃止の理由は、立法会の審議に時間がかかりすぎ、立法会の公開審査は、逃亡犯罪人の香港域外への逃亡を招くということだった。しかし、立法会による審議期間の短縮や委員会での審議は可能であるし、引渡しが立法会の議題となった時点で、警察に逃亡犯罪人を逮捕、拘留する権限を与えるという方法で対処可能なため、説得力を欠いた[39]。

　行政長官を唯一の決定権者とすることについて、ソリシタ協会は、行政長官は中国からの引渡請求に対する歯止めとなり得ないと指摘する。つまり、中国からの引渡請求を行政長官が拒否できる可能性は極めて低い[40]。香港大学陳

---

37)　前掲注23)

38)　前掲注20)

39)　Chan, Johannes, 前掲注5)

弘毅教授も以下のように批判する。香港政府と中国政府との関係を規定する香港基本法の下で、香港政府は中国政府によって任命され、行政長官は中国政府と香港政府の双方に対して責任を負うため、中国からの引渡請求の拒否は困難である[41]。

　要するに、「『一国二制度』における中国と香港の間の非対称的な関係」[42]のため、特別引渡協定が締結されたなら、香港が中国からの引渡請求に応えることはほぼ確実になる。かつ、中国との間で、公平な裁判と基本的人権の保障が組み込まれた正式な犯罪人引渡協定を締結するインセンティブはなくなってしまう[43]。

おわりに

　本章では、逃亡犯条例改正案について、現行法の引渡制度、提案された改正案、香港法曹界からの懸念の3点から概説した。

　香港の現行法上、逃亡犯罪人の引渡しを規定する法として返還直前に制定された逃亡犯条例および刑事相互法律協力条例がある。現在、これらの条例を根拠として引渡協定が締結されている。しかし、いずれの条例も「中華人民共和国のいかなるその他の地域」（つまり、中国、台湾およびマカオ）への適用を除外している。したがって、香港と中国には逃亡犯罪人引渡協定は存在しない。これは、当時香港と中国の法制度の巨大な違いが懸念されたことによる。その後も、引渡協定締結の重要性は意識されながらも実現に至らなかった。

　台湾での殺人事件を受けて、2019年に立法会に提案された逃亡犯条例改正案の内容は次の通りである。第一に、地理的適用制限の撤廃を行い、中国が香港と特別引渡協定を締結できるようにする。特別引渡協定は正式な引渡協定ではなく、特定の事件ごとに締結する協定である。第二に、特別引渡協定には、従

---

40)　前掲注7）
41)　Chen, Albert H.Y., op. cit., 425.
42)　Chan, Johannes, 前掲注5）
43)　前掲注20）

来の立法会の審査を廃止し、代わりに行政長官に引渡請求を受理する証明書の発行権限を与える。

　香港社会はもちろん、香港法曹界も改正案に強く反対した。とりわけバリスタ協会は、数々の批難声明を発表した。その中心的な内容は以下の3点である。①中国への引渡しに対する懸念、②台湾殺人事件解決の実効性、③特別引渡協定が内包する制度的問題点。

　返還以降も、香港人の間には中国の刑事司法への根強い不信感がある（第3部3参照）。このため中国と正式な引渡協定が締結できない状況で、特別引渡協定の新設によって中国への逃亡犯罪人引渡しへ道筋をつけるこの改正案は、たやすく香港人の賛同を得られるはずはなかった。

2

香港のデモ行進・集会の自由に対する
規制の歴史をみる
——公安条例

弁護士H

はじめに

　市民の集会や行進などの自由を規制する公安条例は、香港の様々な法律の中で、長い間にわたって最も物議を醸してきた法律と言っても過言ではない。本章は、公安条例とその前身の歴史的経緯、現在の公安条例の詳細、他の集会・行進の自由を規制する法律などを検討する。

1　第二次世界大戦以前の規制

(1)　1841年〜1860年頃

　植民地時代初期の1841年から1860年頃は、香港の法整備はまだ不完全であったため、基本的に1844年の高等法院条例[1] 3条に基づき、イギリスの法律をそのまま香港に適用する形で治安維持を行っていた。ちなみに同条により、中国国籍の者は、香港の裁判所が中国の法律で裁くことも可能であった。

　当時イギリス領の香港島と中国領の九龍半島[2]の間は往来が自由で、中国からの出稼ぎ労働者が香港に大量にいた。このため治安維持に重点を置く政策が

---

1)　Supreme Court Ordinance.
2)　1860年以降、北京条約により半島の南部がイギリスに割譲され、国境はビクトリア湾から界限街（バウンダリー・ストリート）に移った。

とられ、市民の権利への規制と警察権限が法律などで強化された時期があった。現在の香港での警察権限が本国イギリスよりはるかに大きいという現状は、こうした植民地期初期の歴史的経緯と無関係ではないと思われる[3]。

(2) 1869年：公衆集会での治安維持条例

最初の集会を規制する法律は、1869年の公衆集会における治安維持条例[4]であった。1条によると、行進や集会などが公共の場で行われる場合は、治安維持のために、もしくは交通機関への影響を軽減させるために、警察長官に当該場所で公告を貼って指示を出す権限が与えられた。なお5条によると警察長官の指示に違反した場合は1か月間以下の懲役と20香港ドル以下の罰金を科されると定められていた。

(3) 1884年：治安維持条例

1883年から1885年の清仏戦争の影響で、中国籍の市民によるフランスに対する反対活動が活発になった。フランス人に労務を提供する者とその親族が罰されるという広州政府の脅迫[5]と相まって、香港の一部の中国人船員がフランス船籍の船での業務をボイコットする事件が起きた。そしてその船員達は1879年の商船（連結）条例[6]13条違反で逮捕され、マジストレート裁判所で罰金を科された。

激怒した中国人船員達はストライキをし、その影響を受けた多くの港湾労働者達も仕事を失った。ゼネラル・ストライキにまで発展すれば問題は早めに解決すると考えた港湾労働者は、人力車俥夫とセダンチェア[7]担ぎの仕事を妨害しようとしたところ、彼らの反発を受け、結局1884年10月3日の朝に中国人住

---

3) 中生勝美「植民地の法人類学——香港文化の形成」沢田ゆかり編『植民地香港の構造変化』（アジア経済研究所、1997年）73-74頁。

4) Maintenance of Order on the Occasion of Public Assemblies Ordinance.

5) Norton-Kyshe J. W., *The History of the Laws and Courts of Hong Kong Vol.2*（Hong Kong: Noronha & Co., 1902）p. 376.

6) 商船（連結）条例（Merchant Shipping (Consolidated) Ordinance).

7) 2人1組の人力でお客を運ぶ椅子型の乗り物。

居地域[8]で激しい暴動が発生した。警察に向けて石を投げて襲撃したとの報告もあった。香港政庁は軍を出動させてようやく状況を沈静化させたが、経済活動が早く回復するように、治安維持条例[9]を可決した[10]。

中国籍市民の武器所持（3条）、中国語の公告の許可なき展示（10条）などが違法化された。違反容疑で、令状なしで家宅捜査・逮捕することが可能になり、実際に違反した場合は、3か月間以下の懲役および重労働あるいは500香港ドル以下の罰金が科されると定められていた（11条）。また同法9条により、香港総督に国外追放を命令された者は追放されるまで警察に拘留されるようになった。

この条例の効力は3か月間しかなかったが、中国人船員のフランスに対するボイコット行為はその後もしばらく続いた。

イギリス植民地省の了承がない臨時手段でしかなかったこの条例が失効したため、永久的に有効な条例を新たに制定しなければならなかった。1886年には、イギリス植民地省の了承に基づき治安維持条例[11]が可決された。同法5条により、「公共の治安に必須」な場合は香港総督がこの条例の適用を宣告することが可能で、7条により、治安判事が口頭の宣告で集会を解散させる権限があり、市民がその宣告に違反した場合は逮捕される場合があり、有罪判決の場合3か月間以下の懲役、あるいは50香港ドル以下の罰金を科される。重大過失もしくは悪意がある場合を除き、警察などは解散するように命じられて従わなかった市民を傷害もしくは殺害しても罪を問われない。

(4) 1922年：緊急状況規例条例

第一次世界大戦中の1914年香港総督は治安維持条例の適用宣告をしたが、戦争が終わっても適用宣言は解除されなかった。その後、香港ではインフレの影響で生活費が高騰した。同時に外国籍と中国籍の船員の給料の差が一段と大き

---

8)　当時中国人居住地域はイギリス人居住地域と区別されていて、イギリス人は交通が便利な沿岸部に、中国人は海岸線から離れた山の方に住んでいた。

9)　治安維持条例（The Peace Preservation Ordinance, 1884）

10)　Norton-Kyshe J. W., op. cit., pp. 376-377.

11)　治安維持条例（The Peace Preservation Ordinance, 1886）

くなり、香港人船員の不満が募った。1922年1月には、船員の他にも港湾労働者などがゼネラル・ストライキを行い、その影響で港が機能しなくなった。

　香港立法評議会は同年2月に緊急状況規例条例[12]を可決し、香港総督スタブスは治安維持条例の適用宣告を解除した後に緊急事態宣言を発出し、集会を禁止した。さらに鉄道を運休させ、警察に任意で郵便物を検査したりとボディーチェックしたりする権限などを与えた。同年3月に、香港警察が広州まで行進しようとしている数千人規模のデモ隊を沙田近辺で銃撃によって排除した事で死者が出た。その結果、市民のさらなる反発を呼んだ。最後に、在広州イギリス総領事の調停で、船員の賃金が15～30％上がり、逮捕された船員が釈放され、ゼネストはやっと3月8日に終わった[13]。

　緊急事態宣言はゼネストの終了とともに解除されたが、緊急状況規例条例は廃止されず、その後何回も使用された。150年の植民地の歴史において、49年間にわたって積極的に使われた。

　ちなみに、当時のイギリス植民地大臣チャーチルが1922年5月に緊急状況規例条例の条文と報告を読んだ際に、「非常に緊急な状況のみこの条例の使用を許可する。使用した場合、理由と詳細を報告するように。」という旨の指示を出したが、その指示通りに植民地省に報告した総督は一人もいないと言われる[14]。

(5)　1933年：略式起訴条例改正案

　1920年代以降、香港ではストライキが多発し中国の状況も不安定になったため、治安維持のために1933年1月に略式起訴条例[15]の改正案が可決された。略式起訴条例自体は日本の軽犯罪法のような法律で[16]、この改正案により、警察

---

12)　緊急情況規例條例（Emergency Regulation Ordinance）

13)　陳明録「第十四章　香港與孫中山革命運動之多元關係（1895～1925）」『共和維新：辛亥革命百年紀念論文集』（香港：香港城市大學出版社、2013年）245頁。

14)　Miners, N., "The use and abuse of emergency powers by the Hong Kong Government", (1996) 26 H. K. L. J. 53.

15)　簡易治罪條例第228章（Summary Offences Ordinance, Cap. 228）

16)　略式起訴条例では、比較的軽い犯罪を正式起訴状（Indictment）によらず、略式起訴状（information）により起訴して、マジストレート裁判所の審理を受ける。

長官の許可なしで公共の場で行進（3条17項）あるいは集会（3条21項）を組織するもしくは参加することが違法になり、有罪判決の場合3か月以下の懲役、あるいは500香港ドル以下の罰金を科される。

この改正案により、デモか集会を行う際、宗教的な集会を除き警察長官の事前の許可を求めなければならないようになった。

2 公安条例

(1) 1948年：公安条例

第二次大戦後、中国の政治情勢が不安定になり、1946年に国民党と中国共産党の全面的な内戦（国共内戦）が始まった。そして1948年9月から11月まで、中国共産党はいわゆる三大戦役の一つである遼瀋戦役で満州全域を占領した。当時迫りくる戦火から逃げるために、広東、上海などの大都市から大量の移民が香港に流れ込んだ。こうした中、治安維持のために、1948年10月に香港では公安条例[17]が可決された。

公安条例によって政治組織関係の制服の着用（3条）や、準軍事的な組織の結成（4条）などが禁止されたほか、5条により合法的な集会で秩序を乱す行為も違法になった。違反した場合は、有罪判決の場合2年以下の懲役、あるいは5000香港ドル以下の罰金を科される。同時に、この条例は香港総督に夜間外出禁止令（9条）、特定の場所の禁足令（10条）などを発出する権限も与えた。

(2) 1967年：公安条例

戦時中に60万程度であった香港の人口は1966年に360万まで急速に増え、経済も大きく成長した。ただしそれを支えたのは中国からの移民が担う廉価な労働力で、行政による市民への住居などの支援と福祉制度はまだ不十分だった。多くの市民の居住環境は劣悪で、生活も困難であり、香港植民地政庁への不満が募った。

同時に、中国の文化大革命という政治闘争によって紅衛兵運動が中国全土に

---

17)　公安條例第245章（Public Order Ordinance, Cap. 245）.

広がり、紅衛兵は広東省はもちろん、ポルトガルの植民地であるマカオにまで押し寄せた。マカオでは、1966年の「一二・三事件」と呼ばれる暴動において、中国政府が人民解放軍の師団を国境地域に集結させ、マカオへの軍事侵攻をほのめかす軍事恫喝を行った。マカオ植民地政府は左翼運動家と中国政府に屈服し、以来、事実上中国の影響下に入ることになった。

一般市民の香港政府への不満が高まる中でマカオでの成功で勢いに乗った香港の左派勢力の画策によってついには暴動まで発展したのである。1967年4月、新蒲崗にある人工造花工場で労働紛争が発生し、いわゆる「六七暴動」が幕を開けた。暴動の期間中、市民生活が影響を受けただけでなく、相次ぐ爆弾闘争などで死傷者も複数出た。予想を上回る混乱でイギリス政府は一時的にビクトリア湾に空母を配置し、そこから鎮圧用のヘリを出したほどだった[18]。

1967年7月、香港政庁は緊急状況規例条例の権限で、3人以上の集会を違法集会と認定した[19]ほか、警察に集会を解散させる権限やあらゆる場所を令状なしに捜査する権限を与え、裁判なしの勾留を1年間まで（かつ何回も更新可能）延長した[20]。

1967年10月、暴動は収束する兆しを見せ、香港政庁は公安条例の修正案で、治安維持条例・簡易治罪条例・公安条例などに規定されるデモ行進や集会に関する制限や犯罪などを公安条例にまとめた[21]。

現在の公安条例の犯罪に関する条文（違法集会、暴動など）と規制に関する条文（事前に警察に集会の許可を得ることが必要、許可されない場合の上訴方法、警察が許可を出す際に条件を追加することが可能、など）は、1967年の公安条例から続いている（ただし、多少の修正がある）。

---

18) Jones, Carol and Jon Vagg, *Criminal Justice in Hong Kong* (New York: Routledge-Cavendish, 2007), p. 402.

19) 張家偉『六七暴動：香港戰後歷史的分水嶺』（香港：香港大學出版社、2012年）118頁。

20) 前掲注19）127頁。

21) Legislative Council Secretariat, "A Note on provisions relating to the regulation of public meetings and public processions in the Public Order Ordinance (Cap. 245), LC Paper No. LS 21/00-01" (Retrieved on 13 November 2020 from https://www.legco.gov.hk/yr00-01/english/panels/se/papers/ls21e.pdf).

(3) 1995～97年：公安条例

　国連の自由権規約を国内法化したものとして、香港人権条例が1991年に可決された。当時、公安条例の集会許可制度などは香港人権条例に違反しているとの指摘もあり、1995年の公安条例の改正案では、「20人以上の行進もしくは30人以上の集会を開催する場合、最低７日前に警察から許可を求める」という制度が、「30人以上の行進、もしくは50人以上の集会を開催する場合、最低７日前に警察に知らせる」という内容に変更された。

　この改正案は1995年に香港の立法評議会で可決され、同年12月に発効したが、1997年２月には全人代常務委が、香港人権条例の制定によって改正された公安条例は香港基本法に違反しているという理由で、返還後の「香港特別行政区」の法律にならないと決定した。その後、香港返還にいたる過渡期における中英対立を背景に、中国が深圳に独自に設置した臨時立法会が代わりに別の公安条例改正案を可決した。その改正案において公安条例は1967年の集会許可制度に逆戻りし（ただし、名目上は警察から「許可」ではなく「不反対通告」を得るという形になった）、臨時立法会の改正案は1997年７月１日の返還当日に発効し[22]、現在の公安条例に至る。

① 不反対通告制度の合法性

　香港基本法では、集会や行進の権利に関してこう定められている[23]：

　４条　香港特別行政区は法に依って香港特別行政区の住民とその他の人の権利と自由を保障する。

　27条　香港住民は言論、報道、出版の自由、結社、集会、デモ、示威行動の自由、労働組合の組織および参加、ストライキを行う権利と自由を享有する。

　39条「公民の権利と政治権利に関する国際条約」、「経済、社会および文化の権利に関する国際条約」および国際労働条約の香港に適用する関連規定は引き続き有効であり、香港特別行政区の法律を通じて実施される。

22）　Public Order（Amendment）Bill 1997.

23）　「香港基本法　日本語完訳」『香港ポスト』https://hkmn.jp/ 香港基本法 %E3%80%80日本語完訳 / 日（2020年11月14日閲覧）

【表1】公安条例における集会や行進などに対する一般的な規制

条文	内容	具体的内容
6条	警察長官の一般的な権力	・集会・行進に指示を出すもしくは規制する ・集会や行進のルートや時間を定める ・集会や行進の音声レベルを規制する
7条	公衆集会の規制	・警察が8条に定められた通告を受け、集会を禁止しない場合のみ公衆集会が可能 ・以下の集会に適用しない: 　・学校行事 　・私的な場所で行う集会 　・50人以下の集会
8条	公衆集会の通告	・集会の7日前に警察へ通告を出す義務 （警察長官の権限で7日以内の通告を受理することも可能） ・以下の内容を通告に入れなければならない: 　・主催者の名前・住所・電話番号 　・集会の目的とテーマ 　・集会の日時・期間・場所 　・参加者数の見積もり
9条	通告された集会を禁止する警察長官の権利	・国の安全もしくは公共の安全、公の秩序、又は他者の権利及び自由の保障のため、8条により警察へ事前に通告を出した集会を禁止する権利が警察長官にある ・条件を追加するだけで国家安全、公衆安全、他人の権利と自由が保障できる場合、集会を禁止してはならない ・集会を禁止する通告は禁止の原因と理由を説明しなければならない
10条	「指定公衆地点」	・行政長官が「指定公衆地点」（注）を指定する権限 （注）現時点では香港スタジアム、ビクトリア公園のバンド・スタンド・エリアなどが「指定公衆地点」と指定されている
11条	公衆集会への規定と条件	・「指定公衆地点」で行う集会は秩序を守るという理由だけで条件が追加可能 ・ほかの場所で行う集会は国の安全もしくは公共の安全、公の秩序、又は他者の権利及び自由の保障という理由で条件が追加可能 ・警察が条件を追加する場合は通告でその原因と理由を説明しなければならない ・主催者には警察官の指示に従う義務がある
12条	私的な場所で行う集会の安全規定	私的な場所で行う集会は火災防止などほかの条例で定められた規制を遵守しなければならない
13条	行進への規制	・警察が13A条に定められた通告を受け、行進に反対しない場合のみ行進が可能

		・以下の行進に適用しない： ・道路と公園以外で行う行進 ・30人以下の行進 ・官報で公布された行進
13A条	行進の通告	・行進の7日前に警察へ通告を出す義務 （警察長官の権限で7日以内の通告を受理することも可能） ・以下の内容を通告に入れなければならない： ・主催者の名前・住所・電話番号 ・行進の目的とテーマ ・行進の日時・期間・場所・ルート ・集会も同時に行う場合は集会の時間と場所 ・参加者数の見積もり
14条	通告された行進に反対する警察長官の権利	・国の安全もしくは公共の安全、公の秩序、又は他者の権利及び自由の保障のため、13A条により警察へ事前に通告を出された行進に反対する権利が警察長官にある ・条件を追加するだけで国家安全、公衆安全、他人の権利と自由が保障できる場合、行進に反対してはならない ・行進に反対する通告は禁止の原因と理由を説明しなければならない
15条	行進への規定と条件	・国の安全もしくは公共の安全、公の秩序、又は他者の権利及び自由の保障という理由で条件が追加可能 ・警察が条件を追加する場合は通告でその原因と理由を説明しなければならない ・主催者には警察官の指示に従う義務がある
16条	上訴	・通告した集会が警察長官に禁止された場合、もしくは通告した行進が警察長官に反対された場合、上訴委員会へ上訴することが可能
17条	集会と行進を規制する警察の権力	・警察官に上記の規定に違反した集会・行進を終止もしくは解散させる権限がある ・集会・行進を終止もしくは解散させる場合は、合理的な武力を使用すること、場所を閉鎖することなども可能

（注）「指定公衆地点（designated public area）」とは行政長官が指定する場所で、大多数の人が集合可能な場所を指す。

（出所）公安条例を元に筆者作成。

なお、自由権規約21条と香港人権条例8条21項ではこう定められている：

　平和的な集会の権利は認められる。この権利の行使については、法律で定める制限であって国の安全もしくは公共の安全、公の秩序、公衆の健康もしくは道徳の保護または他の者の権利および自由の保護のため民主的社会において必要なもの以外のいかなる制限も課することができない[24]。

　現在の公安条例における行進と集会に対する規制は、集会の自由とデモの自

由への制限というのが明白だが、それではその制限は「国の安全もしくは公共
の安全、公の秩序、公衆の健康もしくは道徳の保護または他の者の権利および
自由の保護のため民主的社会において必要なもの」といえるのだろうか。

② 国連の見解とイギリスの制度

国連人権委員会は1999年のレポート[25]で、香港政府は公安条例で自由権規約
21条が保障する権利と自由を制限することが可能なので、条約の規定を遵守す
るような条例の改正を推奨した。

ちなみに、同じコモン・ロー地域であり、香港法に強い影響を与えているイ
ギリスの集会と行進に対する規制は香港よりはるかに寛容である。集会の場合
は[26]、事前に警察に知らせる義務がなく、合理的な必要がある時のみ警察が開
催条件を追加できる行進の場合は[27]、法令に定められた特定の目的の行進のみ
事前に警察に知らせる義務があり、不法な目的で深刻な治安混乱や財産損害な
どが予想される行進のみに対して開催条件を追加する事が許される。行進を禁
止するためには警察長官の命令と内務大臣の確認が必要である[28]。

③ 香港裁判所の判決：*Leung Kwok Hung v HKSAR*（2005）
8 HKCFAR 229

公安条例の不反対通告制度などの合憲性について、2005年に終審法院で判決
が下された。終審法院の5人の裁判官は珍しく意見が分かれ、うち4人は合憲、
1人は違憲だと判断した。4対1の結果で、公安条例における集会や行進に対
する制限は合憲だと認定された。

香港の法律において、特定の権利や自由へ制限を課す場合は、まずその権利

---

24) 外務省「市民的及び政治的権利に関する国際規約（B 規約）第三部」https://www.mofa.
go.jp/mofaj/gaiko/kiyaku/2c_004.html（2020年11月14日閲覧）

25) United States Human Rights Committee, "Concluding observations ? Hong Kong
Special Administrative Region", 15 November 1999,（Retrieved on 14 November 2020)
from https://www.cmab.gov.hk/doc/en/documents/references/papers_reports_others/
human_rights/co99-e.doc).

26) *R (Brehony) v Chief Constable of Greater Manchester* [2005] EWHC 640.

27) The Public Order Act 1986, Section 11.

28) The Public Order Act 1986, Section 12.

や自由が「性質上絶対的」（absolute in nature）であるかどうかを判断しなければならない。その一例は拷問を受けない権利であり、違反した場合は他の基準を考慮することもなく即違憲（すなわち、香港基本法に違反する）となる。

「性質上絶対的」ではない場合は、その制限の確定性（certainty）・必要性（necessity）・比例性（proportionality）を検討しなければならない。これについては5人の裁判官の合意を得た。すなわち、集会・行進の権利は拷問を受けない権利ほど性質上絶対的ではないので、確定性・必要性・比例性の基準の審査へと進む。終審法院では、結果的に合憲と判断されたが、両方の見解は興味深いので【表2】に掲載する。

【表2】梁國雄事件（*Leung Kwok Hung v HKSAR*（2005）8 HKCFAR 229）における確定性・必要性・比例性に関する分析

	合憲判断 終審法院首席裁判官アンドリュー・リー 終審法院常任裁判官パトリック・チャン 終審法院常任裁判官R.A.V.リベイロ 終審法院非常任裁判官アンソニー・メイソン	違憲判断 終審法院常任裁判官ケマル・ボカリー
確定性	定義： 法令で定められた制限は、曖昧さがなく、明確で市民に容易に理解されるべき[29]。 適用： 「公の秩序」保護を理由とした制限について、「公の秩序」という概念自体は確定性に欠けるので違憲。ただ、「治安における公の秩序」と解釈すれば合憲。	定義： 法律は予想外の状況を発生させないほどの精密さを持つべき[30]。契約法などと違い、市民の権利を制限するので、確定性の要求は更に厳格に審査されるべき。 適用： 「国の安全もしくは公共の安全、公の秩序」といった概念は曖昧すぎる。
必要性	定義： 文字通りに通常の解釈を行う。比例テストで考慮されるべき[31]。 適用： 比例テストで考慮される。	定義： 客観的に見れば民主社会においては必要[32]。市民の自由に制限をかけることは違憲。 適用： 集会を事前に規制することが治安維持のための唯一無二の方法ではない。平和的ではない状況が発生したら18条の違法集会罪と19条の暴動罪で対応可能。
比例性	定義： 社会の利益と個人の利益の間にバランスを取ること。三段階の衡量基準を採用[33]。 　①　立法目的の重要さは、特定の権利を制限することを裏付ける	定義： 必要性の一環。基本的人権と自由の行使を妨げないようにバランスを取ること[34]。 適用： 集会を事前に警察に知らせる義務を規定す

	② 制限は合法的な目的と合理的な関連がある ③ 合法的な目的に必要な制限以外をかけてはいけない 適用： 政府は適宜な措置で集会が平和に行えるようにすべき。警察は集会を制限・禁止する場合もしくは条件を追加する場合は、比例性の原則に反してはいけない。こうした前提で現在の制度における警察の裁量権は「治安における公の秩序」を保護する目的で合憲。	る条文は、交通や群衆コントロールなどの目的で合憲。 集会に対する制限、もしくは禁止は、重要な基本的自由の行使を妨げるので、警察は裁判所に受け入れられるほど確実な理由がある場合のみ、集会を規制、もしくは禁止すべき。集会へ追加できる条件の詳細についても法令で明確に定めるべき。警察長官に莫大な裁量を委ねるより、特定の集会を規制、もしくは禁止する必要がある場合は警察が裁判所から差止め命令を申請すべき。したがって、警察による集会禁止の権限、もしくは条件追加の権限はいくら解釈しようとしても、確定性・必要性・比例性をすべて満足する解釈が出せないので違憲。

（出所）　筆者作成。

3　公安条例における犯罪

　公安条例 7 条と13条の規制では、警察の不反対通告なしに行進か集会を開催することは違法であり、11条と15条の規制で警察が追加した条件と警察の命令に従わないことも違法である。有罪判決の場合17A 条により 5 年以下の懲役と5000ドル以下の罰金を科される。2020年12月に、有名な民主活動家の黄之鋒（ジョシュア・ウォン）と周庭（アグネス・チョウ）が「無許可集会参加」や「無許可集会扇動」などで、黄之鋒が禁錮13ヶ月半、周庭が10ヶ月の量刑をそれぞれ言い渡された[35]。

　たとえ合法的な行進や集会でも、終了したもしくは終止された後、同じ場所

29)　*Sunday Times v. United Kingdom*（No.1）（1979-80）2 EHRR 245.

30)　*R v. Wilkes*（1763-70）19 State Trials 1075.

31)　*Handyside v. United Kingdom*（1976）1 EHRR 737.

32)　*O'Kelly v. Harvey*（1883）14 LR Ir 105.

33)　*De Freitas v. Ministry of Agriculture*［1999］1 AC 69.

34)　*Ezelin v. France*（1992）14 EHRR 362.

35)　香港特別行政区訴黄之鋒［2020］HK Mag C 16（WKCC 2289/2020）

【表 3】 公安条例17B 条・18条・19条の条文と定罪基準

	17B条：公共場所での騒動 Disorder in public places	18条：違法集会 Unlawful assembly	19条：暴動 Riot
行為	「喧騒か秩序を乱す立ち居振る舞いをするか、威嚇・暴言・侮辱の文字を展示し、	「3人以上が集会し、秩序を乱す立ち居振る舞いまたは威嚇・侮辱・挑発的な立ち居振る舞いをし、	「違法集会に参加し、社会の安寧を脅かす行為を行い、
意図	上記行動によって意図的に社会の安寧を脅かす、もしくは相当な可能性で社会の安寧を脅かす行為を引き起こす。」	意図的にまたは相当な可能性で、集会参加者が社会の安寧を脅かす、もしくは上記行動によって他人を扇動し社会の安寧を脅かす、といった恐れを他人に与える。」	
刑罰	1年以下の懲役	5年以下の懲役	10年以下の懲役
定罪基準	本人の行為が合理的範囲から逸脱したかどうか	行為が周りへもたらした影響という事実判断 秩序を乱す意図と行為を有するかより、行為の違法集会・暴動との因果関係に着眼	

（出所）　筆者作成

で集会し続ける事も同罪で違法である[36]。

　その他の重要な犯罪は、【表 3】の通りである。

（1）　各犯罪要件の詳細

①　「3 人以上が集会」

　3 人が互いに知り合いである必要はないが、判例によると特定の「共同目的」（common purpose[37]）を共有する必要があり、その行為にも充分な関連性（sufficient nexus[38]）がなければならない。したがって、 3 人が別々の目的で別々の犯罪行為をする事も[39]、もしくは平和的な集会に 1 人の犯罪者が紛れ込むことも[40]この要件を満たせない。

---

36)　*Leung Kwok Hung v Secretary for Justice* ［2020］HKCA 192.

37)　*HKSAR v Leung Tin Kei & Ors* ［2020］HKCA 275.

38)　*R v To Kwan Hang* ［1995］1 HKCLR 251.

39)　*Secretary for Justice v Leung Kwok Wah* ［2012］5 HKLRD 556.

40)　*R v To Kwan Hang* ［1995］1 HKCLR 251.

② 「社会の安寧を脅かす（breach of the peace）」

日本語の文献では治安妨害や破壊とも訳される。その定義はイギリスの判例 *R v Howell*[41)]でこう定められている。

- (a)　他人に危害を及ぼすもしくは及ぼそうとしている
- (b)　他人の財物にその人の目の前で危害を及ばすもしくは及ぼそうとしている
- (c)　暴行・乱闘・暴動・違法集会・混乱などで、上記事項の発生を他人に恐れられている

要するに、暴力の発生もしくは暴力の発生へのおそれはこの犯罪要件の要で[42)]、暴力もしくは暴力のおそれのない混乱だけでこの要件を満たせない[43)]。イギリスの裁判官テンプルマンは、座り込みデモでずっと居続けようとしていた被告人がこの犯罪要件に該当すると判断し、こう述べた[44)]。

「警察が武力を行使しない限り、頑なにその場所から離れない妨害者は、たとえ社会の安寧を脅かす意図が自分自身になくても、その行為自体は社会の安寧を脅かすおそれと危険がある……一般市民の受動的な抵抗行動において、もし成功を収められなければ、いずれは受動的なままではいられないだろう、とマハトマ・ガンジーでさえ悲しむであろう。」

③ 「秩序を乱す立ち居振る舞いまたは威嚇・侮辱・挑発的な立ち居振る舞い」

「秩序を乱す立ち居振る舞い」は「社会の安寧を脅かす行為」ほど攻撃的ではなく、文字通りの意味で解釈する[45)]。「威嚇・侮辱・挑発的な立ち居振る舞い」も文字通りの意味で解釈する[46)]。単なる暴言のみではこの犯罪要件に該当せず、何らかの行動も伴わなければならない。判例によると、コンビニ店員に暴言を浴びせた少年グループはその事実だけでは有罪判決にならなかったが、一部の少年がその後、棚の上の商品を床に散乱させた行為で有罪判決になった[47)]。

---

41)　*R v Howell* [1982] QB 416, [1981] 3 All ER 383, [1981] 3 WLR 501.

42)　*R (Laporte) v Chief Constable of Gloucestershire Constabulary* [2007] 2 AC 105.

43)　*Parkin v Norman* [1983] QB 92, [1982] 3 WLR 523, [1982] 2 All ER 583.

44)　*R (Laporte) v Chief Constable of Gloucestershire Constabulary* [2007] 2 AC 105.

45)　*Campbell v Adair* [1945] SC (J) 29.

46)　*Chambers and Edwards v DPP* [1995] Crim LR 896.

④ 「恐れを他人に与える」

周りの状況を客観的な基準で判断した結果、公共の場所で発生した事案で他の要件に該当しているのであれば、別に「他人」の主観的な証言がなくても、この要件は成立する[48]。その場にいる警察官や記者なども「他人」に該当する[49]。一方、その場に第三者がいない場合はこの要件は成立しない[50]。「恐れ」について、それは自分自身への危害に対する恐れではなく、社会の安寧を脅かす行為の発生やそれに伴う混乱などに対する恐れである[51]。

⑤ 「他人を扇動」

たとえ積極的な扇動行為をしていなくても、違法集会と認定されてからもその場に居続け何らかの行動をする行為と、その事実を通じて他の違法集会参加者を励ます意図もしくはサポートする意図があるなら、「他人を扇動」という要件は成立する。ただしその場にいる事実だけではこの要件は成立しない[52]。

(2) 他の条例とコモン・ローにおける規制

行進や集会を規制するためには上記の公安条例の犯罪だけでなく、状況により参加者を他の条例における犯罪で起訴することも可能である。例えば2014年の「雨傘運動」の主催者の3人はコモン・ローの公衆妨害扇動罪で16か月の懲役を科された[54]。また、抗議活動において道路などを占拠して交通を妨害した場合公衆妨害で起訴されることも珍しくない。

なお、香港国家安全維持法にはデモ行進・集会の自由に対する直接的な規制がなく、かつ自由権規約と香港の関連規定などに基づき、集会・行進・デモなどの自由が尊重、保障されると4条に明言されている。ただし、いくつかの犯

---

47) *Campbell v Adair* [1945] SC (J) 29.

48) *Taylor v DPP* (1973) Cr App R 915.

49) *HKSAR v Wong Yeung Tat* [2016] 4 HKLRD 433.

50) *Kamara v DPP* [1973] 2 All ER 1242.

51) *Secretary for Justice v Leung Kwok Wah* [2012] 5 HKLRD 556.

52) 香港特別行政區 訴 余德穎及另七人 [2020] HKDC 992; DCCC 12/2020.

53) 犯罪行為が複数発生すれば、複数の告発により情状も刑罰もさらに深刻になる。

54) *HKSAR v. Tai Yiu Ting* [2019] HKCA 938; CACC 128/2019.

【表４】 公安条例19条暴動罪に関する判例

事例（名称）	被告人	容疑	罪状	刑罰
1967 （六七暴動）	嚴德偉	火炎瓶を投擲し、デモ隊に警察を攻撃するように扇動、違法監禁など。	暴動	懲役２年
1989	複数	ベトナム難民キャンプでの難民暴動	暴動	懲役５年など
2016 （旺角暴動）	畢慧芬	デモの際、紙を燃やしたのみ、他人への暴力はなし。	暴動（２回）[53]	懲役46ヵ月
	梁天琦	警察官に物を投げて右足で襲撃した。	暴動（２回） 警察を襲撃	懲役６年
	盧建民	食環署職員に暴言を吐いた後、警察官に物を投げた。	暴動	懲役７年
	容偉業	警察官に物を複数投げた。	暴動（２回） 警察を襲撃	懲役３年
	黃家駒	警察官に物を投げ、自身が不意に倒れた結果、警察官がその体の下敷きになった。警察官は他の参加者からさらなる暴行を受けた。	暴動 警察を襲撃	懲役42ヵ月
	袁智駒	金属製の棒で警察官の盾を叩き、警察官に物を複数投げた。また、放火を行った。	暴動（２回） 放火	懲役３年
2020 （六一二 デモ）	冼嘉豪	デモ参加者が立法会と政府本庁舎を取り囲み、やがて警察とデモ参加者の激しい衝突に発展した。	暴動	懲役４年
2020 （八三一 暴動）	余德穎など８人	湾仔の暴動現場で逮捕された。実際に暴動に参加したことについては立証できず無罪釈放となった。	暴動	釈放

（出所）　筆者作成。

罪は従来の法制度から見れば内容も要件も曖昧なので、たとえ法曹界の専門家から見ても合法行為と違法行為の線引きが困難で、恣意的な運用が恐れられる[55]。結果的に自主規制を招き、デモ行進・集会などの自由に萎縮効果を与え

---

55)　Hong Kong Bar Association "Statement of the Hong Kong Bar Association on the Law of the People's Republic of China on Safeguarding National Security in the Hong Kong Special Administrative Region"（Retrieved on 3rd December 2020 at https://www.hkba.org/sites/default/files/20200701%20HKBA%20statement%20on%20Safeguarding%20National%20%20Security%20in%20HKSAR.pdf）.

【表5】 公安条例18条違法集会罪に関する判例

年	被告人	内容	刑罰
1967	チェン・サム	六七暴動の中、参加者が200人もいるある暴動で、暴動を解散させようとした警察官に対して椅子で攻撃した。	懲役18ヶ月
1967	曾宇雄	学校の外の無許可デモで逮捕された。本人はデモ参加もしくは何らかの行為をしたことを否定。	懲役12ヶ月
1979	周水	50人以上でバスに乗り、総督府へデモを行いに行く途中警察に逮捕された。	謹慎処分18ヵ月
1994	陶君行	新華社ビルの前で集会。警察は一部の参加者のみ集会の現場へ行かせたため、残りの参加者が警察と衝突した。	社会奉仕160時間
2010	區國權など	26人の集会で6人が警察の非常線へ衝突した。	社会奉仕60時間
2012	梁國華など	中央政府駐香港連絡弁公室(中連弁)の外のデモで、中連弁の庭に無断侵入して中連弁ビルの入り口周辺で警備員と衝突した。	釈放
2013	葉寶琳など	無許可集会とデモ行進で一部の道路を占拠した。一部の参加者は警察の非常線へ衝突した。	懲役4週12ヶ月間執行猶予
2014	黄毓民 陳偉業	デモ参加者が警察の非常線へゆっくり進み、結果として体で非常線を数分間押した。	罰金$4800
2014	黄浩銘 張錦雄	デモで警察の非常線へ衝突した。	罰金$5000
2015	鍾健平など	警察のバリケードを無断で撤去しようとしたため警察と衝突した。	社会奉仕80時間
2015	黄洋達	立法会のある建物に入ろうとして警察・立法会職員と衝突した。職員が5人負傷した。	罰金$5000
2016	戴志誠など	100人ほどのデモ参加者が立法会のある建物へ入ろうとして、投石などでガラス張りの入り口を破壊した。裁判所は暴動の性質のある違法集会と認定。	懲役6ヶ月(実刑懲役3.5ヶ月)
2017	梁曉陽など	デモ参加者が立法会のある建物の外のバリケードを押し倒し、様々な道具でロックされた立法会の入り口を破壊した。立法会職員も負傷した。	懲役13ヶ月
2017	黄之鋒(ジョシュア・ウォン)	政府本庁舎の外の公民広場に入るようにとデモ参加者に促した。警備員と衝突した後、他のデモ参加者と一緒に中に入る事に成功した。負傷した警備員もいた。	社会奉仕80時間
	羅冠聰(ネイサン・ロー)		社会奉仕120時間
	周永康(アレックス・チョウ)		懲役3週間12ヶ月執行猶予

(出所) 筆者作成。

てしまう懸念がある[56]。

おわりに

　21世紀の現在、先進国の国々は人権を重視するようになり、集会と行進に対する態度も60年代と比べるとはるかに寛容になった。一方、香港は未だに60年代由来の公安条例を積極的に運用しているだけではなく、集会と行進の自由を効率よく規制するために他の法律も悉く活用している。現在の不安定な政治情勢で、デモ行進・集会の自由に対する規制は今後さらに厳しくなるであろう。

56）「香港国家安全法、デモに萎縮効果　7日に施行1週間」『日本経済新聞』2020年7月6日
　　https://www.nikkei.com/article/DGXMZO61196930W0A700C2FF8000（2020年12月3日閲覧）

3
警察等の公権力行使に対する
規制はどうなっているか

弁護士Ｈ

はじめに

　2019年の香港の大規模な抗議活動のきっかけは逃亡犯条例改正案だった。市民の反対を受け、政府はその改正案を同年6月に一旦停止し、同年9月に撤回したが、抗議活動は収まるどころかさらに激しくなった。その一因は香港警察の暴力だという意見もある[1]。本章は、警察の公権力の詳細とそれに対する制限を検討する。

1　警察の権限

　香港市民の権利と自由は香港基本法と国連の自由権規約を国内法化した香港人権条例で保障されているため、警察を含む行政機関は法律により定められた範囲以外で公権力を行使してはならない。

(1)　警察の一般的な権限

　警察の一般的な権限は警察条例[2]10条に定められている。その一部は以下の

---

1)　『朝日新聞』「香港の警察はなぜ暴力をエスカレートさせるのか」2019年12月17日https://webronza.asahi.com/politics/articles/2019121200004.html/（2020年12月25日閲覧）

2)　Police Force Ordinance, Cap 232, 警隊条例第232章

通りである。

(a)　公衆安全の維持

(b)　刑事事件および犯罪行為の発生への防止と調査

(c)　生命および財産への侵害の阻止

(d)　合法的かつ合理的に逮捕できる者の逮捕

(e)　公衆の場所あるいは公衆の休憩場所で行われる行進と集会の管理

　　　など。

　個別の条例により、特定の状況が発生した場合は警察に警察条例10条以外の権限が与えられることもある。例えば職務質問と身分証明書の検査[3]、怪我をした動物の殺処分[4]、児童の保護[5]など。

　他の執行部門、例えば移民局（入境事務処）、税関（海関）、税務局、廉政公署[6]（汚職捜査機関）、証券先物委員会などは、各自の条例により定められた逮捕権限を持つ。

(2)　警察の逮捕権限

　裁判所が発行した逮捕令状がある場合は、警察は令状の内容にのっとって被疑者を逮捕することができる。

　逮捕令状がない場合は、警察条例50条1項および1Ａ項により、警察には懲役刑のある犯罪をした現行犯、海外へ強制送還が可能な犯人、および懲役刑のある犯罪をしようとしている準現行犯を令状なしで逮捕する権限がある。同時に同法50条2項により、合法的に逮捕され得る者が力ずくで逮捕を拒絶する、もしくは逮捕を回避しようとしている場合は、警察は「あらゆる必要な手段（all means necessary）」で逮捕を実行することも許される。

---

3)　警察条例54条、移民条例（Immigration Ordinance, Cap 115, 入境条例第115章）17A条

4)　動物虐待防止条例（Prevention of Cruelty to Animals Ordinance, Cap 169　防止残酷対待動物条例第169章）6条

5)　児童及び少年保護条例（Protection of Children and Juveniles Ordinance, Cap 213　保護児童及少年条例第213章）34E条

6)　Independent Commission Against Corruption（ICAC）1974年に発足し、行政長官（返還前は総督）に対して直接責任を負う香港の汚職捜査機関。

コモン・ローの判例[7]により、警察は治安妨害（breach of the peace)[8]が発生するもしくは発生した場合でも、令状なしの逮捕権限があるという認識が確立している。軽犯罪でも治安妨害にあたる可能性があるので、事実上、警察の逮捕権限は懲役刑のない犯罪行為にまで及ぶと考えられる。

(3) 警察の実力行使権限

前述の通り、警察は警察条例50条2項により「あらゆる必要な手段」で逮捕をすることが可能である。その「あらゆる必要な手段」の範囲は、刑事訴訟条例[9]101A条によると、「その状況において合理的な武力（such force as is reasonable in the circumstances)」の使用も含まれている。

公安条例[10]が適用される集会などの場合は、同法17条2項により警察は「合理的に必要な武力（such force as may be reasonably necessary)」を使用して集会を阻止、もしくは排除することが可能である。同法45条により他の公安条例関係の犯罪にもこの基準が適用されており、同法46条により合理的に必要な程度以上の武力を行使してはならないと定められている。

2　警察の権限への規制——内部規約

どのような武力が合理的かについては、法律上の判断はともかく、警察条例46条にのっとり作成された、香港警務の内部規約に相当する警察規則（Police General Orders　警察通例）と、その規約の細則相当の手続マニュアル（Force Procedures Manual　程序手册）により詳しく定められている。

ただし、あくまでも内部規約と位置づけられている、全70章以上の警察規則と手続マニュアルは一部しか公開されておらず、実力行使に関する部分は「警察の執行能力に影響を与える懸念があるため[11]」正式には公開されていない。

---

7)　*Regina*（*on the Application of Hawkes*）*v Director of Public Prosecutions*［2005］EWCA 3046（Admin).

8)　*Regina v Howell*［1982］1 QB 416.

9)　Criminal Procedure Ordinance, Cap 221　刑事訴訟程序条例第221章

10)　Public Order Ordinance, Cap 245, 公安条例第245章

ワシントン・ポスト紙が2019年に実力行使に関する警察規則と手続マニュアルの第29章を取得して公開した[12]。ただし警察規則と手続マニュアルは状況に合わせて不定期的に修正されるので、ワシントン・ポスト紙が公開した文書は現在の警察規則と手続マニュアルの内容と同じとは限らない。

　実力行使に関する要件は、要するに以下の通りである。

　①絶対に必要、かつ他の方法がない場合のみ実力行使が認められる

　②実力行使を行う前に警察であることを表示し、可能な限り口頭で警告する

　③相手が警察の命令に服従する機会を可能な限り与える

　④目的を達成するための最低限の武力を使い、目的が達成されたら実力行使を直ちに終止する

　実力行使に関する部分は上記の他にも、手続マニュアルで計6段階の「武力使用段階」が定められており、相手の抵抗レベルに合わせて最低限の武力を行使するものとする。ただし、2019年10月の修正で武力使用の制限が緩められたように思われる（【表1】）。

　ペッパースプレー、警棒、拳銃などを使用した後、使用の際の状況・回数・相手の怪我の状況などを上官に詳しく報告する義務と該当の文書も手続マニュアルに載っている[13]。

　警察規則と手続マニュアルに違反した場合は、たとえ法律上無罪だとしても警務処の内部で懲戒されることもあり得る。

　ただし上記の「武力使用段階」は2019年10月の改正により、あくまでも参考という位置づけが手続マニュアルの該当ページに明示されている。結局警察官は実力行使の際、たとえその基準から逸脱しても、基本的な「合理的な武力」

11）　香港政府新聞公報「立法會十四題：警隊使用武力有既定指引（2020年5月27日発表）」https://www.info.gov.hk/gia/general/202005/27/P2020052700524.htm（2020年10月2日閲覧）

12）　*Washington Post,* "Read the Hong Kong Police Force's guidelines on use of force", 25 December 2019（Retrieved on 2 October 2020 from https://www.washingtonpost.com/context/read-the-hong-kong-police-force-s-guidelines-on-use-of-force/bd338108-d1df-4e97-88e0-cfc12c5613a1/）.

13）　前掲注12）記事。

【表 1】 警察の武力使用段階（2019年10月）

抵抗レベル	定義	実力行使レベル	対処方法
1．心理的脅迫	非言語的な反応で態度・準備・脅迫を示す	口頭命令・制圧	警察官の姿を見せる、口頭命令、バリケードの設置
2．言語による抵抗	言語的な反応で不満·脅迫を示す	口頭命令・制圧	警察官の姿を見せる、口頭命令、バリケードの設置、警察官配備増加請求
3．消極的な抵抗	身体的の行動で妨害（脅迫ではない）	素手で軽度制圧 *CS化学物質[14]使用（2019年10月追加）	2〜4名の警察官で移送、軽度な徒手武術（圧覚点／エスコート・ポジション／手首ロック／迅速に手錠をかけること）
4．防衛的な抵抗	身体的の行動で制圧に抵抗、自身もしくは他人に傷害を与える可能性あり	重度制圧 *CS化学物質使用（2019年10月追加）	重度な徒手武術（掌による打撃／気絶／膝による打撃／前キック／エンジェルキック）／腕十字で取り押さえ／手首極めで取り押さえ OC泡沫[15] *ペッパースプレー／催涙ガス／催涙弾／ペッパーボール／加熱噴霧器で催涙ガス／高圧放水砲（CS化学物質使用）（2019年10月追加）
5．主動の攻撃	身体的行動の攻撃で、他人に傷害を与える、もしくは与える可能性あり	① 重度制圧 ② 中級武器	同上 特殊警棒 *ハード繊維ロード／ゴム弾／レミントン散弾銃でゴム弾あるいはビーンバッグ弾／高圧放水砲
6．致命武力での攻撃	攻撃で、他人に重体・死亡させる *もしくは重体・死亡させる可能性が高い *（2019年10月追加）	致命武力	銃器

（出所）*Washington Post*, "Read the Hong Kong Police Force's guidelines on use of force", 25 December 2019,（Retrieved on 2 October 2020 from https://www.washingtonpost.com/context/read-the-hong-kong-police-force-s-guidelines-on-use-of-force/bd338108-d1df-4e97-88e0-cfc12c5613a1/）を参考に筆者作成。

の原則に違反しない限り、懲戒されることはないと推測される。

なお、特定の武器の使用制限について、内部の訓練ガイドラインでより詳しく定められているが、それらも公開されていない。

3 警察の権限への規制──実体法

(1) 合理的な武力

果たしてどのような武力が合理的か、どのような武力が違法かについて、判例により詳しく説明されている。

HKSAR v. CHU FRANKLY ［2018］HKCFI 2072により、警察の武力が合理的かどうかの判断基準は、コモン・ローの自己防衛の基準、すなわち「当時の状況に対する心からの確信に基づき、その確信した状況において自分自身もしくは他人を守るための合理的な武力[16]」と同じであると判示された。コモン・ローの武力使用における自己防衛の基準は以下の通りである。

① 二つの判断
＊ （本人が心から確信した）当時の状況は、武力使用が達成しようとしている目的（例えば警察官なら被疑者の制圧）においては必須であるということと。
＊ そこで使用した武力の度合いは、確信した状況においては合理的であること。
② 主観的な判断：本人が確信した当時の状況
＊ 民事裁判とは違い、本人の確信そのものが合理的であるという要件がない[17]。

---

14) 原文は「C.S. Chemical Agents」。内部文書のためもちろん警察側の正式な説明がないが、クロロベンジリデンマロノニトリル（2-chlorobenzylidenemalononitrile）という催涙物質だと推測される。

15) オレオレジン・カプシカム（Oleoresin capsicum）泡沫、すなわちペッパースプレーの成分の暴動鎮圧用泡沫。

16) *Beckford v The Queen* ［1988］AC 130.

17) *Williams* ［1987］3 All ER 411.

＊　確信していたことが間違いであっても、本人が心からそれを信じていたなら、その間違った確信に基づいて使用した武力が合理的であるかどうかを判断する[18]。

　＊　民間人の自己防衛の基準とは異なり、警察官にその確信の合理性を要求する、という別々の基準ではない[19]。

　＊　ただし、アルコールの影響で間違った確信を持っていたなら、その確信を武力使用の理由にすることはできない[20]。

③　客観的な判断：武力の度合いが合理的

　＊　武力使用が必須であるとの確信さえあれば、どのような武力を使っても構わないというわけではない。武力の度合いも合理的でなければならない。さもないと「殴ると脅かされただけで相手を銃撃することも合法」という明らかに不公平な結論になる[21]。

　＊　完全に客観的な判断というよりも、本人が置かれていた状況、身体能力、思考能力、ストレスなどもある程度考慮する場合もある、という多少例外のある客観的な判断である[22]。

　＊　確信が合理的ではない場合は、本人が実際にその確信を持っていなかったと陪審団が推論することが可能である。ただし、もし陪審団が本人は確かにその確信を持っていたと確定する結論を出したなら、その間違った確信でもって行使した対抗武力の合理性を判断すべきである[23]。

　HKSAR v. CHU FRANKLY の被告人、朱經緯は2014年の雨傘運動期間中の旺角エリアの占拠の際[24]警察官として取り締まろうと被害者の鄭仲恆の首に

---

18)　*Beckford v The Queen*〔1988〕AC 130.

19)　*Regina（Duggan）v North London Assistant Deputy Coroner*〔2016〕1 WLR 525.

20)　*Hatton*〔2005〕EWCA Crim 2951.

21)　*Regina v Nimrod Owino*〔1996〕2 Cr App R 128..

22)　*Palmer v The Queen*〔1971〕AC 814.

23)　*Williams*〔1984〕78 Cr App R 276.

24)　いわゆる雨傘運動と呼ばれる2014年9月26日から2014年12月15日までの香港反政府デモの間、香港島の中環、金鐘、銅鑼湾だけでなく、九龍半島の旺角の一部の道路もデモ参加者に占拠されていた（2014年9月28日～11月27日）。

警棒で打撃を与えた。この行為はのちに「襲撃で他人の身体に実際の傷害を与えた（Assault occasioning actual bodily harm[25]）」として起訴された。当時、被害者は取り締まりの対象の1人であり、警察の指示に従っていたとの動画による証拠がある。

　被告人に対して、マジストレート裁判所の裁判官は被害者の侵略性を確信しなかった、と判断し、被害者に実際の傷害が発生したことも確認した。したがって有罪判決になった。

　再審では第一審裁判所の裁判官がマジストレート裁判所判決を支持した。まず、被告人には被害者の侵略性の確信がないので、使用した武力の度合いの合理性を判断するまでもないが、とりあえず自己防衛の基準をクリアできなかったとの判断で上告を棄却した。

　その後、被告人は終審法院まで上告しようとした。上告の理由の一つは警察官の武力行使の合理性は自己防衛の基準ではなく、*AG for Northern Ireland's Reference (No 1 of 1975)*［1977］AC 105で判示された以下の基準で判断すべきだとの主張である。

　「当時被告人が得た情報を持っていて、当時被告人の状況に置かれるなら、取り締まりなどの目的を達成するためには被告人が使用した武力が必須、もしくは合理的という結論が出せる合理的な警察官は絶対にいない」との証拠が有罪判決に必須である。

　それに対して、終審法院はこの案件の事実は上掲の判例と大いに異なるという理由でその基準が適用できず、警察官の武力行使の合理性は自己防衛の基準で判断すると再確認し、上告の理由が不十分だと判断して申請を却下した[26]。

　終審法院の判決が確定したため、余程の事情がない限り、香港警察の武力行使の合理性は自己防衛の基準で判断すべきである。

---

25)　人身傷害犯罪条例（Offence Against the Person Ordinance, Cap 212　侵害人身罪条例第212章）39条

26)　*HKSAR v CHU FRANKLY*［2019］HKCFA 5.

(2) 拷問・脅迫など

① 拷問罪

香港は国連の自由権規約と拷問等禁止条約[27]の加入地域で、拷問を含む人権侵害の行為は禁止されている。特に拷問に関して、拷問等禁止条約の実施義務の一環として条約を国内法化するために1993年に刑事（拷問）条例[28]が制定された。同条例によると、拷問罪で有罪判決を受けた場合、終身刑を科されることもあり得る（3条）。

香港の拷問罪の定義は拷問等禁止条約の定義と多少違いがあり、犯罪要件は同条例3条1項によると以下の通りである。

（a）　行政機関の人員もしくは公的資格で行動している者が、

（b）　行政の職務遂行中、もしくは遂行しようとしている間に、意図的に他人の身体もしくは精神へ多大な苦痛を与えること。

なお、「合法的な制裁」だけを例外とする拷問等禁止条約とは違い、刑事（拷問）条例3条4項により香港では「合法的な権限・理由・弁解」までが抗弁理由として認められる。これに関しては国連の拷問禁止委員会が2009年、香港はこの抗弁理由を無効化すべきだとの意見[29]を出したが、香港では法改正の検討はまだなされていない。

警察は行政機関の人員であり公的資格で職務を全うしているので、上掲の犯罪要件を満たせば拷問罪に問われる可能性も一応ある。ただ同条例4条により拷問罪で刑事訴追するには、検察の長でもある司法長官の了承が必要であり、実務上のハードルが高いと思われる。

香港ではイギリスと同様に、検察側が被疑者を訴追しなくても、市民にも私人訴追[30]（private prosecution）の権利があるが、同条例4条の影響から、拷問

27）　拷問及び他の残虐な、非人道的な又は品位を傷つける取扱い又は刑罰に関する条約

28）　Crimes（Torture）Ordinance, Cap 427, 刑事罪行（酷刑）条例第427章

29）　*Committee against Torture*, "Concluding observations of the Committee against Torture - HKSAR", 19 January 2009,（Retrieved on 4 October 2020 from https://www.cmab.gov.hk/doc/en/documents/policy_responsibilities/Concluding_observations-CAT_Jan_2009_e.pdf）.

罪で私人訴追するのは事実上不可能に近いと思われる。実際、拷問罪での私人訴追は一度もない。

　ちなみに、一部の香港人により、拷問等禁止条約加入国のイギリスにおいて、イギリス国籍の香港警察官による2019年のデモの期間中の暴力行為に関して、拷問罪で私人訴追しようとする動きもある[31]。

　拷問罪で訴追され、香港の刑事裁判を受けた警察官こそいないが、拷問と思わしき行為で他の犯罪で訴追された警察官がいる。なお、2020年11月の第一審裁判所判決により、訴追されないように個人識別番号[32]を表示しないことも香港人権条例違反だと判示された[33]。

　②　2019年の病院暴行事件

　2019年6月26日、3人の警察官が病院で容疑者[34]の老人をベッドに拘束し、殴打などで30分間にわたり暴行するという事件が病院の監視カメラの動画の流出で明らかになった。のちにこの3人の警察官が「襲撃で他人の身体に実際の傷害を与えた[35]」容疑で逮捕された[36]。2020年12月に「公職における失当行為」の罪で17ヶ月〜32ヶ月の懲役刑を言い渡された[37]。

---

30)　犯罪と容疑者を知った者でそれを立証するための証拠を持っている者は誰でも、自ら刑事訴訟を提起することができること。田中英夫『英米法辞典』（東京大学出版会、1991年）665頁。

31)　Ochab E, "Activists To Initiate Private Prosecutions Against British National In The Hong Kong Police For Allegedly Torturing Protesters", Forbes, 1 September 2020（Retrieved on 4 October 2020 from https://www.forbes.com/sites/ewelinaochab/2020/09/01/activists-to-initiate-private-prosecutions-against-british-national-in-the-hong-kong-police-for-allegedly-torturing-protesters/）.

32)　以前は警察官が識別番号を制服に付けることが義務づけられていたが、2019年以降、識別番号を制服に付けることがなくなり、違法な行為をした警察官を特定して責任を追求することも極めて困難になった。

33)　陳基裘 v 香港政府警務處［2020］HKCFI 2882

34)　酔っぱらっている状態で警察官を襲った容疑で拘束された。

35)　人身傷害犯罪条例39条

36)　『法國國際廣播電台』「香港一六旬醉翁醫院内被警員虐打私刑　三人被捕」2019年8月20日 https://www.rfi.fr/tw/政治/20190820-香港一六旬醉翁醫院内被警員虐打私刑-三人被捕/（2020年10月4日閲覧）

③　2014年の曾健超暴行事件

　2014年10月15日の早朝、いわゆる雨傘運動における占拠活動の参加者の一人であった曾健超は、警察隊に液体をかけたため、警察官に制圧されて逮捕された。のちに、曾健超は人気のない近くの公園の変電所に連行され、暗がりの中で複数の警察官に殴打されるなど暴行されたが、その様子を複数のテレビ局が撮影しており、同日の各国メディアのトップニュースを飾った。同年11月、事件に関係した7人の警察官は襲撃罪容疑で逮捕された[38]。

　国連の拷問禁止委員会は2015年6月、香港警察の暴力行為に注意を喚起し、特に曾健超事件に関して香港政府に適切な対応を促した[39]。同年10月、7人の警察官が起訴された。ちなみに暴行を受けた側の曾健超は2016年、「犯罪を意図して襲撃あるいは警察を襲撃した[40]」と「職務執行中の警察に抵抗した[41]」で有罪判決を受けた。

　2017年2月、7人の警察官のうち6人は変電所での暴行で「襲撃で他人の身体に実際の傷害を与えた[42]」として、1人は警察署の中でビンタなどを行った暴行で「襲撃で他人の身体に実際の傷害を与えた」および「普通襲撃（Common assault）[43]」で地区法院が有罪判決を下した[44]。

　裁判の中で、被告人である警察官達は、被害者の曾健超への武力は違法ではないとの弁解を主張せず、ただ襲撃者の正体（すなわち逮捕された警察官が曾健超に暴行した本人かどうか）を争点にした。裁判官は各テレビ局の映像を含むすべての証拠を確認してから7人の被告人を襲撃者と認定し、有罪判決を言い渡した。

---

37)　*HKSAR v Au Kwok Wai & Ors*［2020］HKDC 1204（DCCC 20/2020）

38)　*HKSAR v Wong Cho Shing & Ors*［2017］HKDC 121.

39)　『明報』「聯國促港府回應七警案　關注警被指過分武力」2015年6月12日（https://news.mingpao.com/pns/港聞/article/20150612/s00002/1434044937551/聯國促港府回應七警案/（2020年10月4日閲覧）

40)　人身傷害犯罪条例36条b項

41)　警察条例63条

42)　人身傷害犯罪条例39条

43)　人身傷害犯罪条例40条

44)　*HKSAR v Wong Cho Shing & Ors*［2017］HKDC 121.

2019年7月、控訴院での上告で、7人のうち2人は無罪になった。残りの5人は終審法院まで上告しようとしたが、2020年4月、上告の理由が不十分であるとして、上訴許可の申請は終審法院に却下された。

④　違法に得た自白と証拠

他のコモン・ロー地域と同じく、香港では強要もしくは脅迫で得た自白と証拠は裁判で提出してはならない。警察が脅迫によって証拠、あるいは自白を得たと被告人が主張した場合、検察側は、証拠か自白の獲得手段が脅迫などではないとの「合理的な疑いの余地のない（beyond a reasonable doubt）」立証をしなければならない。検察側の立証が裁判所に認められても、不公平という理由でその証拠が排除されることもある。なお、その証拠が排除されず、正式に提出することが可能であっても、裁判官は公判でその証拠の信頼性の程度について判断する権限がある。

脅迫自体の定義は香港の制定法にはないが、判例によると脅迫とは「自白が自発的だと判断される前提の自由意思を弱らせるもの[45]」とされる。実際に特定の行為が脅迫に該当するかどうかの判断はその行為の程度や期間などによる。尋問の場合は、香港ではイギリスの *R v Prager* ［1972］1 All ER 1114（CA）の基準にしたがって、脅迫とはいわば「被疑者に希望（例えば釈放される希望など）あるいは恐怖心をもたせてその思考に影響することで、その個人の意思を崩壊させ、黙秘することが可能な場合であっても話をさせること」という基準が採用された。

そして脅迫以前に「Nemo tenetur se ipsum prodere（何人も自己を告発する義務はない）」という古来の刑事訴訟の概念により、被疑者は自らを告発するように強制されないことになっている。香港ではイギリスの警察及び刑事証拠法[46]のように証拠と尋問の手続などの運用について制定法で詳しく定められていないが、香港の保安長官が1992年に「被疑者の尋問と供述録取のルールと指示[47]」を公布したため、警察も基本的にそれに従わなければならなくなった。この指示に違反するとたとえ違法な行為ではなくとも、その行為で得た自白と

45）　*R v Priestly*（1965）52 Cr App R 1.

46）　Police and Criminal Evidence Act 1984

証拠は不公平という理由で裁判所に排除されることもある。

コモン・ローにおいて、ひとたび暴力や脅迫が用いられているなら、たとえ暴力あるいは脅迫の行為が客観的に見ればさほど重くないものでもそれらによって被疑者本人の主観的な感覚にとって自身の意思を無理に違反して自白させられることになれば、証拠法の誘導行為に該当し、その証拠は排除される[48]。同じように、自白すれば釈放するなどと警察が被疑者に暗示していた場合、その暗示の承諾（implied promise）が客観的に見て信頼性があるかどうかにかかわらず、被疑者本人が正直にそう信じており、結果的に自白するよう誘導されたなら、その証拠も排除される[49]。

(3) 司法公正妨害・公職における失当行為

警察が虚偽の供述や証拠などを作成したり自白を強要したりすると、その証拠あるいは自白が排除されるどころか、その事実によって「司法公正妨害罪（Perverting the course of justice）」か「公職における失当行為罪（Misfeasance in public office）」（もしくは両方を同時に）を問われることもある。

司法の公平性を妨害する行為自体はコモン・ローで禁止されている行為で、刑事訴訟条例101I条5項によると、裁判所が与える懲罰に対する制限はない。

公職における失当行為もコモン・ローによって罪が問われる[50]。制定法にも一応公職における失当行為罪があるが、その範囲はコモン・ローより狭いので、選挙などの特定の状況でしか使われない。コモン・ロー上の一般的な公職における失当行為は、要するに公職に就いた人が与えられた公共目的の権限を故意に乱用し、深刻な結果をもたらしてしまうことである。以上の要件が満たされれば、被疑者本人に利益にならない行為でもこの罪は問われる。

---

47) Rules and Directions for the questioning of suspects and the taking of statements (1992).

48) *R v Smith* [1959] 2 QB 35.

49) *Chau Ching Kay v HKSAR* [2003] 1 HKLRD 99.

50) *Shum Kwok Sher v HKSAR* (2002) 5 HKCFAR 381, [2002] 2 HKLRD 793.

（4） 事例

　2020年4月13日、男が火炎瓶らしき物体を所持していたため、「攻撃用の武器の所持（Possession of offensive weapon in public place）[51]」容疑で逮捕された。さらなる調査で、その火炎瓶らしき物体は、とある警察官が事前に用意し、男がそれを手にするやいなや、即座に逮捕したことが明らかになり、当該警察官が司法公正妨害罪容疑で逮捕された[52]。この事件の捜査は本稿執筆現在（2021年1月）でまだ終わっていない。

　2020年2月24日、9人の警察官が深水埗で捜査活動をしていた際、複数のホームレスに暴行し、ハンマーでその私物も破壊したことが、被害者の関係者による記者会見でその後に明らかになった。その警察官達は司法公正妨害罪、公職における人員失当行為罪、襲撃罪、刑事破壊罪などで起訴された[53]。この事件の裁判は本稿執筆時点（2021年1月）でまだ終わっていない。

　2016年、危険ドラッグに関する調査をしていた際に被疑者の身辺からドラッグとそれを摂取するための道具を発見したとの警察官の供述が、監視カメラの記録と相違していたため、虚偽だと発覚し、当該警察官はのちに逮捕され、司法公正妨害罪で2019年に有罪判決を受けた[54]。

51）　公安条例33条
52）　『東方日報』「疑策劃汽油彈襲葵涌警署　警長涉妨礙司法公正被捕兼停職」2020年4月20日 https://hk.on.cc/hk/bkn/cnt/news/20200420/bkn-20200420222723032-0420_00822_001.html（2020年12月3日閲覧）
53）　『明報』「誣衊露宿者藏毒　8警控妨礙司法10罪准保釋」2021年1月7日 https://news.mingpao.com/pns/%E6%B8%AF%E8%81%9E/article/20210107/s00002/1609958138190/誣衊露宿者藏毒-8警控妨礙司法10罪准保釋（2021年1月8日閲覧）
54）　『明報』「3警意圖妨礙司法囚10周　官：虛假陳述崩壞制度」2019年2月8日。https://news.mingpao.com/ins/ 港聞 /article/20190208/s00001/1549610407262/3警意圖妨礙司法囚10周-官-虛假陳述崩壞制度（2020年12月3日閲覧）

4 警察の権限への規制——刑事訴訟・民事訴訟

(1) 刑事訴訟

　香港における刑事訴訟は、基本的に警察、税関などの執行・捜査機関が犯罪容疑について捜査してから逮捕し、司法省が被疑者を訴追するが、上述したように私人訴追もある。

　警察官による犯罪が発生した場合でも、市民は捜査機関である警察に被害を主張して捜査してもらうのが普通である。ただ、捜査者と被疑者が同じ部門にいる以上、捜査の公平性がしばしば問われる。日本の検察機関と違い、司法省には捜査権がなく、ただ警察などの執行部門の捜査結果に基づいてのみ起訴するので、被害者が警察に被害を主張しても、結局、証拠不足などの理由で犯罪容疑者である警察官が刑事訴追されない場合もある。それを牽制する方法の一つは私人訴追である。

　コモン・ロー体系のイギリスでは元々検察機関という概念がなく、ほとんどの場合は被害者が容疑者を訴追し、反乱など深刻な犯罪のみについて、国が責任をもって訴追するというのが古くからの検察のあり方だった。19世紀に警察が成立し、軽い犯罪に対する検察の作業が警察に移され、深刻な犯罪は被害者の弁護士が刑事訴追する、という分業制になった。徐々に深刻な犯罪も警察が個人名義で刑事訴追するようになり、やっと1986年に公訴局（Crown Prosecution Service）の成立によって、すべての刑事訴追を国がするようになった。ただ私人訴追は現在でも残っている[55]。

　香港はコモン・ロー体系の一員で、私人訴追もイギリス法から継受した。ただ植民地時代の初期は法曹が不足しており、19世紀はすでに警察が検察を兼任していた。ちなみに1841年に任命された最初の警察長官のウィリアム・ケインは、当時のマジストレート裁判所の裁判長でもあった[56]。のちに1844年に司法長官が任命されて香港の代表として刑事訴追するようになった。したがって私

---

55) Dykes, P. "Private Prosecutions Explained" Next Magazine, 29 August 2020, Retrieved on 13 October 2020 from https://hk.nextmgz.com/article/2_756770_0

人訴追はイギリスと比べるとはるかに稀である。

　現在の香港法でも私人訴追が定められている[57]。1996年から2000年の間に、私人訴追が30回あった[58]。私人訴追する場合、まず被告人の行為について、証拠から見れば特定の犯罪で有罪判決を受ける見込みが「一見したところある（prima facie）」ことをマジストレート裁判官に証明しなければならない。裁判官はそれに納得したら出頭命令を出して刑事裁判を開始する。

　ただし、司法省にはあらゆる段階で私人訴追の検察作業を引き取る権利があり[59]、さらに香港基本法63条によりその検察業務はいかなる干渉をも受けない。司法省は業務上「犯罪訴追規約（Prosecution code 檢控守則）[60]」という刑事訴追基準などに関する細則を遵守しなければならないが、香港政府側に不都合な刑事訴追を引き取ってから中断させることも理論上は可能だと思われる。

　2019年11月1日に、警察官がデモ参加者の男性に実弾を発砲して重体にさせた事件があった。その警察官は逮捕されなかったため、のちに立法会議員の許智峯（テッド・ホイ）が警察官に対する私人訴追を始めた。マジストレート裁判官も有罪判決の一応の見込みがあると確定し、当事者の警察官に出頭命令を出したが、司法省は法律により定められた権力で許智峯から私人訴追を引き取ってから訴追を中断させた。司法省によると、当事者の警察官の供述などの証拠から、発砲は当時の状況における合理的な武力行使で、違法性と無謀さが証明できないなどの理由で、起訴すべきではないとされた。ただ以前の私人訴追の引き取りと異なり、司法省は起訴を取り消すと決断する前に、外部の法律専門家の意見を求めていない模様である[61]。

56）　Hong Kong Police Force "History - The First Century", Retrieved on 13 October 2020 from https://www.police.gov.hk/info/doc/history/chapter01_en.pdf

57）　マジストレート条例（Magistrates Ordinance, Cap 227, 裁判官条例227章）14条1項

58）　Department of Justice "Instituting Private Prosecutions", Retrieved on 13 October 2020 from https://www.doj.gov.hk/eng/archive/pdf/art1001e.pdf

59）　マジストレート条例14条2項

60）　Department of Justice "Prosecution Code", Retrieved on 13 October 2020 from https://www.doj.gov.hk/eng/public/pubsoppapcon.html#:~:text=The%20Prosecution%20Code%20is%20a,they%20employ%2C%20in%20handling%20prosecutions

(2) 民事訴訟

　市民が警察を含む政府の人員によって違法な被害を及ぼされた場合、民事訴訟で弁償を請求することができる。

　コモン・ローにおける過失損害賠償責任が成立するために証明しなければならない要件は以下の通りである[62]。

＊　加害者は被害者に対して保護責任（duty of care）がある

＊　加害者はその責任に違反（breach）した

＊　被害者と加害者に近接性（proximity）がある

＊　違反によって発生した損害が予想可能（foreseeability）だった

　加害者への責任認定で不公平などが発生する場合は裁判所がその責任を免除することもできるが、警察などの執行部門は余程の事情がない限り、市民に対して保護責任を負うべきだと考えられる。したがって保護責任があるかどうかというより、責任に違反したかどうかの方が争点になりやすい。

　ある警察官が過剰な武力を使用したとして刑事裁判で有罪判決を受けた場合、民事訴訟で警察に弁償を請求する敷居はさほど高くない。しかし、もし証拠不足などの理由でその警察官が刑事訴追さえされていなかったのなら、被害者は自らの損害だけでなく事件のすべての詳細も立証しなければならず、勝訴の確率は低いと思われる。

　ちなみに民事訴訟の性質上、膨大な訴訟費用と世間の悪評を回避するために、政府は負ける可能性が高い場合は、公判まで引きずるより、早い段階で被害者に弁償金額を提示して和解するのが一般的である。

　2018年の立法会議員の書面質問への司法省の回答によると、過去5年間、司法省は警察に対する403件の民事訴訟を処理し、そのうち314件が和解、4件が敗訴、総額1179万香港ドルを弁償している[63]。

61）　『852郵報』「張達明質疑律政司撤私人檢控無交代外間法律意見　難令人信服決定基於證據」2020年8月25日　https://www.post852.com/312160/張達明質疑律政司撤私人檢控無交代外間法律意見 /（2020年12月5日閲覧）

62）　*Caparo Industries Plc v Dickman*［1990］2 AC 605.

5　警察の権限への規制──行政による苦情処理

　警察の内部にも「警察訴追請求課（Complaints Against Police Office　投訴警察課）」という苦情処理部門がある。警察に対する市民の苦情を受けると、警察訴追請求課は苦情の内容に基づき、外部部署の「独立警察訴追請求監督委員会（獨立監察警方處理投訴委員會 Independent Police Complaints Council）」に、報告義務のある苦情・知らせる義務のある苦情・報告義務も知らせる義務もない苦情などに分類する。報告義務のある苦情に関しては、調査してから、監督委員会にすべての証拠と調査結果などを報告書で提出する。監督委員会はその報告書を検討し、疑わしいところがあれば報告書を却下して警察訴追請求課に再調査してもらう。報告書が監督委員会に承認されれば、警察訴追請求課はその調査結果に基づいて市民に回答し、該当の警察官に妥当な処分を行う。

　実際、警察訴追請求課はあくまでも警察の内部部署で、外部の監督委員会に捜査権限がない以上、結局、警察の分類結果と調査結果に縛られる。2018年4月から2019年3月の間に、受け付けた苦情2466件のうち、警察訴追請求課は、630件に全面調査を行い監督委員会に報告書を提出した。監督委員会はそのうちの258件に質問を提出し、警察訴追請求課は137件の調査結果を修正した（うち21件は他の結果から苦情成立に変更）[64]。

　すなわち、監督委員会はおよそ10％の調査結果について質問し、のちに5％が修正されている。2017年4月から2018年3月の間に、監督委員会は14％の調整結果について質問し、のちに7％が修正された。このように、警察訴追請求課の調査の正確性には改善の余地があると思われる[65]。

　この二重構造の有効性には疑問があるとして、監督委員会に捜査権限を与えるよう改革を求める声があるが、その提案は2002年に政府に却下され、未だに

---

63)　『立場新聞』「警務處五年來被索償個案403宗結案　共賠1179萬」2018年4月12日 https://www.thestandnews.com/politics/警務處五年來被索償個案403宗-共賠1179萬/（2020年12月5日閲覧）

64)　Independent Police Complaints Council,“Report 2018/19”,（Retrieved on 12 October 2020 from https://www.ipcc.gov.hk/doc/en/report/report2018.pdf）.

【図1】 香港警察に対する二重構造の苦情処理

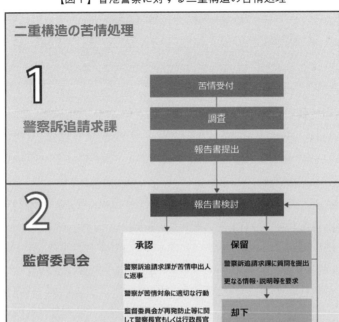

二重構造の苦情処理

1
警察訴追請求課

- 苦情受付
- 調査
- 報告書提出

2
監督委員会

報告書検討

承認

警察訴追請求課が苦情申出人に返事

警察が苦情対象に適切な行動

監督委員会が再発防止等に関して警察長官もしくは行政長官に提言

保留

警察訴追請求課に質問を提出

更なる情報・説明等を要求

却下

再調査を要求

当事者と会見し疑問点を釈明

内部会議あるいは警察訴追請求課との共同会議で討論

(出所) Independent Police Complaints Council, "Two-tier police complaints system", (Retrieved on 12 October 2020 from https://www.ipcc.gov.hk/en/what_we_do/two_tier_police.html) を参考に筆者作成。

新たな改革の動きが見えない[66]。ちなみに第一審裁判所は2020年11月の判決[67]で、欧州人権裁判所の判決を引用し、現在の構造は香港人権条例の調査要

65) 『HK01』「【監警會】警民互信破裂　距離有效監督警權還有多遠？」2020年 6 月16日 https://www.hk01.com/ 周報 /486537/ 監警會-警民互信破裂-距離有效監督警權還有多遠 /（2020年10月12日閲覧）

【表 2】 苦情が成立した警察官の懲戒状況

	2018/19	2017/18	2016/17	2015/16	2014/15
刑事訴追	0	0	0	0	0
懲戒審査	6	10	9	15	16
警告	15	31	17	35	20
叱責	60	89	62	108	121

（出所）　『HK01』「【監警會】無權進行獨立調查　改革還需哪些基本步？」2020年 6 月16日 https://www.hk01.com/周報/486570/監警會-無權進行獨立調查-改革還需哪些基本步/（2020年10月12日閲覧）を参照に筆者作成。

求に達していないと述べた。

　苦情が成立した警察官の懲戒状況は【表 2】の通りである。調査結果に基づき、刑事訴追された警察官は 1 人もいない。

　なお、逃亡犯条例改正案反対デモに関して、2019年12月当時、デモ対応で停職処分となった警察官もしくは刑事訴追された警察官は一人もいない[68]。2020年 2 月20日当時、警察訴追請求課は1639件の苦情を受け付け、541件には報告義務があるとみなした。そのうち125件は調査済みで、21件（この中には、2019年11月に警察官がデモ隊にバイクで突っ込んだ事件を含む）は叱責処分、4 件は懲戒審査だった[69]。

---

66)　『HK01』「【監警會】無權進行獨立調查　改革還需哪些基本步？」2020年 6 月16日 https://www.hk01.com/ 周報 /486570/ 監警會-無權進行獨立調查-改革還需哪些基本步/（2020年10月12日閲覧）

67)　陳基裘 v 香港政府警務處 ［2020］HKCFI 2882, para 101-103.

68)　Mahtani, S & McLaughlin, T & Liang, T & Kilpatrick R.H., "In Hong Kong crackdown, police repeatedly broke their own rules - and faced no consequences" *Washington Post*, 24 December 2019, Retrieved on 2 October 2020 from https://www. washingtonpost.com/graphics/2019/world/hong-kong-protests-excessive-force/

69)　前掲注68)

おわりに

　香港警察の公権力に対しては一応複数の制限があるが、実際にはさまざまな問題があり、現在のシステムで公権力をうまく牽制できるのか、疑問を感じる人もいるであろう。市民の支持と信用を失い警察力抜きで維持できなくなった香港政府は、今後警察の公権力を牽制するどころか、逆にその公権力を強化する方向に持っていくと予想されるが、果してどうなるのか引き続き注目したい。

4
覆面禁止法と違憲審査の実態
──Judicial Review とは何か

宇賀神　崇・弁護士H

はじめに

2019年9月4日、林鄭月娥（キャリー・ラム）行政長官は、逃亡犯条例改正案の完全撤回を正式に表明した[1]。しかし、これで抗議活動が収まることはなかった。というのも、この時すでに抗議者たちは、「五大訴求欠一不可」（五大要求は一つも欠けてはならない）をスローガンに掲げていたからである。「五大要求」とは、提唱する団体や時期により内容に微妙な差があるが、①逃亡犯条例改正案の撤回のほか、②デモの「暴動」認定の取消し、③警察の暴力に関する独立調査委員会の設置、④拘束したデモ参加者の釈放、の四つに加え、五つ目として、⑤林鄭月娥行政長官の辞任か、普通選挙の実現まで含まれていた[2]。このため、逃亡犯条例改正案の撤回だけで、事態を収拾することはできなくなっていた。

同年10月1日の国慶節には、香港各地でデモや集会が開かれ、少なくとも10か所で警官隊との衝突が起きた。同日には、初めて、警察が発砲した実弾による負傷者が発生した[3]。

---

1) 平井義和＝益満雄一郎「香港政府『逃亡犯条例』改正案を撤回　なお先行き不透明」朝日新聞デジタル2019年9月4日 https://www.asahi.com/articles/ASM945J9VM94UHBI-023.html

2) 田中靖人「香港『5大要求』内容に変化も　落としどころ見えず」産経新聞ウェブ版2019年9月19日 https://www.sankei.com/world/news/190919/wor1909190022-n1.html

抗議活動の発端であった逃亡犯条例の改正案を完全撤回してもなお、抗議活動は収まるどころか全く勢いが衰えない状況を受けて、同年10月４日、香港政府は、いわゆる「覆面禁止法」（Prohibition on Face Covering Regulation, Cap 241K《禁止蒙面規例（第241章K）》）を制定し公布し、即日、官報に掲載（LN 119 of 2019.）、９時間後の2019年10月５日０時に効力が発生した[4]。

　以下では、「覆面禁止法」の内容を説明した上で、それが香港基本法（香港のミニ憲法、後述）違反かどうかという問題に対し、香港の裁判所がどのような判断を下したのか述べていく。

1　「覆面禁止法」とは

　「覆面禁止法」は、集会やデモにおいて身分の識別を妨げる覆面を使用する行為を禁止した上、これを行った者に対し、２万5000香港ドル（１香港ドル14円として、約35万円）以下の罰金および１年以下の禁錮の刑事罰を科すものである（同３条）。覆面使用が禁止される集会やデモの類型は、以下のように区別されている。これは、後述する覆面禁止法違憲判決を理解する上で重要なので、心に留めていただきたい。

①　違法な集会（同条(1)項(a)号）
②　不許可集会（同条(1)項(b)号）
③　適法であり、かつ許可を受けた集会やデモ（同条(1)項(c)(d)号）

　そもそも、なぜ覆面を禁止するのか。後述する控訴院の控訴審判決によれば、過激な抗議活動者がとっていた「ブラック・ブロック」（black bloc）戦術が影響しているという。この戦術は、抗議活動者の多くが黒い覆面をして、誰が誰なのか見分けがつかなくすることを意味する。そして、過激な抗議活動者は、同じような覆面をしている平和的な抗議活動者の群れに逃げ込む。こうすること

---

3)　田中靖人「香港デモ　警官発砲で高校生重体　各地で衝突、66人搬送」産経新聞ウェブ版2019年10月２日 https://www.sankei.com/world/news/191001/wor1910010038-n1.html

4)　*Kwok Wing Hang and others v Chief Executive in Council and Secretary for Justice* [2019] HKCFI 2820, para.6 [hearinafter *Kwok Wing Hang CFI*].

で、誰が過激な行為をしたのか、身元の特定が困難となり、結果として逮捕を免れやすくなる[5]。覆面を禁止するのは、第一に、覆面ができなければ違法な行為がしにくくなること、第二に、違法行為があった際に、捜査や起訴などの法執行がしやすくなるからであった[6]。

　覆面禁止「法」と呼んではいるが、実は、これは条例（すなわち、香港の国会にあたる立法会が制定したルール）ではない。正確には「覆面禁止規則」という名称であり、立法会の審議議決によらずに、行政長官と行政会議の共同の権限で制定できる、形式上は法律よりも下位の規則（Regulation）にすぎない。覆面禁止法は6条からなる短い規則である。

　覆面禁止法の根拠は、「緊急状況規則条例」（Emergency Regulations Ordinance, Cap 241《緊急情況規例條例》第241章）という法律に求められる。緊急条例は3条のみで構成される短い条例である。この法律によると、行政長官は、①緊急状況（an occasion of emergency）か②公共の危険（public danger）のいずれかが存在すると判断する場合には、「規則」を制定することができる（同2条(1)項）。香港政府は、香港は①の緊急状況にはないと述べた上、覆面禁止法は、②公共の危険が存在することのみを理由とすることを明確に述べていた[7]。この「規則」は、本来は法律よりも下位の法令であるにもかかわらず、既存の法律の効力を停止したり変更したりする効力を持つもので（同条(4)項）、強力な権限を行政長官に認めていることになる。

　過去には、緊急状況規則条例に基づきさまざまな規制が制定された。例えば、1920年のゼネスト、1930年代のコレラの流行、1935年の狂犬病に関連して、戦後混乱期の1950年には爆弾・手榴弾・地雷あるいは類似物の所有に対して死刑を科すために、1967年には香港暴動に対応するために規制が制定された[8]。1960年代当時の中国本土は文化大革命の真っただ中であり、その影響が暴動と

---

5)　*Leung Kwok Hung v Secretary for Justice*（09/04/2020, CACV541/2019）[2020] 2 HKLRD 771, [2020] HKCA 192 , para.14 [hearinafter *Leung Know Hung CA*].

6)　*Ibid.*, para. 165.

7)　香港政府「政府宣布訂立禁蒙面法」香港政府新聞網2019年10月4日https://www.news.gov.hk/chi/2019/10/20191004/20191004_165505_551.html

8)　*Kwok Wing Hang CFI*, para. 19.

いう形で英国統治下の香港にも飛び火したというわけである。

　こんな古めかしい法律を数十年ぶりに発動してまで、立法会の手続もすっ飛ばして、覆面禁止法を制定したことには、各界からの異論が根強かった[9]。香港では、覆面禁止法が制定された直後より、緊急状況規則条例およびそれを根拠として制定された覆面禁止法の合憲性について、訴訟が次々と提起された[10]。

　10月5日には24名の民主派立法会議員によって、10月8日には著名な元民主派立法会議員梁國雄によって、行政長官と行政会議、および司法省長官を被告とする訴訟が提起された[11]。いずれの事件も、弁護人には、李志喜（バリスタ協会元会長）や陳文敏（香港大学法学部元学部長）といった香港を代表する実績豊富な社会派弁護士が担当した。原告らは、自らの立法権を侵害されたとして、覆面禁止法が香港基本法に違反するとの裁判所の判断を求めて、「司法審査（Judicial Review）」の申立てを行った。

2　「司法審査（judicial review）」とは

　「司法審査（Judicial Review）」とは、立法府の立法行為や行政府・政府の関連機関などの行政行為が、香港基本法や、手続の妥当性といった自然的公正概念（natural justice）などに違反していないかを、裁判所が審査するために特別に設けられた手続である。ここでいう香港基本法とは、香港における憲法に相当する法であり、俗に「ミニ憲法」といわれることもある。香港基本法が「憲法」であるということの意味は、香港基本法に反する法律や命令、行政府の行為は、無効であるということである（香港基本法11条2項など）。なお、公正概念など香港基本法で明言されていない返還前の香港法律も、香港基本法8条の効力で返還後も引き続き適用されているので、それに違反した法律または行政行為は

---

9)　木原雄士「香港、半世紀ぶり『緊急条例』発動　デモでの覆面禁止」日経電子版2019年10月4日https://www.nikkei.com/article/DGXMZO50593350U9A001C1MM8000/、木原雄士「香港、もろ刃の強硬策　半世紀ぶり『緊急条例』」日経電子版2019年10月4日https://www.nikkei.com/article/DGXMZO50638200U9A001C1EA2000/

10)　*Kwok Wing Hang CFI*, para. 8.

11)　*Ibid.*, para. 10.

香港基本法違反と同様にとらえることができる。ある法律や命令が香港基本法違反であり、それによって自らの権利が侵害されていると考える者は、そうした法律や命令が香港基本法違反であり、無効である旨を宣言するよう、裁判所に求めることができる。

　司法審査の例としては、いわゆる居留権事件（*Ng Ka Ling & Ors v Director of Immigration*［1999］2 HKCFAR 4; FACV 14-16/1998）がよく知られている。香港基本法24条2項3号は、香港永住性居民[12]の中国籍子女は、香港以外で出生してもなお香港永住性居民となると定めている。しかし、これを素直に適用してしまうと、ただでさえ面積が狭く人口が密集している香港に、中国からあまりにも多数の人口が流入してしまう。そこで、香港政府は、入境（改正第3号）条例という法律を作り、香港永住性居民の親から中国で出生した中国公民が香港永住性居民の資格を得るには、中国公安部が発給する「単程証」[13]を取得した者に限るとの制限を付けた。このような同条例の制限が香港基本法24条2項3号に反するとして、司法審査が申し立てられたところ、終審法院はこの制限を香港基本法違反と認めた。なお、この判断は、のちに全人代常務委の香港基本法158条に基づく解釈により覆されることになるが、ここでは詳細はおく（第1部2参照）。

　なお、日本でも裁判所は、国会や政府その他の公的機関の行為が日本国憲法に違反するかどうかを判断する権限（違憲審査権）を有している。しかし、日本には、香港の「司法審査」のような、違憲審査を行うための特別な手続は存在しない。そのため、違憲審査権は、一般の民事訴訟や刑事訴訟、行政訴訟において、具体的事件に対する判断過程で行使されるのみで、ある法律や命令が憲法違反である旨宣言するよう、直接裁判所に求めることはできない。このようなしくみは、アメリカに由来するもので、付随的違憲審査制と呼ばれる。

---

12)　香港での永住権を持つ者を指す。

13)　中国公安部が、香港・マカオに定住目的で赴く中国公民に発給する証書を指す。

3　覆面禁止法全部違憲判決（第一審）の内容

話を覆面禁止法に戻す。香港において第一審の審理を担う第一審裁判所は、覆面禁止法の司法審査の申立てを受けて審理を行い、2019年11月18日、違憲判断を下した（*Kwok Wing Hang and others v Chief Executive in Council and Secretary for Justice* ［2019］HKCFI 2820）。以下では、その判断の詳細を見てみよう。

主たる争点は、大きく二つに分けることができる。一つ目は、覆面禁止法の根拠である緊急状況規則条例そのものが、香港基本法に違反し無効とならないかという点である。仮に無効であるとすれば、覆面禁止法も根拠を失い無効ということになる。二つ目は、覆面禁止法自体が、その内容からして香港基本法に違反しないかという点である。

（1）　緊急状況規則条例の一部は香港基本法違反

一つ目の争点（緊急状況規則条例の違憲性）について第一審裁判所は、公共の危険（public danger）を理由として行政長官に規則の制定を認める部分を、香港基本法違反と判断した。覆面禁止法はまさにこの部分を根拠に制定されているから、同法はその全部が無効ということになる。

香港基本法上、立法を行う権限はもっぱら立法会に属する。これは、香港基本法の数々の条文から導き出される憲法秩序といえる。行政長官を含む立法会以外の機関は、せいぜい「付属立法」（subordinate legislation）を制定することしかできない。しかし、緊急状況規則条例は、公共の危険を理由として行政長官に「規則」の制定を認めている。この規定は、「付属立法」を超えた立法そのものを行政長官に認めるに等しいから、香港基本法違反となるという。

なぜこういえるのか。第一審裁判所は以下の7点を理由として挙げる。第一に、どのような「規則」を、何について作ることができるのかについて、緊急状況規則条例は、何ら方向性を明らかにしていない[14]。第二に、立法の対象事

---

14)　*Kwok Wing Hang CFI*, para. 56.

項や分野に制限がない[15]。第三に、権限を行使できる要件である「公共の危険」という概念はかなり広く、あらゆる状況を含み得る[16]。第四に、「規則」は既存の法律をも変更したり、その効力を停止したりすることができ、強い効力を持っている[17]。第五に、規則で定め得る最高刑は終身刑であり、かなり重い刑罰も制定できる[18]。第六に、緊急状況規則条例は、規則の有効期限を定めていない[19]。第七に、規則に対し立法会が事後的に変更や取消しを行う余地があるにしても、遡及的に（規則が制定された時点までにさかのぼって）規則の効力を変えることはできない[20]。このように、「規則」は広範かつ強力なルールであり、「付属立法」にとどまらない、立法会が行うべき立法そのものというべきなのである。

　他方被告側は、法の連続性という主題（theme of continuity）を持ち出して、緊急状況規則条例は香港基本法に反しないと主張していた。香港基本法8条は、香港の主権が1997年にイギリスから中国に返還された後も、返還前に存在した法（法律や付属立法のほか、判例法であるコモン・ローやエクイティなども含まれる。）は、香港基本法に反したり返還後に立法会が改正をしたりしない限り、存続すると定めている。香港返還前後で、香港の法体系は「連続性」を有しているというわけである。そして、返還前の二つの判例（*R v To Lam Sin* [1952] 36 HKLR 1、*R v Li Bun & Others* [1957] HKLR 89）は、緊急状況規則条例を「合憲」としていた。そうであれば、返還後の香港基本法の下でも、同様に香港基本法違反とはならないと考えるべきだということになる。

　しかし、第一審裁判所は、返還の前後で憲法秩序に大きな変化があったとして、被告の主張を認めなかった。第一審裁判所によると、返還前にも立法評議会はあったが、これは香港総督に対する諮問機関にすぎなかった。一方、返還後の立法会は、香港唯一の立法機関となった[21]。また返還前には、立法権は絶

---

15)　*Ibid.*, para. 57.

16)　*Ibid.*, para. 60.

17)　*Ibid.*, para. 63.

18)　*Ibid.*, para. 67.

19)　*Ibid.*, para. 68.

20)　*Ibid.*, para. 69.

対（absolute）であると考えられていたため、立法評議会の法律で、広範かつ強力な規則の制定権限を香港総督に付与することにも制限はないと考えられていたのに対し、返還後は、立法会による立法権限の行政長官への委任には、香港基本法の制限がかかるようになった[22]。こうした大きな変化がある以上、返還前に緊急状況規則条例が合憲であるとした判例があっても、それを理由に現在も合憲であるということはできないのである。

第一審裁判所は引き続き、緊急状況規則条例のどのような運用が合憲で、どのような運用が違憲かを分析した。被告側は、緊急状況規則条例は有事の時、政府が速やかに対応できるように作られた仕組みで、この条例に基づき作られた法律も一時的なものであると主張したが、裁判所は、結論として公共の危険（public danger）を理由とした立法権限は違憲と判断した。他方、緊急状況（occasion of emergency）での運用は今回の案件事実と関係がないので、合憲性判断を保留した[23]。

(2) 覆面禁止法自体も、一部基本法違反

緊急状況規則条例における公共の危険に関する立法権限が香港基本法違反であるから、公共の危険を理由として作られた覆面禁止法もその全部が香港基本法違反となるという判断に加えて、第一審裁判所は二つ目の争点（覆面禁止法自体の内容が香港基本法に反しないか）に対しても判断を示している。

覆面禁止法が、香港基本法上保障された人権である表現の自由、集会の自由、プライバシー権を大なり小なり侵害するものであることは、香港政府側も争わなかった[24]。ただ、人権侵害ならそれだけで即香港基本法違反となるのかといえば、そう単純な話ではない。集会の自由を例にとって説明しよう。多くの人が一箇所に集まってその考えを主張することは、集会の自由として基本的には尊重されるべきである。しかし、大きな幹線道路のど真ん中でこうした集会を

---

21) *Ibid.*, para. 88.

22) *Ibid.*, para. 89, 90.

23) *Ibid.*, para. 95-97, 193.

24) *Ibid.*, para. 127.

行うとしたら、交通は大混乱に陥り、交通事故が多発してしまう可能性がある。また、他人の住居内で集会を行うとしたら、その他人の住居権や平穏な生活を脅かしてしまう。そう考えれば、守るべき何らかの利益と釣り合いが取れる限度内で、人権を制限することも許容されることになる。

ある法令によって何らかの権利か自由が制限される場合に、まずその権利か自由は「性質上絶対的」（absolute in nature）かどうかを判断しなければならない。「性質上絶対的」な自由の一例は、拷問をされない自由であり、これが制限された場合は、即違憲となる。

ある権利か自由が「性質上絶対的」ではないと判断される場合に、それに対する制限が他の利益を守るために許されるものかどうかを判断する基準として、香港法院が従来から用いてきたのが、比例テスト（proportionality test）である。この基準は、人権に制限があるとしても、以下の四つの公式をすべて満たすなら、そうした制限は許容されるというものである。

---

① 目的の正当性：人権を制限する正当な目的があるか？

② 手段の論理的関連性：人権の制限が、上記の目的と論理的に関連しているか？

③ 手段の合理的必要性：人権の制限が、上記の目的を達成するための必要な限度内に収まっているか？

④ 社会的利益との衡量：達成される社会的利益と、人権の制限とを天秤にかけて、合理的に釣り合いが取れているか？　すなわち、社会的利益を達成するために、到底受け入れがたいほど過酷な負担を課すことになっていないか？

（出所）　*Hysan Development Co Ltd v Town Planning Board* [2016] 19 HKCFAR 372, §§134-135; *HKSAR v Choi Wai Lun* [2018] 21 HKCFAR 167, §68から宇賀神・弁護士H作成。

覆面の権利は「性質上絶対的」ではないので、裁判所は、比例テストに基づき検討を進めた。上記の基準のうち、①目的の正当性と、②手段の論理的関連性の要件は、割合あっさりと認められた。

覆面禁止法の目的は、前述した通り、第一に、覆面をすることによって違法な行為をしやすくなるのを防止すること、第二に、違法行為があった際に、捜

査や起訴などの法執行をしやすくすることであった[25]。こういった目的自体は、公共の秩序や安全を守るものとして、正当なものである[26]。また、覆面を禁止すれば、覆面ができると違法行為に走る者たちの行為を防ぐ効果が期待できるし、違法行為をした者に対する捜査などもやりやすくなり、人権の制限が上記の目的と論理的に関連しているといえる。

最も重要なのは、③手段の合理的必要性と④社会的利益との衡量の要件である。第一審裁判所は覆面禁止法のうち、違法な集会について覆面を禁止している部分（3条(1)項(a)号）は、③④の要件を満たすとしたが、不許可集会（同条(1)項(b)号）や適法であり許可を受けた集会やデモ（同条(1)項(c)(d)号）について覆面を禁止している部分は、③の要件を満たさず、香港基本法違反となると判断した。

違法な集会で覆面を禁止してもよい理由は、割合わかりやすい。違法な集会とは、そもそも行ってはならない集会であり、それに対して覆面を禁止したとしても目的の達成に必要な限度を超えるものではないし、集会参加者に受け入れがたいほど過酷な負担を課すものにもならない[27]（もっとも、上記の通り緊急状況規則条例自体が香港基本法違反のため、違法な集会に関する部分を含めて、覆面禁止法の全体が香港基本法違反ということになるが）。

他方、その他の集会やデモにおいて覆面を禁止してはいけないのは、なぜであろうか。第一審裁判所は、以下の五つの理由を挙げる。第一に、適法であり許可を受けた集会やデモ（同条(1)項(c)(d)号）に関する限り、完全に平和的な活動であるし、すでに許可もされている。これをも処罰対象に含めるのはやりすぎである。第二に、不許可集会（同条(1)項(b)号）についても、暴力のない全く平和的な集会を含んでおり、こうしたものにおいてまで覆面を禁止するのもやりすぎである。第三に、集会の性質上、集会時にマスクをすることに正当な理由がある場合がある。例えば、LGBTや労働者・移民の権利を主張する場合などが挙げられている。LGBTや移民の権利を主張するデモに参加するも

---

25) *Leung Know Hung CA*, para. 165.

26) *Kwok Wing Hang CFI*, para. 130.

27) *Ibid.*, para. 151.

【表1】覆面禁止法自体の合憲性に対する第一審判決の判断

覆面禁止における状況	① 目的の正当性	② 手段の論理的関連性	③ 手段の合理的必要性	④ 社会的利益との衡量	結論（注1）
違法集会	◯	◯	◯	◯	（合憲）（注2）
不許可集会	◯	◯	×	×	違憲
適法・許可集会・デモ	◯	◯	×	×	違憲

（注1）「合憲」とは、香港基本法に反しないこと、「違憲」は、香港基本法違反であることを意味する。
（注2）もっとも、緊急状況規則条例が違憲であるため、違法集会の部分も結論としては違憲。
（出所）宇賀神・弁護士H作成。

のの、参加者が自らをLGBTや移民である事実を他人に知られたくないと考えることはあり得る。こうした理由で覆面をすることも、正当だろうというわけである。第四に、集会に参加している者のみならず、単なる通りすがりの者も処罰対象に含まれ得るが、これでは範囲が広すぎる。第五に、宗教的、文化的、美的な理由や、その他マスクをする正当な理由がある場合もある。例えば、顔にあざがあり、それを美的に恥ずかしいと考える人がいるとして、そうしたあざを人に見られたくないがために覆面をすることも、正当だろうというわけである[28]。

　以上をまとめると、第一審判決は以下の理由で覆面禁止法は香港基本法に反し、無効であると判断した。

①　覆面禁止法の根拠となった、公共の危険を理由として規則の制定を認める緊急状況規則条例の該当部分は、立法会にしか許されない立法を行政長官に認めるものとして、そもそも香港基本法に反する。

②　違法な集会はともかくとして、そうでない集会やデモにおいてまで覆面使用を禁止するのは、立法目的のために必要とはいえず、香港基本法に反する。

---

28)　*Ibid.*, para. 152-157.

4 覆面禁止法一部違憲判決（控訴審）の内容

第一審判決に対しては、控訴がなされた。控訴を審理した高等法院控訴院は、2020年4月9日、第一審判決の判断を一部覆して、一部合憲一部違憲の判断を下した（*Leung Kwok Hung v Secretary for Justice*（09/04/2020, CACV541/2019）[2020] 2 HKLRD 771, [2020] HKCA 192）。以下では、その判断の詳細を見てみよう。

主たる争点は、第一審判決と同様、緊急状況規則条例が香港基本法違反となるか、覆面禁止法自体がその内容からして香港基本法に違反しないかの2点である。

(1) 緊急状況規則条例は香港基本法に反しない

一つ目の争点（緊急状況規則条例の違憲性）について、控訴院は、行政長官に規則の制定を認める緊急状況規則条例は、公共の危険（public danger）を理由とする部分は香港基本法に反しないと判断し、第一審判決とは真逆の結論をとった。

控訴院の考え方の出発点は、第一審判決が否定した法の連続性という主題（theme of continuity）である。返還前は、当然ながら香港基本法は存在しなかったが、代わりに、開封勅許状（英皇制誥、Letters Patent）などが憲法的規範として香港で通用していた。返還前においても立法評議会は存在したが、一般的立法権限は立法評議会のみに与えられていたことは返還後と同様である。返還前においても立法評議会の立法権限は英皇制誥などの憲法的規範に服し、その範囲内でのみ付属立法を香港総督に委ねることができたことも、返還後と同様である。香港総督が委ねられた付属立法の権限から外れる立法をした場合には司法の審査を受けることとされていたことも、返還後と同様である。控訴院はこのように、香港基本法か英皇制誥か、行政長官か香港総督かの違いはあれ、香港総督（行政長官）に委ねることのできる立法権限に関するスタンスは返還前後で何ら異ならず、連続していると論じている[29]。

そして、前述した返還前の二つの判例（*R v To Lam Sin*、*R v Li Bun &*

【表2】 緊急状況規則条例の合憲性に対する第一審判決・控訴審判決の判断の比較

論点	第一審判決	控訴審判決
「規則」制定権限の範囲・強度に対する評価	定義が不明瞭な公共の危険のみで「規則」を制定する権限は広範かつ強力すぎ、もはや「付属立法」とはいえない 緊急状況において「規則」を制定する権限の合憲性判断は保留する	「規則」制定権限が広範かつ強力なのは、公共の危険あるいは緊急状況に迅速かつ効果的に対処するために、本質的に必要 事後的に立法府や司法府の是正の余地もある
法の連続性という主題（theme of continuity）	返還前後で憲法秩序が異なっており（総督主権 vs. 香港基本法）、返還前の合憲判例は合憲の理由にならない	立法権限の香港総督（行政長官）への移譲に関するスタンスという点で、返還前後で連続性を有する。ゆえに、返還前の合憲判例に従い、合憲とすべき

（出所） 宇賀神・弁護士H作成。

Others）は、香港総督に「規則」の制定権限を認める緊急状況規則条例を有効としていた。そうであれば、返還後の香港基本法の下でも、同様に香港基本法違反とはならないと考えることになる[30]。

　しかし、第一審判決は、上記の通り、緊急状況なしに公共の危険だけを根拠として制定される「規則」はあまりにも広範かつ強力なルールであり、「付属立法」ではなく立法会が行うべき立法そのものだと指摘していた。この指摘はどうなるのか。

　控訴院は、この点を問題視どころか、合憲判断の理由にしている。すなわち、緊急状況と公共の危険に迅速かつ効果的に対処するには、「規則」の制定権限の範囲は広範かつ強力であることが、むしろ本質的に必要だと述べる。緊急状況と公共の危険は双方とも、その性質上条文の中で詳しく定義するのが不可能であるとの見解を示す[31]。「規則」がいったん制定されても、事後的にではあれ司法府や立法府が是正することも可能である[32]。したがって、「規則」は「附属

---

29) *Leung Know Hung CA*, para. 78-86.

30) *Ibid.*, para. 78-86.

31) *Ibid.*, para. 126.

32) *Ibid.*, para. 147-152.

立法」の範囲にとどまるものであり、立法会が行うべき立法とまではいえないのである。

(2) 覆面禁止法自体は、一部基本法違反

二つ目の争点（覆面禁止法自体の内容が香港基本法に反しないか）に対しては、控訴院も一部は香港基本法に反せず、一部は反する旨の判断を下したが、後に述べるように、第一審判決よりも、香港基本法に反しないとされた部分が多くなっている。

比例テストとして、①目的の正当性、②手段の論理的関連性、③手段の合理的必要性、④社会的利益との衡量の四要件で考えるとするが、このうち、①目的の正当性と②手段の論理的関連性の要件は満たされるとしたことは、第一審判決と同様である。

第一審判決と異なるのは、③手段の合理的必要性と④社会的利益との衡量の要件における判断である。控訴院は、覆面禁止法のうち、違法な集会について覆面を禁止している部分（3条(1)項(a)号）のみならず、不許可集会（同条(1)項(b)号）に関する部分も、③④の要件を満たし、香港基本法に反しないと判断した。他方、適法であり許可を受けた集会やデモ（同条(1)項(c)(d)号）について覆面を禁止している部分は、③の要件を満たさず、香港基本法違反となると判断したのは、第一審判決と同様である。(b)号の不許可集会に関する判断のみが、第一審判決と異なることになる。

控訴院は、なぜ不許可集会における覆面禁止を合憲と判断したか。不許可集会というのは、公安条例17A条(2)項に詳細に定義されているが、要するに、警察への届出を怠ったり、警察に届け出た後に警察から不許可の通知を受けたり、参加者中3名以上が警察の命令を拒絶したり無視したりした集会やデモのことを指す。いずれの場合にも警察の関与があるが、一般的には公共の秩序を害すべき何らかの事情があるからこそ、警察も関与しているものと考えられ、第一審判決が想定しているような、不許可集会なのに平和的な集会という事態はかなりレアなケースである[33]。不許可集会への参加者のみならず、そこに居合わ

---

33) *Ibid.*, para. 208-217.

【表3】覆面禁止法自体の合憲性に対する控訴審判決の判断

	① 目的の正当性	② 手段の論理的関連性	③ 手段の合理的必要性	④ 社会的利益との衡量
違法集会	○	○	○	○
不許可集会	○	○	<u>○</u>	<u>○</u>
適法・許可集会・デモ	○	○	×	×

（注）　下線個所は、第一審判決と結論が異なる部分。
（出所）　宇賀神・弁護士H作成。

【表4】第一審判決・控訴審判決の結論の比較

		第一審	控訴審
緊急状況規則条例の一部の違憲性		違憲(注1)	合憲
覆面禁止法自体の違憲性	違法集会	合憲	合憲
	不許可集会	違憲	合憲
	適法・許可集会・デモ	違憲	違憲

（注1）　公共の危険を理由とする部分のみ。
（注2）　「合憲」とは、香港基本法に反しないこと、「違憲」は、香港基本法違反であることを意味する。
（出所）　宇賀神・弁護士H作成。

せたものまでが処罰対象に含まれ得るとする点についても、覆面禁止法が実際に適用される前には警察から何らかの警告がなされることが通常であって、こうした警告を受けてもなお停止しないのなら、もはや不許可集会へ参加しているのも同然である[34]。こうした不許可集会に対して覆面を禁止したとしても、目的の達成に必要な限度を超えるものではないし、集会参加者に受け入れがたいほど過酷な負担を課すものでもないのである。

　以上をまとめると、控訴審判決は、以下の理由で、覆面禁止法のうち一部は香港基本法に反し、無効であると判断した。

　①　返還前後で香港の法体系は連続性を有している。そして、返還前には緊

---

34)　*Ibid.*, para. 209-226.

急状況規則条例は合憲とされていた。また、緊急状況または公共の危険に迅速かつ効果的に対処するためには「規則」の制定権限を広範かつ強力にすることはむしろ本質的に必要である。緊急状況規則条例は香港基本法に反しない。

　②　違法な集会や不許可集会において覆面を禁止することは香港基本法に反しないが、適法かつ許可されている集会やデモにおいてまで覆面使用を禁止するのは、立法目的のために必要とはいえず、香港基本法に反する。

　第一審判決と控訴審判決の判断の相違は、【表3】の通りまとめられる。

おわりに――判決の評価と今後の見通し

　これまでのところ、覆面禁止法に対して主に二つの司法判断が示され、いずれも一部とはいえ違憲判決を下している。その論証過程においても、例えば衡量基準として4要件を検討していることは、米国や日本における違憲審査基準と実質において類似するものであり、日本の弁護士が読んでも何の違和感もない。このこと自体、香港の司法の独立性と高い質を示しているという評価が成り立ち得る。

　しかし、こうした司法の尽力を無に帰せしめかねないような条文が、香港基本法には存在する。香港基本法の「解釈権」が、全人代常務委にあると定めた158条1項である（香港基本法解釈権について第1部2も参照）。

　中国の立法機関であり、最高権力機関である全人代には、約3000人の代表が中国全土から集まり、おおむね年に1回開催される。もっとも、その人数の規模、開催頻度からして、中国の立法をすべて担うのは現実的でなく、同大会の付属機関として全人代常務委が常設され、同大会に代わって立法等の権限を行使している。

　全人代常務委の解釈権はこれまでの運用上、香港の法院（裁判所）から要請がなくても行使できることが確定された。全人代常務委はこれまで、香港基本法の解釈権を5回行使したことがあるが、このうち2回は香港法院はおろか、香港政府の要請もなく行われた。このような状況が常態化すれば、あらゆる事柄に対して、香港法院がいかなる判断を示そうとも、全人代常務委の解釈権行使によっていとも簡単に覆せることになってしまう。

実際に、第一審裁判所が覆面禁止法を違憲と判断した翌朝、全人代常務委は「香港特別行政区の法律が香港基本法に符合するかどうかは、全人代常務委しか判断、決定することができない」との声明を発表した[35]。

　すでに、覆面禁止法を一部違憲と判断した控訴審判決に対しては、香港における最高裁判所にあたる終審法院に対する上告がなされ、2020年7月10日付で上告が許可されている[36]。今後は、終審法院において審理が行われ、さらなる判決が下される見通しである。終審法院が、なお法的に妥当な判断を下せるかどうか、また、終審法院の判断に対し（または、もしかしたらその判断が下される前に）、全人代常務委が解釈権を行使するのかどうか、独立性と高い質を有する香港の司法の行く末を占うだけに、注目される[37]。

35）「全国人大常委会法工委発言人就香港法院有関司法復核案判決発表談話」新華網2019年11月19日http://www.xinhuanet.com/legal/2019-11/19/c_1125246732.htm

36）*Leung Kwok Hung v Secretary for Justice and Another*（10/07/2020, CACV541/2019）[2020] HKCA 557.

37）本稿脱稿後の2019年12月21日、終審法院は、緊急状況規則条例と覆面禁止法の双方を全面的に合憲とする全員一致判決を下した（*Chief Executive in Council and Another v Kwok Wing Hang and 23 others*［2020］HKCFA 42）。緊急状況規則条例が合憲である理由として、緊急状況と公共の危険に対処するには自ずから広範かつ柔軟な立法作用を執行機関に委ねる必要があること（para.47）、同条例に基づく規則制定は、同条例自体が定める要件のほか、司法、立法、香港基本法の制約を受けること（para.50-71）などを挙げている。他方、控訴審判決が重視した法の連続性という主題（theme of continuity）について、同条例は返還後の憲法上の設計に違反していないと判断したが、詳細な分析をしていない（para.75）。同判決は、適法かつ許可を受けた集会やデモに対する覆面禁止（第一審判決、控訴審判決ともに、違憲と判断していた。）をも含め、覆面禁止法は全面的に合憲であると判断した。その理由のうち最も重要なポイントは、平和的な集会も往々にして違法な暴力的なものに悪化する傾向があるため、予防的・抑止的見地から、すでに暴力的行動が生じた場合のみならず、その前の段階である適法かつ許可を受けた集会やデモであっても、覆面を禁止して状況を悪化させない必要があることである（para.121-126）。終審法院の判決は、馬道立首席裁判官を含む4人の香港出身の常任裁判官に、南アフリカ出身のホフマン非常任裁判官を加えた5名が担当した。

5

「米中新冷戦」下の香港

倉田　徹

はじめに

　2019年の「逃亡犯条例」改正をめぐる香港の抗議活動はなぜ長期にわたって継続し、かつ激化していったのか。これについて、香港内部の要因と中国中央政府の要因と同様に見落とせないのが、国際政治の要因である。とりわけ米中関係には、すでに近年にはなかったような緊張状態が存在していた。抗議活動開始後はしばしば米国は抗議活動参加者を支持しただけでなく、法整備によって実際に香港問題に介入する手立てを整えた。こうした米国の介入は、中国政府が香港で1989年の天安門事件のような形での軍事力行使を行えなかった一つの理由である一方、2020年6月に中国政府が「香港国家安全維持法（国安法）」を制定する動機にもなったといえる。「国安法」と、それに対抗する米国の「香港自治法」に基づく対中制裁の開始で、もはや香港問題は香港自身のリーチを超えて、米中関係の一環、「米中新冷戦」の焦点として、新たに注目されるようになるに至っている。

　本章ではまず、返還後の香港の「一国二制度」において、香港に米国がどのように関与する仕組みが存在してきたかを簡潔に説明し、続いて米中関係の変化と、それに連動する米国や中国の対香港政策の変化を概説する。続けて、「逃亡犯条例」改正問題と「国安法」の下での香港問題に関わる米中関係について検討し、最後に香港をめぐる「米中新冷戦」の今後を展望する。

1 危機への前奏

(1) 香港政策法

　米国が返還後の香港との関係を規定した法律が、1992年制定の「米国－香港政策法（United States-Hong Kong Policy Act）」である。同法は、1979年の米台断交時に制定された「台湾関係法」と同様に、中国との関係の変化で国際的な地位が変更される地域に対して従来同様の経済・社会の関係を維持することを目的とした法律であることから、「香港関係法」とも邦訳されてきた。同法は返還後も香港を中国とは別個の独立した関税地域と見なし、経済・貿易などの関係において香港を中国とは異なる待遇で扱うことを認めた。

　ただし同法は、米国大統領が香港の自治の状況は中国と異なる扱いをするには不足であると認定した場合、この特別扱いを停止する命令を発することができるとも規定していた。いわば、「一国二制度」への外部認証評価制度である。同法は香港の自治の状況を確認するため、定期的に米国と香港の関係や香港の民主化についての報告書を国務省から議会に提出することを義務づけた。

　1997年の香港返還は順調に行われ、当時世界は香港が自治と自由を維持し、「一国二制度」は成功したと評価した。報告書は1997年以降毎年作成されたが、「一国二制度」の成功をアメリカ政府が評価する内容が毎年続いた。「香港政策法」が規定した報告書の提出義務は2006年までであったため、2007年を最後に報告書の提出はいったん終了した。米国政府が定期的な監視をいったん終わらせたことは、この時期、香港の安定した政治・経済情勢と良好な米中関係を反映して、「一国二制度」の運用を米国が信認していたことの証左であった。

(2) 香港問題をめぐる米国の態度の硬化

　しかし、こうした状況は近年大きく変化した。とりわけ2014年の民主化運動「雨傘運動」の後、米国の香港問題における態度は明らかに硬化した。「雨傘運動」が失敗し、中国政府が香港市民の民主化要求を拒絶した後、米国議会は政府に対して、改めて「香港政策法」に基づく報告書の提出を求めるようになっ

た。

　報告書は2015年以降、再び毎年議会に提出されるようになったが、それでも報告書は毎年、香港には十分な自治があるとの結論を貫いていた。変調が感じられたのが2018年であった。米国議会の米中経済・安全保障審査委員会は2018年11月14日に発表した年次報告書において、北京が香港の政治制度・法治・言論の自由を侵食し続けており、香港が徐々に大陸の他の都市と変わらなくなっているとして、香港に対する軍民両用技術の輸出規制を大陸並みにすることを商務省が検討すべきと論じた。

　この報告書によって、返還後問題なく続いてきた香港への特別待遇が見直される可能性が浮上すると、香港財界にも動揺が生じた。自由党の鍾国斌（フェリックス・チョン）立法会議員は、もし香港が中国の普通の一都市と見なされれば「ゲーム・オーバー」だとして、香港政府から米国に説明に出向くべきと主張した。12月17日、北京を訪問した林鄭月娥（キャリー・ラム）行政長官に対し、李克強総理は、国際情勢が複雑である下で、香港が自由貿易港・独立した関税地域として安定した経済成長をしていることは容易ならぬことであると特に言及した。

　そして2019年3月21日、米国政府が発表した2019年版の「香港政策法」報告書は香港の自治が弱まっていることを指摘し、前年までは香港に特別待遇を与えるのに「十分以上（more than sufficient）の自治」があると評していたものを、「十分だが、減退している（sufficient - although diminished）」との表現に改めた。

2　「逃亡犯条例」改正問題と米中関係

(1)　条例改正への米国の反発

　2019年2月12日、香港政府保安局は「逃亡犯条例」を改正し、「香港以外の中国」への容疑者移送を可能とすることを提案した。

　引渡しの対象には香港に住んだり、滞在したり、経由したりする外国人も含まれる。特に、ファーウェイの孟晩舟副会長を2018年12月1日に米国の要請で逮捕したカナダは、その後、中国国内に滞在するカナダ人が多数逮捕されるなど、中国政府からの「報復」を思わせる問題に直面していた。また、移民都市

である香港には、外国籍を所持する「香港人」が多数存在する。中国系のルーツを持ち、広東語を話す香港永住権所持者でも、国籍上外国人の者は少なくない。特に、イギリスのほか、返還前に香港からの移民を多く受け入れたカナダ・オーストラリア・米国の国籍所持者は多く、香港には8万5000人の米国人が在住しているといわれている。このため、香港在住の米国人が「人質」にされることが危惧されたのである。3月6日には、在留米国人で構成される香港米国商工会議所は李家超保安局長に意見書を提出し、「逃亡犯条例」改正への強い留保を表明した。4月25日、米国政府がこの問題への関心を表明した。

(2) 外国の介入を理由とした北京の介入

しかし、米国の介入は、むしろ中国政府が「逃亡犯条例」改正により力を入れる要因となった。香港で「逃亡犯条例」改正案への批判が強まっていた5月5日には、ドナルド・トランプ米国大統領が対中関税の引上げをツイッターで発表するなど、米中関係もさらに緊張に向かい、香港問題も米国のカードとなり得る状況となった。香港民主派も米国への働きかけを強め、李柱銘（マーティン・リー）民主党初代主席らは5月4日から訪米して改正案への関心を求めた。米国も積極的にこれに応対し、16日にはマイク・ポンペオ国務長官が李柱銘らと会談した。

すると、それまで沈黙してきた北京の中央政府が、条例改正案に対する支持の態度を明確化した。5月17日、香港における中国共産党のトップである王志民中央政府駐香港連絡弁公室（中連弁）主任は、香港選出の全人代メンバーや全国政治協商会議（全国政協）の委員を集め、香港政府の改正案を断固支持すると述べた。王志民は外国による改正案に対する批判を譴責し、親政府派の者は団結して改正案を支持するよう要求した。また、5月21日、中央政府最高指導層において香港問題を担当している中央港澳工作協調調小組長の韓正副総理は、北京で改正案支持の発言をした。

香港が自治を維持しているとのポーズを示す必要があった林鄭月娥行政長官は、これ以前は改正は香港政府が自ら行ってきたことであり、中央政府は干渉していないと説明してきた。しかし、北京がなぜこの段階で関与を始めたかについて、林鄭月娥は5月21日の記者会見で、「外国政府や外部勢力が介入し、こ

の件を利用して中央政府と香港特別行政区の関係を破壊し……、さらには大陸の司法・人権制度を意のままに批判し始め、……香港内部の問題ではなく、『一国二制度』や、ひいては香港基本法の政治体制の側面にまでエスカレートした」とし、北京の介入は当然との見解を述べた。

(3) 巨大デモの発生と米国の態度

改正案に対する香港社会の反発が強まるなか、政府が改正を強行しようとすると、2019年6月9日は民主派が主催するデモに103万人（主催者側発表）が参加した。巨大抗議活動の幕開けであった。政府はそれでもさらに予定を早めて審議を進めようと試みたが、審議入りの6月12日に立法会が抗議活動参加者によって包囲され、衝突も発生し、混乱の中で立法会が開けない状態に陥った。6月15日、ついに香港政府は、改正案審議の一時停止を発表した。

ここまで強硬に改正案を推し進めてきた香港政府・中央政府は、6月15日のニューヨーク・タイムズが「習近平体制下の中国として最大の政治的敗北（The biggest political retreat by China under Xi）」と評するような譲歩をなぜ見せたのか。これには外圧の重要性を指摘する論者も多い。後日のロイターの報道では、6月13日、中国人民解放軍駐香港部隊司令員の陳道祥は米国の東アジア担当のデイヴィッド・ヘルビー国防次官補代理と会談し、解放軍は香港の問題に干渉しないと自ら述べたとされていた。

巨大デモの発生と長期化・過激化に対し、米国の関係者の態度は立場によって微妙に異なっていた。6月15日の「一時停止」ではデモ参加者の怒りは収まらず、翌16日には香港史上最大の「200万人デモ」が発生し、抗議活動は行政長官の辞職などの「五つの要求」を掲げたものに変質していた。行動も激化し、7月1日には抗議活動参加者は立法会にガラスを破って侵入し、新たに普通選挙の要求を掲げるに至った。これに対し、米国のカート・トン香港総領事は、改正案の停止はもはや撤回と同義として歓迎した。また、立法会への突入についてトン総領事は、暴力はいけないとして失望を表明した。トンのこの態度には、急速に高揚するデモ参加者の感情からは一定の距離が見られる。

一方、より「当事者」意識が強いと思われる、香港米国商工会議所は、改正案の撤回と、警察に対する独立調査委員会設置（すなわち「5つの要求」の二

つ）を求めていた。会議所の会員調査では、改正案を撤回すべきと答えた者は75.2％に達したという（『明報』、2019年7月30日）。

　米国議会は政府よりも敏感であった。下院人権委員会のクリストファー・スミス主席らは8月2日、ポンペオ国務長官とウィルバー・ロス商務長官に書簡を送り、当局が香港警察に武器を売らないことなどを求めた。下院のナンシー・ペロシ議長は6日声明を発表し、議会内の民主・共和両党は自由と民主を求める香港人の側に立つと述べた。

　こうした中で、デモに対して最も無関心を露わにしていた米国政府関係者は、トランプ大統領であった。後のフィナンシャル・タイムズの報道によれば、G20で習近平と会談した際、トランプは米中交渉再開のために、香港問題での介入を減らす意思を習近平に伝えていたとされる。8月1日には、トランプはデモを暴動（riots）と称した上で、これは香港と中国の間の問題であり、香港は中国の一部であるから、彼らが自分で解決すべきと述べた。これには中国外交部報道官も、香港で起きていることは騒乱と暴動であるという点と、香港は中国の一部であるという点の2点は正しいと賛同した。

　しかし、8月12日・13日の空港でのデモで、その間の全便が欠航する事態に発展すると、人民解放軍の出動の可能性が議論される状況が生じた。ここに至ってトランプはツイッターで、13日には米国の情報機関によれば中国が部隊を香港との境界に送ったと述べ、14日には習近平が香港問題に人道的に対処するよう求めた。18日には、もし中国が暴力的に天安門事件のような事態を起こすならば、貿易交渉は非常に難しくなると述べて中国を牽制した。ここ数年、米国では共和党・民主党を問わず、反中感情が幅広く広がったと指摘される。従来は興味を示さなかったトランプも、大統領選挙を前にして香港を無視できなくなったと考えられる。香港のデモは米国をも巻き込んでしまったのである。後にトランプ大統領は、自分が習近平に香港に軍事介入しないよう説得した、さもなければ香港は14分で破壊されたとうそぶいている。

（4）「香港人権・民主主義法」の制定

　米国が香港の抗議活動参加者たちを支援する具体的な方法は制裁であった。米国議会・行政当局中国委員会のジム・マクガバン議長（民主党）、マルコ・ル

ビオ共同議長（共和党）らは、「逃亡犯条例」改正問題を受けて、2014年の初めての提出以後、成立に至っていなかった「香港人権・民主主義法（Hong Kong Human Rights and Democracy Act of 2019）案」を、6月13日に再度議会に提出した。トランプを「巻き込む」ことに成功した香港の抗議活動参加者たちは、9月8日には香港の米国総領事館前で集結し、法案の可決を米国議会に求めるデモを行い、多くの参加者を集めた。

　過去数年間米国の議員の十分な関心を集めなかった法案は、香港情勢の変化を受けて今回はスピード審議された。下院が10月15日全会一致で可決すると、上院も11月19日に全会一致で可決した。そして、トランプ大統領は11月27日に法案に署名し、「香港人権・民主主義法」は成立した。台湾などと違い、ロビイストも存在しない（いるとすれば抗議活動に反対する中国政府のロビイスト）という条件下で、米国議会を動かしたのはひとえに香港の無名な市民たちの力であった。

　同法には、香港の人権を害する者に対し、米国入国拒否や資産凍結といった制裁を科すことが盛り込まれ、中央政府と香港政府の公務員が制裁対象となる可能性が生じた。さらに同法は米国政府に対し、毎年香港情勢を監視して報告書を作成することを義務づけたが、その内容には軍事転用可能な技術の中国への輸出規制と、国連と米国による北朝鮮とイランへの制裁を香港が適切に実施しているかを調査し、特に中国が国家戦略としている、広東省・香港・マカオの経済融合プロジェクト「粤港澳大湾区」構想を名目として、香港からセンシティブな技術を輸入することを監視することも盛り込まれている。中国とは別個の関税地域とされる香港には、米国の対中制裁の多くが直接適用されず、香港企業は中国企業よりも容易に米国と取引ができた。このため、中国企業の多くが香港に子会社を持ち、香港企業の名義で西側諸国と投資や貿易に取引をしているとされる。例えば、ファーウェイの孟晩舟の逮捕容疑は、同社の香港子会社がイランと取引していたことであった。「香港人権・民主主義法」には、米国が香港という「抜け穴」を利用した中国のハイテク戦略を掣肘する意図が反映されている。香港政府の陳茂波財政長官は12月2日、立法会で質問に答え、香港のイノベーションと粤港澳大湾区の発展の急所を同法がついていると述べている。

「香港人権・民主主義法」は、抗議活動支持派が多数を占めた香港では、多数派の市民に好意的に受け止められた。10月29-31日の香港民意研究所による調査では、11月予定の区議会議員選挙に出馬を予定していた著名な民主活動家である黄之鋒（ジョシュア・ウォン）が仮に政府から出馬を拒否された場合、その決定を行った政府の責任者を米国が制裁することに賛成は53.5％、反対は29.8％と、制裁を歓迎する者が多数を占めた。法案成立後の11月28日には米国に感謝する集会が開催され、主催者側発表10万人、警察発表9600人が参加した。

3 「国安法」と米中関係

(1) 「国安法」の制定

こうして、抗議活動が巨大化・長期化し、米国が介入することを、中国政府は非常に不愉快な思いで見ていた。抗議活動はネット上で意見交換して行動する無名市民による「リーダーのないデモ」と一般には言われていたが、中国政府はこの抗議活動の背後で、米国が影響力を行使していると見ていた。2019年7月31日には、初代香港行政長官にして、現在は全国政協副主席の董建華が、デモは規模も大きく組織は密であり、背後に黒幕がいるはずであり、外国勢力と関係しているのではないか、多くの証拠が台湾と米国の存在を示していると述べている。ポンペオ国務長官はこれをばかげているとして一笑に付したが、外交担当の楊潔篪国務委員は8月1日の新華社のインタビューで、米国などが高級官員を反対派のリーダーと会わせていることは「過激暴力分子の違法行為を応援している」と激しく非難した。

そうした中で、2020年5月21日、コロナ禍での延期を経て翌22日から開催されることとなった全人代は、香港版の「国家安全法」を審議すると突然発表した。世界には衝撃が走り、多くの国が中国に非難の声を向けた。米国・イギリス・オーストラリア・カナダは5月28日に異例の共同声明を発表し、「中英共同声明」が定めた高度の自治に違反するとして、深い憂慮を示した。しかし、北京はこれを無視し、5月28日の全人代は、国家安全法制の制定作業を全人代常務委員会に付託することを決定した。

各国は対応を迫られ、多くの国が香港市民の移民に道を開き、香港との犯罪

人引渡し条約を停止した。一方、米国は制裁に踏み切った。5月28日、国務長官が発表した2020年の「香港政策法」報告書は、もはや香港に特別待遇を続けることを保証することはできないと記した。5月29日、トランプ大統領が会見し、「一国二制度」は「一国一制度」になったと述べた上で、香港への特別待遇を廃止することを始めるよう政府に指示したと発表した。

その間、議会は「香港人権・民主主義法」の強化版とも言われる「香港自治法（Hong Kong Autonomy Act）」を急ピッチで審議した。「国安法」制定の動きを受けて5月末に議会に提出された同法案は両院を全会一致で通過し、トランプ大統領は7月14日にこれに署名し、成立した。同法は、香港の自治を侵害する個人に対して、資産の凍結や米国入国拒否などの制裁を行う規定を設けると同時に、こうした制裁対象の者と取引する金融機関に対して、米国でのさまざまな業務を不可能にする制裁を科すとしている。

しかし、こうした米国の強硬な態度があっても、中国は「国安法」制定の意志を弱めることはなかった。立法作業を付託された全人代常務委は6月18日～20日と、28日～30日に開催され、審議の上、「国安法」を30日成立させ、同日午後11時には香港で条文の公布と同時に施行してしまった。

これを受けて、米国からは制裁措置が打ち出された。6月26日、初めての具体的措置として、ポンペオ国務長官は一部の中国政府関係者への米国へのビザの制限をすでに行ったと発表した。同29日には、香港へのセンシティブな技術の輸出を禁止した。そして8月7日、米国財務省は林鄭月娥行政長官、国務院香港マカオ弁公室の夏宝龍主任、中連弁の駱恵寧主任など11人を、香港人の表現や集会の自由を制限したとして制裁すると発表した。8月11日、米国政府は香港で製造された米国向けの輸出品に「made in Hong Kong」ではなく、「made in China」と書くことを義務づけると発表した。8月19日には、米国政府は香港政府との逃亡犯引渡し、受刑者引渡し、海運業の二重課税防止の三つの協定を停止したと発表した。10月7日からは米国の外国人永住権抽選プロジェクトの募集が始まったが、特別待遇を失った香港市民は対象外とされた。

10月14日、米国政府は初めての「香港自治法報告書」を議会に提出した。報告書では、民主派立法会議員の逮捕や、教科書から「三権分立」の記述を削除したことなど、米国が「中英共同声明」と「香港基本法」に反する動きと見な

した行為に関わった10名（8月の財務省の制裁名簿の11名から、すでに退職していた元警務処長（警察トップ）の盧偉聡を除いた10名）に対し、制裁を科すとした。この10名には1年以内に制裁が科されるほか、「香港自治法」の規定では、報告書から60日以内に、この10名と取引の深い金融機関がリストアップされ、制裁を受けることになっている。

(2)　制裁の「手加減」

　こうして香港にはついに制裁が科されるに至ったが、今後香港にその影響はどのような形で現れるであろうか。

　本稿執筆時点までに米国が科した制裁には、ある種の「手加減」がなされているように見える。とうに製造業の大部分が大陸に移転してしまった香港において、made in Hong Kong の表記禁止が経済全体に与える影響は軽微である。また、制裁対象には中央政府の最高指導層は含まれていない。ブルームバーグの報道によれば、トランプは自身の検討チームが提案した制裁対象者リストから、韓正副総理を外したとされる。

　何よりも、中国にとっての香港の利用価値と、香港の国際金融センターとしての地位の源泉である、米ドルと香港ドルの固定相場制に対する攻撃が避けられていることは、最大の「手加減」である。

　中国にとっての香港の価値は、自国の主権下にある国際金融センターという地位にある。上海・深圳など、中国国内の主要な金融センターでは、企業は資本移動が自由化されていない人民元しか調達できない。他方香港ドルは返還前の1983年、1米ドルを7.8香港ドルに固定するペッグ制が採用された。したがって、香港市場で香港ドルを調達することは、事実上米ドルを調達することを意味し、中国企業にとっては外貨調達という、上海や深圳でできないことが可能となる。

　国際金融センターと言われる場所は世界に多数存在するが、中国企業にとって外国、特に米中関係の緊張により、米国市場の政治的リスクは懸念材料となった。中国の主権下にありながら、外貨を調達できる香港は、中国企業にとって唯一無二の存在である。2020年11月26日、抗議活動激化と区議会議員選挙での民主派の圧勝という状況の下で、アリババはニューヨークに次いで香港に新

規上場して約130億米ドルを調達し、その結果香港は2019年も新規上場（IPO）での調達額の世界首位を維持した。

　香港ドルの固定相場を維持するためには、香港ドルが一定の相場で米ドルに交換できるだけの外貨準備を、香港金融当局が常に確保している必要がある。仮に米国が、香港への米ドルの供給を妨害するような措置をとれば、ペッグ制は崩壊することになる。これがおそらく、米国が持っている、制裁の最強のカードである。

　しかし、トランプは結局、このカードを切っていない。ブルームバーグの報道によれば、ホワイトハウスでは香港の銀行による米ドルの取得を規制することも検討したが、この措置は米国への打撃になりかねないとして却下したという。ドル兌換規制は「核兵器級」の選択肢とも称される。攻撃力は抜群ながら、同時に中国だけでなく、世界の金融全体に破壊的な副作用をもたらしかねないため、米国自身もこれを使うことができないという意味である。

（3）　経済界の動向

　制裁の「手加減」の下で、「国安法」施行後、株価は上昇している。治安状況の改善に期待する声も小売業界などにはあり、政府は「国安法」が経済に有利であると喧伝している。しかし、表面上の安定の一方、「国安法」と米国の制裁の双方の影響が、経済界に及びつつもある。

　前述の通り、「香港自治法」に基づく金融機関への制裁はこれから実行されることになっているため、金融機関には警戒が広がり、多くの銀行が口座を精査していると報じられている。中でも香港の発券銀行で、世界最大規模の銀行であるイギリス資本の香港上海銀行（HSBC）は、米中の間で翻弄されている。「国安法」の制定が発表された当初、HSBCは立場を表明していなかった。すると『人民日報』のウィーチャットなどでHSBCを批判する記事が掲載され、HSBCのアジア太平洋地域のCEOである王冬勝は6月3日に「国安法」支持の署名活動に加わった。その直後、HSBCのマーク・タッカー会長がイギリスのジョンソン首相の顧問に対し、イギリスがファーウェイを閉め出せば、HSBCが中国から報復されると警告した。すると今度はポンペオ国務長官が、HSBCは香港の自治を壊し国連に署名された条約を壊すことを支持したと非難

した。他方、9月18日には『環球時報』記者がツイッターで、HSBCが中国政府の「信頼できない企業」リストに加えられ、制裁される可能性があると書き込んだ。これを受けてHSBCの株価は、一時1995年以来の最安値を付けた。金融機関の香港での業務は、政治リスクにさらされることが避けがたい状況となっている。

　物流・貿易に関しては、鍾国斌立法会議員は一定の影響があると指摘している。大陸に工場を持つ香港資本の企業が、「米中貿易戦争」を受けて一部の生産ラインを香港に移していたというが（『明報』、2020年7月16日）、これらが中国製と同様の扱いとなれば打撃を受ける。香港総商会の調査では、米国の制裁を恐れ、一部企業が注文を受けることを止めているという（『明報』、2020年8月22日）。香港政府は10月30日、「made in Hong Kong」標示の禁止について、WTOに提訴した。

　同様に翻弄されているのがIT業界である。中国企業バイトダンスが運営する動画アプリ「ティックトック」は7月7日、香港からの撤退を発表した。同社は中国企業であるため、「国安法」が規定する情報の削除や警察への協力を断れないと疑われた。世界で20億ダウンロードを記録しているティックトックは、300万ダウンロードの香港を捨てることで、世界市場を守ろうとしたのである。一方、ティックトックは同時に、その中国版である「抖音」で香港をカバーする。このアプリの世界では香港は中国大陸と同等となり、「一国一制度」化したのである。一方グーグルは、香港政府への直接の情報提供を停止し、香港警察に対して必要の場合は司法共助協定に基づいて米国政府に要求するよう求めたと報じられた。情報提供を拒否すればグーグルも「国安法」で罰せられる危険を負うが、グーグルは同法制定以後、香港政府に情報提供はしていないとしている。

　このように、「国安法」と「香港自治法」が経済界を標的にして発動される事態がなくとも、各業界で企業は自主的にリスクへの対応をすでに迫られている。

おわりに——香港をめぐる「米中新冷戦」のゆくえ

　以上見てきたように、香港をめぐる米中関係は香港危機の発生後に急速に深

刻化した。その過程では、当初香港への興味を欠いたトランプ大統領を引きずり込もうと、香港の抗議活動参加者は戦略として米国の介入を促し、それに成功していた。

　一方、米国が積極的に関与した背景には、米中関係の変容が要因として存在する。2014年の「雨傘運動」当時、米国は「香港人権・民主主義法」を審議したものの、議会の関心は低く、成立に至らなかった。しかし2019年時点では、米国は中国問題について数年前よりも格段に強硬化していた。米国が中国と対抗する意志を持っていなければ、香港市民が米国を動かすことはできなかったはずである。

　他方、米国の制裁や行動は「手加減」されている。経済のグローバル化が進み、中国が西側諸国とも密接につながっていることが、現状と「旧冷戦」との相違であると指摘される。そうした米国の足許を見透かしたかのように、中国は「国安法」の制定に踏み切るなど、米国の圧力は北京の対香港政策の緩和には効果を発揮できていない。

　結局米国は、経済的相互依存から合理的に自身の利益と世界経済への影響を考慮して、強力な制裁を避ける立場をこのまま維持するのであろうか。米国の抑制がどこまで働くかには、不確実性もある。米中対立は、中国が強硬な態度をとることによっても加速してきた。米中相互の相手国に対する感情が悪化する中で、いずれの指導者も、理性的な妥協を探ることは容易ではないであろう。

　米中関係が「新冷戦」であるならば、冷戦期に米国がソ連との持久戦・消耗戦に持ち込んで最終的に「勝利」したのと同様に、中国との緊張激化がある種の米国の戦略という可能性もある。香港の評論家である袁弥昌は、米国にとって香港問題は一つの「ボタン」という表現をしている。このボタンを押すと、中国は反射的に内部の引き締めをし、制御不能な民族主義を鼓吹して、内部でエネルギーを消耗してしまうという（『明報』、2019年12月24日）。同じく王慧麟は、米国が中国の面子重視の戦狼外交を熟知しており、「デカップリング」を進める口実を作るために、わざと香港問題で挑発していると見ている（『明報』、2020年7月16日）。

　そうなると、長期的に見て現在以上に米中関係の緊張が高まり、現時点では「想定外」のことが現実になる危険性も、含みおく必要があるように思える。ヘ

ッジファンドのマネージャーであるカイル・バス氏は、香港ドルのペッグ制が１年半以内に崩壊した場合には莫大な利益を得られるファンドに資金を募集していると報じられた。2020年8月の香港米国商工会議所の調査では、香港のビジネスの見通しについて楽観的と答えた企業は14.3％にとどまり、悲観的と答えた企業が43.5％に達した。米国企業の約36％が資本・資産・職員・運営を香港から移すことを、米国人の約53％が香港を離れることを検討していると回答した。

　米中の緊張がバイデン大統領の下で緩和されるかが今後の注目点である。本稿執筆時点ではその答えはまだ出ていない。しかし、米大統領選の帰趨が明確になると、米中は早速緊張を高める措置を繰り出している。11月9日、米国は新たに4人の中国政府や香港警察の幹部に対し、「国安法」に基づく人権侵害に荷担したとの理由から、制裁対象に加えることを発表した。他方、全人代常務委は11月11日、4名の民主派立法会議員の議員資格を剥奪する決定を行った。対中強硬はすでに米国の国策となっており、大統領の個性や政権与党の方針には左右されないとの見方も強い。バイデンがトランプとは異なるアプローチをとるにしても、米中対立は終わらないというのが、現時点での大勢の見方である。

◆

第3部

香港国家安全維持法とは何か

1
香港国家安全維持法はどのような内容か

廣江倫子

はじめに

　香港国家安全維持法の制定は香港に激震をもたらした。「一国二制度」によって、中国返還後も、香港はイギリス植民地由来のコモン・ロー系に属している。したがって、返還後も香港法は、中国法よりむしろ国際人権法、イギリスやカナダ、ヨーロッパ人権裁判所の判例といった比較法を積極的に受容し、判例法を確立してきた。つまり、返還以来、中国法からの影響が限定的である一方、香港法はとどまることなくコモン・ロー適用諸国とともに発展を続けているのである。

　対照的に同法は、全人代常務委が香港を対象として制定した中国法である2020年6月30日深夜から施行された同法は、国家分裂、国家政権転覆、テロ活動、外国または外部勢力と結託し国家安全に危害を及ぼす四つの犯罪の処罰を目的とする。

　同法の制定から半年余りに何が起きたのか。香港では、抗議活動が封殺された。著名な民主活動家の逮捕、指名手配が相次いだ。同法の適用事例は【表1】の通りである。

　本章は、まず同法の導入過程について述べ、次に主要な条文と問題点を概説し、最後に同法が「一国二制度」および「高度の自治」に及ぼす影響を考察する。

【表1】 香港国家安全維持法の適用事例（2020年6月30日〜2021年1月7日）

年月日	逮捕／指名手配	対象者（括弧内は逮捕・指名手配時年齢）	内容	罪状（該当条文）
2020年7月1日	逮捕	唐英傑（23）ら10人（7月3日唐英傑のみ起訴）	デモにおいて「光復香港、時代革命」の文言が記された旗を所持、また同旗をたてたオートバイで警官隊に衝突し重傷を負わせるなど	国家分裂扇動罪（21条）、テロ活動罪（23条）
7月21日	逮捕	民主派区議会議員周偉雄	元朗白シャツ軍団襲撃1周年に際して、「光復香港、時代革命」などの文言が記載された紙を所持	国家分裂扇動罪（21条）
7月29日	逮捕	「学生動源（Studentlocalism）」元代表鍾翰林（トニー・チュン）（19）ら4人	Facebook上で「香港共和国」の設立を目指すなど、中国からの分裂を扇動した疑い	国家分裂罪（20条）、国家分裂扇動罪（21条）
7月31日	指名手配	民主活動家羅冠聰（ネイサン・ロー）（28）（在イギリス）、元香港イギリス領事館職員鄭文傑（サイモン・チェン）（29）（在イギリス）、アメリカ市民朱牧民（サミュエル・チュー）（42）（在アメリカ）、黄台仰（レイ・ウォン）（27）、劉康（ラウ・ホン）（19）、陳家駒（ウェイン・チャン）（30）	国家分裂を扇動し、外国と結託し国家安全に危害を加えた疑い（詳細不明）	国家分裂扇動罪（21条）、外国との結託罪（29条）
8月10日	逮捕・指名手配	「リンゴ日報」創業者黎智英（ジミー・ライ）（71）、ジミー・ライの息子2人、ジミー・ライのアメリカ人側近マーク・サイモン、民主活動家周庭（アグネス・チョウ）（23）、李宇軒（アンディー・リー）ら10人（☆12月11日黎智英のみ起訴）	マネーロンダリングなど（詳細不明）	外国との結託罪（29条）、
8月11日	指名手配	朱牧民（サミュエル・チュー）（42）（2回目）、劉祖迪（26）（在イギリス）	7月31日に同じ	国家分裂扇動罪（21条）、外国との結託罪（29条）

9月22日	逮捕	馬俊文(30)	商業施設において「光復香港、時代革命」、「香港独立」などのスローガンを唱えた	国家分裂罪扇動罪(21条)
9月24日	逮捕	香港理工大学学生(23)	インターネット上で香港独立、反共、勇武などの声明を発表	国家分裂扇動罪(21条)
10月15日	逮捕	馬俊文(30)	商業施設において「香港独立」のスローガンを唱えた	国家分裂扇動罪(21条)
10月21日	逮捕	馬俊文(30)	同上	国家分裂扇動罪(21条)
10月27日	逮捕	鍾翰林(トニー・チュン)(19)、ヤニス・ホー(17)、ウィリアム・チャン(21)(2回目)(☆同日鍾翰林(トニー・チュン)のみ起訴)	7月29日に同じ	国家分裂扇動罪(21条)
10月28日	逮捕	馬俊文(30)	警察署の外で、鍾翰林を応援する目的で「香港独立」のスローガンを所持	国家分裂扇動罪(21条)
11月4日	逮捕	馬俊文(30)	「光復香港、時代革命」、「香港独立」などのスローガンを唱えた	国家分裂扇動罪(21条)
11月21日	逮捕	尹耀昇、曾碧雲、利寶麗	台湾に逃れたデモ参加者のために資金調達を行った	国家分裂金銭援助罪(21条)
11月22日	逮捕	馬俊文(30)(☆起訴)	商業施設において「香港独立」などのスローガンを唱えた	国家分裂扇動罪(21条)
12月7日	逮捕	陳易舜(24)ら8人	香港中文大学卒業式において「光復香港、時代革命」などのスローガンを唱えた	国家分裂扇動罪(21条)
12月27日	指名手配	前立法会議員許智峯(38)ら	国家分裂を扇動し、外国と結託し国家安全に危害を加えた疑い	国家分裂扇動罪(21条)、外国との結託罪(29条)
2021年1月6日	逮捕	元香港大学准教授戴耀廷(ベニー・タイ)(56)ら53人	立法会で民主派が過半数を獲得するために2020年7月に予備選挙を実施した	国家政権転覆罪(22条)

| 1月7日 | 逮捕 | 黄之鋒（ジョシュア・ウォン）(24) ら2人 | 同上 | 国家政権転覆罪(22条) |

（出所）　筆者作成。

1　香港国家安全法制の導入

(1)　香港基本法23条立法の挫折

香港国家安全維持法制定の遠因には、香港基本法23条立法の挫折がある。香港基本法23条は、国家安全を脅かす行為を禁止する立法を香港自らが行うことを規定している[1]。香港基本法23条が立法化を義務づける犯罪は、反逆、国家分裂、反乱扇動、中央人民政府転覆、国家機密窃取および外国政治団体との連携である。このうち、分裂と転覆は、コモン・ロー上にはない概念、つまり従来の香港法には存在しなかった犯罪である。

しかし、香港基本法23条立法は実現せずに現在に至っている。2002年の香港返還5周年記念式典において、中央政治局委員兼副総理銭其琛が香港基本法23条の立法化がなされるべきことを訴えた。これを受けて香港政府は、香港基本法23条の立法化に着手した。しかし、香港立法会における採択直前の2003年7月に、大規模デモ反対が発生し、主催者発表で50万人が参加した返還以来最大の抗議デモを重く見た香港政府は、採択の無期限延期を発表し、後に法案の撤回が正式に発表された。

(2)　国家安全法制を可能にした法制度

香港は返還後もコモン・ロー系に属し、中国法は例外的な場合にしか適用されない。それが、香港基本法18条が規定する附属文書3に全国性法律[2]を追加

---

1)　香港基本法23条　香港特別行政区は反逆、国家分裂、反乱扇動、中央人民政府転覆、国家機密窃取のいかなる行為をも禁止し、外国の政治的組織または団体の香港特別行政区における政治活動を禁止し、香港特別行政区の政治的組織または団体の、外国の政治的組織または団体との関係樹立を禁止する法律を自ら制定しなければならない。

2)　肖蔚雲『論香港基本法』（北京大学出版社、2003年）609頁。

【表2】 香港基本法附属文書3「香港で実施される全国性法律」

> 下記の全国性法律は、1997年7月1日から香港特別行政区が香港で公布するか立法化して施行する。
> 国都、紀年、国家、国旗に関する決議
> 国慶日に関する決議
> 中央人民政府の国章を公布する命令および付録（国章の図案、説明、使用方法）
> 政府の領海に関する声明
> 国籍法
> 外交特権および免除条例
> 〈1997年7月1日第8回全人代常務委第26回会議決定〉
> 以下の法律の追加
> 国旗法
> 領事特権および免除条例
> 国章法
> 領海および接続水域法
> 香港駐軍法
> 以下の法律の削除
> 中央人民政府の国章を公布する命令および付録（国章の図案、説明、使用方法）
> 〈1998年11月4日第9回全人代常務委第5回会議決定〉
> 以下の法律の追加
> 排他的経済水域および大陸棚法
> 〈2005年10月27日第10回全人代常務委第18回会議決定〉
> 以下の法律の追加
> 外国中央銀行財産への司法強制措置免除法
> 〈2017年11月4日第12回全人代常務委第30回会議決定〉
> 以下の法律の追加
> 国歌法
> 〈2020年6月30日第13回全人代常務委第20回会議〉
> 以下の法律の追加
> 香港国家安全維持法

（出所）　The Basic Law https://www.basiclaw.gov.hk/en/basiclawtext/index.html（2020年12月1日閲覧）を参考に筆者作成。

して香港で適用する場合である（2項）。「全国性法律」とは、全人代あるいは全人代常務委が制定する法律で、全国で適用される法律を指す。香港基本法附属文書3に列せられた全国性法律は、そのまま公布されて香港法となるか、あるいは香港立法会が立法化（条例を制定）して実施される（2項）。

　香港では、香港基本法18条の立法趣旨は、中国法の香港への適用をできる限り排除する規定だととらえられてきた[3)]。実際に、【表2】からわかるように、

これまでに附属文書３に列せられた法律と比較すると香港国家安全維持法は、香港のみを適用範囲とし、広く国家安全全般を対象としており、異質である。それだけでなく、中国法上は立法法の問題もある（第３部５参照）。

　では、なぜ香港基本法18条と附属文書３が突然用いられたのか。2020年５月の全人代常務副委員長王晨の説明は示唆に富む。ここでは「全人代と同常務委の決定、法制定、法改正、法解釈、香港基本法附属文書３への法の追加、中央人民政府の指令など」が、香港の「国家安全を維持する法制度と執行制度を国家レベルで確立し、改善するためのさまざまな方法」[4]であると述べられた。ここから、中央政府が附属文書３への中国法の追加を香港統治の有効な手段としてとらえ始めたと考えられる。

(3)　香港国家安全法制の導入過程

　香港国家安全維持法制定が最初に示唆されたのが、2019年10月末の中国共産党第19回中央委員会第４回全体会議の決定とされる。当時香港では、逃亡犯条例改正案反対デモが一層激化していた。決定[5]には、「国家安全を維持する特別行政区の法制度および執行制度を確立、改善し、特別行政区の法執行力の強化を支援する」とある。しかし、この発表から同法制定を読み取れるものはいなかった。

　同法制定が正式に公表されたのが、2020年５月の全人代開催前夜の記者会見だった。同年の全人代は新型コロナの影響により約３か月遅れた。全人代で同常務委副委員長王晨は、同法制定の必要性について次のように説明した。すなわち、2019年来、香港の反中混乱勢力が「国家の統一と分裂を妨害する活動に

---

3)　例えば、Ip, C. Eric, *Law and Justice in Hong Kong* [*second edition*]（Hong Kong: Sweet & Maxwell, 2016), pp. 97-98.

4)　「王晨作関于《全国人民代表大会関于建立香港特別行政区維持国家安全的法律制度和執行機制的決定（草案）》的説明」新華網2020年５月22日 http://www.xinhuanet.com/politics/2020-05/22/c_1126019468.htm（2020年12月１日閲覧）

5)　「中共中央関于堅持和完善中国特色社会主義制度推進国家治理体系和治理能力現代化若干重大問題的決定」新華網2019年11月５日 http://www.xinhuanet.com/politics/2019-11/05/c_1125195786.htm（2020年12月１日閲覧）

【表3】 香港国家安全法制の導入過程

年月日	会議	内容
2019年 10月31日	中国共産党第19回 中央委員会第4回 全体会議	「中国の特色ある社会主義体制を堅持し、完成させ、国家統治システムおよび統治能力の近代化を促進するいくつかの重要な問題に関する決定」採択、国家安全維持のための香港の法制度および執行制度を確立し、改善することを提案
2020年 5月18日	第13回全人代常務委第18回会議	・「香港の国家安全に関する国務院の報告書」を聴取、検討 ・法制工作委「香港の国家安全のための法制度および執行制度の確立および改善に関する全人代の決定（草案）」を策定し、第13回全人代第3回会議に審議のため提出を決定
5月22日	第13回全人代第3回会議	全人代常務委副委員長王晨「香港の国家安全のための法制度および執行制度の確立および改善に関する全人代の決定（草案）」を説明
5月28日	同上	「香港の国家安全のための法制度および執行制度の確立および改善に関する全人代の決定」を採択
6月18日	第13回全人代常務委第19回会議	法制工作委委員長、香港国家安全維持法（草案）を説明
6月30日	第13回全人代常務委第20回会議	「香港基本法附属文書3に定める全国性法律の追加に関する全人代常務委の決定」を全会一致で採択

（出所） 筆者作成。

従事し、……外国勢力が香港問題に露骨に介入し」ているなか、香港基本法23条立法は制定の見込みがなく、法制度と執行制度が不完全な中で、香港の国家安全維持が危険に直面している[6]。そこで、「決定＋立法」の方法が提案された。つまり、全人代が香港の国家安全法制に関する「決定」を下し、全人代常務委が全人代の決定に従い「立法」を行い、香港基本法18条の規定にのっとって附属文書3に追加する。これにしたがって、5月28日の全人代採択の「香港特別行政区の国家安全のための法制度および執行制度の確立および改善に関する全人代の決定」6条は、全人代常務委に香港の国家安全法制制定の権限を与えた。

6月には異例の2回の全人代常務委が開催され、採択が急がれた。1回目の6月18日には、全人代常務委法制工作委が草案説明を行った。そこでは、同法は6章、66カ条から構成されることやごく大まかな骨子が発表された[7]。しか

---

6) 前掲注4）

【表4】 香港国家安全維持法実施前後の司法の動き（2020年5月21日〜10月末）

月日	内容	詳細
5月25日	バリスタ協会の声明発表	「香港における国家安全法制定に関する全人代の提案に関するバリスタ協会の声明」
6月1日	バリスタ協会、中連弁へ意見書	国家安全法制定前の諮問期間の設置を要請
6月12日	バリスタ協会の声明発表	「国家安全法草案に関するバリスタ協会の声明」
6月19日	バリスタ協会、国家安全法草案に関するQ＆Aを公開	「提案された国家安全法に関するQ＆A」
6月23日	バリスタ協会の声明発表	「国家安全事件に対する行政長官による裁判官の指定に関するバリスタ協会の声明」
7月1日	バリスタ協会の声明発表	「香港国家安全維持法に関するバリスタ協会の声明」
7月2日	終審法院首席裁判官馬道立の声明発表	行政長官が裁判官を指名することに懸念を表明
7月3日	バリスタ協会、香港憲制・内地事務局へ意見書	香港国家安全維持法の英語版公表を要請
9月2日	終審法院スピゲルマン裁判官（オーストラリア国籍）の辞職	香港政府には辞職理由を告げず、オーストラリア国営放送のインタビューに香港国家安全維持法の内容に関して辞職と回答
10月5日	イギリス最高裁判所副長官ホッジ裁判官が終審法院裁判官を兼任	スピゲルマン裁判官の後任

（出所） 筆者作成。

し、同法全文は、【表4】のようなバリスタ協会などからの諮問期間設定の要請にかかわらず秘密にされ、6月30日深夜の施行と同時に初めて公開された。

---

7) 「法制工作委員会負責人第十三届全国人大常委会第十九次会議作関于《中華人民共和国香港特別行政区維持国家安全法（草案)》的説明」新華網2020年6月20 www.xinhuanet.com/2020-06/20/c_126139511.htm（2020年12月1日閲覧）

2 香港国家安全維持法の条文と問題点

本節では、香港国家安全維持法の主要な条文およびその問題点を取り上げる。

(1) 基本的人権をめぐる香港基本法との矛盾

総則には、意外にも基本的人権の保障が規定される。すなわち、香港基本法、国連の自由権規約[8]および社会権規約が保障する、言論・報道・出版の自由、結社・集会・行進・デモの自由などの保障（4条）、法治原則、罪刑法定主義、無罪推定、弁護士選任権などの香港法でも保障される訴訟上の権利、一事不再理の原則の保障が明記されているのである（5条）。

しかし、香港国家安全維持法と香港基本法との優劣関係が不明なため、こうした保障の実効性には疑問が残る。香港国家安全維持法は、香港法が同法と矛盾する場合には、同法が適用される（62条）と、同法の優先適用を規定してい

【表5】 香港国家安全維持法の構成

第1章　総則
第2章　香港特別行政区における国家安全の維持に関する責任と機関
第1節　職責
第2節　機関
第3章　犯罪と罰則
第1節　国家分裂罪
第2節　国家政権転覆罪
第3節　テロ活動罪
第4節　外国または外部の勢力と結託して国家安全に危害を及ぼす罪
第5節　その他の罰則規定
第6節　効力範囲
第4章　事件の管轄、法律の適用、手続
第5章　中央人民政府が香港特別行政区に駐留する国家安全維持機関
第6章　付則

（出所）　筆者作成。

---

8)　なお、香港基本法39条は自由権規約の継続適用を規定し、香港人権条例は自由権規約を国内法化している。

る。だが、香港基本法との関係は明らかではない。しかも【表6】のように、バリスタ協会からは香港基本法が保障する基本的人権との矛盾が数多く指摘されている。これらの矛盾はどのように解決されるのか。もし、全国性法律である香港国家安全維持法に対して香港基本法違反を問えないとの判断が裁判で確定した場合、上述した基本的人権の保障は空文化してしまう。しかも香港国家安全維持法施行前後より、親中派の重鎮、全人代香港代表譚惠珠（マリア・タム）が「香港法院は全国性法律の違憲審査を行えない」[9]と発言し、初起訴事件の唐英傑事件で政府側も同様の見解を主張するなど[10]全人代常務委の制定した同法は、違憲審査の対象となり得ないとの主張が根強かった。同法の違憲審査が初めて争われた郭卓堅事件では、申請自体は審査要件未満などで却下されたが、第一審裁判所は先例としての拘束力を持たない傍論（obiter dictum）において、少なくとも国家安全維持法事件では同法の該当条文が香港基本法と合致するかを判断する義務があると判示した[11]。しかし結局、終審法院は、香港国家安全維持法は、香港基本法および香港基本法により香港に適用される自由権規約違反に問えないとし（*HKSAR v Lai Chee Ying*（2021）HKCFA 3, para.37.）、違憲審査を否定した。

(2) 国家安全維持委員会、警察・司法省の国家安全維持部門

　香港行政府内には、国家安全維持委員会が新設された。同委員会は、香港の国家安全維持を担当し、国家安全維持の主要な責任を負い、中央政府の監督を受け、説明責任を有する（12条）。同委員会は、行政長官が議長を務め、行政長官司長、財務長官、司法長官、保安局長、警察長官、警察の国家安全維持部門の責任者、入境事務所所長、税関長官、行政長官弁公室主任を構成員とする（13

---

9) Chris Law "National security law: Hong Kong academics might choose self-censorship to protect themselves, law dean warns", 15 Jul 2020, *South China Morning Post* https://scmp.com/news/hong-kong/politics/article/3093337/national-security-law-hong-kong-academics-might-choose-self（2020年12月1日閲覧）

10) *Tong Ying Kit v HKSAR* [2020] HKCFI 2133, para. 2b.

11) 郭卓堅訴香港特別行政區首長林鄭月娥女士 [2020] HKCFI 1520 ; [2020] 5 HKC 337; HCAL 1405/2020

【表6】香港基本法と香港国家安全維持法の矛盾

香港国家安全維持法条文	香港国家安全維持法の内容	香港基本法との矛盾点	香港基本法条文
55～57条	中国に移送された被疑者・被告人に中国の刑事手続を適用	刑事裁判上の権利の侵害	87条
65条	全人代常務委に解釈権	司法の独立侵害の恐れ	80、85条
44条	行政長官が裁判官指名	司法の独立を侵害	2、19、80、85条
60条	国家安全維持公署の職員に特権的地位	香港居民と香港にいる人の香港の法律を遵守する義務に違反	42条
43条	香港警察に捜査の特別権限	人身の自由、住居の不可侵、通信の自由と秘密を侵害する恐れ	28、29、30条
42条	保釈要件を厳格化	刑事裁判上の権利の侵害	87条
46条	陪審員の除外	陪審制度の侵害	86条
14条	国家安全維持委員会の決定は司法審査の対象外	香港居民の行政部門・人員の行為に対する訴訟を起こす権利の侵害	35条
20条	暴力の有無にかかわらず「国家分裂」を認定、スピーチや平和的主張に適用される可能性	言論、報道、出版の自由、結社、集会、デモ、示威行為の自由、労働組合の組織及び参加、ストライキを行う権利と自由に対する制限の恐れ	27条
22条	メディアの政府批判やピケッティングも「国家転覆」に当たる可能性	言論、報道、出版の自由、結社、集会、デモ、示威行為の自由、労働組合の組織及び参加、ストライキを行う権利と自由に対する制限の恐れ	27条
24、26条	「テロ行為」の定義が曖昧、テロ活動の支援は広範囲にわたり、裁判で挙証責任転換があるのか不明	刑事裁判上の権利の侵害	87条
29条	「外国勢力との結託」の定義が曖昧、研究者、NGO、メディアの従来の活動が「外国勢力との結託」に当たる可能性	民間団体および宗教組織の外国の団体、組織との関係発展、関連活動に参加する権利の侵害の恐れ	149条

（出所）Hong Kong Bar Association "The Law of the People's Republic of China on Safeguarding National Security in the Hong Kong Special Administrative Region: Statement of the Hong Kong Bar Association"（https://www.hkba.org/sites/default/files/20200701%20HKBA%20statement%20on%20Safeguarding%20National%20%20Security%20in%20HKSAR.pdf 2020年12月1日閲覧）を元に、時事通信外信部平原紀子記者と筆者作成。

条）。同委員会の職責は、以下の通りである（14条）。①香港が国家安全を維持するための、関連作業の規制、香港の国家安全政策策定のための分析と決定、②香港が国家安全を維持するための法制度および執行制度の確立の推進、③香港の国家安全維持のための重要な作業と主要な行動の調整。同委員会の活動は、香港の他の機関、組織、個人に干渉されず、活動情報は公表されない。同委員会の決定は、司法審査の対象とならない。同委員会は国家安全事務顧問を設ける（15条）。同事務顧問は、中央政府によって任命され、同委員会に出席し助言する。

　警察と司法省には国家安全維持部門が新設された（16条、18条）。警察権限も強化され（43条）、実施細則が制定された。

　こうして、行政長官を議長とし主要閣僚を構成メンバーに据え、中央政府により監督を受け、中央政府が任命した国家安全事務顧問が助言する国家安全維持委員会が新設された。警察・司法省の部門新設、警察権限の強化と相まって、香港の治安維持機構が強化されたと同時に、国家安全問題に対する中国の存在感が一層高まったのである。初代事務顧問には中央政府駐香港連絡弁公室（中連弁）の駱恵寧主任が任命された。

　とりわけ問題視されたのが、同委員会の決定を司法審査から除外する規定である。林鄭月娥（キャリー・ラム）行政長官は同法の下で、同委員会の職務は秘密と主張するが、少なくとも裁判所は同委員会の権限踰越を判断し得るとの見解もあり（香港大学陳弘毅教授）、今後、裁判で争われた際の判断が注目される[12]。

(3)　四つの犯罪

①　国家分裂罪
国家を分裂させ、国家統一を阻害することを目的とした以下の行為を、武力

---

12)　Chris Law "National security law: decisions of new committee in Hong Kong not above judicial review, legal expret says", 11 Jul 2020, *South China Morning Post* https://scmp.com/news/hong-kong/politics/article/3092792/national-security-law-decisions-new-committee-hong-kong-not（2020年12月1日閲覧）

の行使または武力による威嚇があるかにかかわらず、組織、計画、実施、または参加する場合が、国家分裂罪にあたる。(a)香港または中国の他の部分の中国からの分離、(b)香港または中国の他の部分の法的地位の違法な変更、(c)香港または中国の他の部分の外国への引渡し（20条）。

刑罰は以下が規定される。主要なものあるいは情状が重大なものは、終身刑または10年以上の有期懲役、積極的に参加したものは、3年以上10年以下の有期懲役に処せられる。その他のものは、3年以下の有期懲役、拘置、労働センター送致、教育施設への送致あるいは社会奉仕命令か感化院入院に処せられる[13]。

21条は国家分裂の扇動、ほう助、教唆、金銭などの援助について規定する。

特筆すべきは、この国家分裂罪と後述の国家政権転覆罪が暴力を伴わない行為も犯罪とすることである。これは「暴力または重大な犯罪手段」を要件としていた香港基本法23条立法の範囲を超え、国連自由権規約にも反するとの指摘がある[14]。

国家分裂扇動罪に関して、早くも香港政府は「光復香港、時代革命」などスローガンの提唱・所持は香港独立を支持するとみなし香港国家安全維持法違反とし[15]、同法施行直後から逮捕者が相次いだ。その後、著名な民主活動家の逮捕・指名手配が相次いでいる。

でははたしてスローガンの提唱・所持のみで処罰され得るのか。陳弘毅教授は、「スローガンの提唱・所持は違法と明記されておらず」、法「解釈を行うのは裁判所」であると指摘する。鄭若驊（テレサ・チェン）司法長官なども同様

---

13) 以下、刑罰について、香港国家安全維持法64条により読み替えた後の内容を記載する。

14) Natalie Wong "How Hong Kong's national security law compares to Macau's: different reasons, eras for legislation", 8 Jul 2020, *South China Morning Post* https://scmp.com/news/hong-kong/politics/article/3092215/national-security-tale-two-cities-how-different-reasons-and, Matto Ho "How Hong Kong national security law compares to legislation in other countries", 7 Jul 2020, https://scmp.com/news/china/politics/article/3092041/one-law-two-systems-how-chinas-national-security-law-hong-kon（2020年12月1日閲覧）

15) The Government of HKSAR "Government Statement", 2 July 2020, https://www.info.gov.hk/gia/general/202007/02/P2020070200869.htm（2020年12月1日閲覧）

の見解をとり[16]、裁判の行方が注目される。

②　国家政権転覆罪

武力、武力の使用の威嚇あるいはその他の違法な手段によって、国家政権の転覆を行うことを目的とした以下の行為を、組織、計画、実施、または参加することが国家政権転覆罪にあたる。(a)中国憲法によって確立された中国の基本制度の転覆、破壊、(b)中央政権または香港政権の転覆、(c)中央政権または香港政権が法律に従った職務の遂行の著しい干渉、混乱、破壊、(d)香港政権がその職務を履行する場所と施設を攻撃あるいは破壊し、その通常の職務と任務の遂行を不可能とすること（22条）。刑罰には、前述した国家分裂罪（20条）と同様の規定が置かれる。23条は国家政権転覆の扇動、ほう助、教唆、金銭などの援助を規定する。

国家政権転覆罪の射程も明確性を欠くと言わざるを得ない。立法会で民主派が過半数を獲得するための準備として、2020年7月に実施された予備選挙もこれにあたるとされ、大量の逮捕者が生じた。また、例えばバリスタ協会副会長葉巧琦は「メディアからの厳しい批判や（逃亡犯条例改正案反対デモで見られたような）政府敷地外での市民の人間の鎖は国家政権転覆罪にあたるのか」との問題を提起し[17]、民主派議員による従来の議事妨害行為も国家政権転覆罪に問われる可能性が指摘される[18]。

---

16)　Tony Cheung and Cannix Yau "National security law: Hongkongers can still criticise government, top official says, as legal scholar refutes notion of prosecution for provoking hatred towards authorities", 5 Jul 2020, *South China Morning Post* https://scmp.com/news/hong-kong/politics/article/3091875/national-security-law-hongkongers-can-still-criticise（2020年12月1日閲覧）

17)　Jeffie Lam et al "National security law: peaceful protesters could land in jail, legal experts warn", 1 Jul 2020, *South China Morning Post* https://scmp.com/news/hong-kong/politics/article/3091427/national-security-law-peaceful-protesters-could-potentially（2020年12月1日閲覧）

18)　Chris Law and Jeffie Lam "National security law: when disruption equals 'subversion', what's left for Hong Kong's opposition legislators?", 13 Oct 2020, *South China Morning Post* https://scmp.com/news/hong-kong/politics/article/3105374/national-security-law-when-disruption-equals-subversion（2020年12月1日閲覧）

③　テロ活動罪

　中央政府、香港政府もしくは国際機関を脅迫しまたは公衆を恐怖に陥れることで政治的な主張を実現するため、社会に重大な害を与えあるいは与えることを目的とした以下のテロ活動を組織、計画、実施、参加、あるいは実施すると脅すことがテロ活動罪にあたる。(a)人に対する著しい暴力、(b)爆発、放火、または毒性、放射性、伝染病病原体あるいはその他の物質の散布、(c)交通手段、交通施設、電気、ガス設備、その他の可燃性および爆発性機器の破壊、(d)水、電気、ガス、交通機関、通信やインターネットなどの公共サービスおよび電子管理システムの著しい妨害または破壊、(e)公衆の健康あるいは安全・治安を著しく危険にさらすその他の危険な活動（24条）。

　刑罰は以下が規定される。重傷、死亡または公的あるいは私有財産に重大な損害を与えたものは、終身刑又10年以上の有期懲役、その他の場合は、3年以上10年以下の有期懲役に処せられる。

　25条はテロ活動組織を組織または指導する者の処罰を規定する。26条はテロ活動のほう助、準備を規定し、テロ活動組織、テロリストまたはテロ活動の実施のため、訓練、武器、情報、資金、物資、労働、輸送、技術または施設などの提供、援助、便宜を図ること、あるいは爆発物、有毒性または放射性物質および伝染病病原体などの物質を、製造しあるいは違法に所持し、または他の手段を用いてテロ活動を準備することがこれにあたる。27条はテロ活動の宣揚または扇動を規定する。

　テロ活動罪からは、それが逃亡犯条例改正案反対デモに頻繁に見られた暴力手段の処罰を意識していることがわかる。また、テロ活動扇動の範囲は不明瞭で、自己検閲につながる可能性の指摘がある[19]。

④　外国または外部[20]の勢力と結託して国家安全に危害を与える罪

　外国または外部の機関、組織あるいは個人のために、国家安全に関する国家機密または情報を、盗み、スパイ活動を行い、支払いをして入手し、あるいは、不法に提供することは犯罪にあたる。そして、外国または外部の機関、組織あるいは個人に以下の行為のいずれかを行うことを要求し、あるいは、外国また

---

19)　前掲注9)

は外部の機関、組織あるいは個人と以下の行為のいずれかを行うことを結託し、あるいは、外国または外部の機関、組織あるいは個人から直接または間接に命令、管理、資金あるいは他の支援を受け取って以下の行為のいずれかを行うことは犯罪にあたる。(a)中国に対し戦争を起こし、または武力または武力の使用を威嚇することにより、中国の主権、統一、領土の完全性に著しい損害を与えること、(b)香港政府または中央政府による法律または政策の策定と実施に著しい支障を及ばし、重大な結果をもたらす可能性があること、(c)香港の選挙を不正操作するか破壊し、重大な結果を招く可能性があること、(d)香港または中国に対して、制裁や封鎖を科し、あるいは他の敵対的行動に従事すること、(e)違法な手段によって香港住民の間に、中央政府または香港政府に対して憎悪を喚起し、重大な結果をもたらす可能性のあること（29条）。刑罰として、3年以上10年以下の有期懲役、情状が重大なものは、終身刑または10年以上の有期懲役に処せられる。外部の機関、組織、個人も同様に処罰される。

　外国との結託罪にも不明瞭な点が多く、例えば国際機関や外国の中国・香港に対する制裁に企業が従った場合（「制裁」(29条(d)))[21]、香港マカオ弁公室副所長張暁明の2019年に「太子駅で死者が出たとして警察に不満を向けた噂」が犯罪になるとの発言（「憎悪」(29条(e))）など[22]、射程の広さが懸念される。

（4）　域外管轄権・遡及効

　日本を含む諸外国から最も驚かれたのが、香港国家安全維持法の域外管轄権

---

20)　中国においては、「一国二制度」のもとに、香港とマカオには中国とは異なる法体系が妥当しており、かつ、台湾は、中国としては中国の一部と認識しているものの、現実には中国の実効支配が及んでいないため、「外国」ではないが、中国と香港、マカオ、台湾とを区別して取り扱うことがあり、そうした場合に、例えば香港から見た中国、マカオ、台湾を「外部（「境外」）」という言葉で言い表すことがある。

21)　Wendy Wu "Foreign firms in Hong Kong face 'huge insecurity' over national security law", 7 Jul 2020, *South China Morning Post* https://scmp.com/news/china/diplomacy/article/3092229/foreign-firms-hong-kong-face-huge-insecurity-over-national（2020年12月1日閲覧）

22)　香港電台網站https://news.rthk.hk/rthk/ch/component/k2/1535130-20200701.htm（2020年7月1日閲覧）

であった[23]。38条は「全世界への管轄権」を次の通り規定している。「香港特別行政区に永住権を持たない香港特別行政区外のものが香港特別行政区に対して本法の規定する犯罪を行った場合、本法を適用する」。つまり、香港人や香港居住者でなくとも、同法が適用される。端的に言うと、「日本人が、日本で同法が規定する犯罪行為を行った場合、同法による処罰の対象になり、香港政府から指名手配され、トランジットであっても香港到着時に逮捕される」可能性がある。

この域外管轄権は、驚きと恐怖で受け止められた。シドニー大学の凌兵教授は「並外れた萎縮効果」と形容し、実務家からは国際金融センターとしての香港の将来に及ぼす悪影響が懸念された[24]。

ただし、域外管轄権の行使には、諸外国との対立激化や現実的法執行の困難を指摘する声が多い。香港大学傅華伶教授は「外国との対立につながり、また外国での法執行は困難では」と述べている。

域外管轄権に賛成する側も、38条の実効性は期待していない。中央政策組元首席顧問劉兆佳は、実施は難しいと認めた上で、「拘禁と罰則の脅威は、中国の問題に内政干渉してきた外国人の自主規制を促すのに十分だ」と抑止効果を重視する[25]。

39条は「本法施行後の行為が、本法に従って有罪判決を受け、刑に処せられる」とし、遡及効は持たないように見える。しかし、2020年8月の黎智英、周庭らの逮捕容疑は、2019年のマネーロンダリングと報道されるなど、遡及効の実際について不明である（第3部2も参照）。

---

23)　日本法との比較について第3部2、第3部4参照。

24)　Jun Mai and Sarah Zheng "Hong Kong national security law's long-arm jurisdiction 'extraordinary and chilling'", 2 Jul 2020, *South China Morning Post* https://scmp.com/news/china/politics/article/3091428/hong-kong-national-security-laws-long-arm-jurisdiction（2020年12月1日閲覧）

25)　Natalie Wong "National security law: five differences between Hong Kong's new legislation and 2003's shelved Article 23 bill", 9 Jul 2020, *South China Morning Post* https://scmp.com/news/hong-kong/politics/article/3092396/national-security-law-five-differences-between-hong-kongs（2020年12月1日閲覧）

(5) 刑事訴訟手続の変更点

香港の従来の刑事訴訟手続には以下の変更が加えられた。

まず40条は、原則として香港が管轄権を有するとしつつ、例外を規定する。すなわち、後述のように国家安全維持公署が管轄権を持つ場合がある。次に41条は、裁判公開の原則を示しつつも、広範に非公開を認めている。国家機密、公序良俗などに関する事項が公に審理されるべきではない場合、報道機関および一般市民は、手続の全部または一部の傍聴が禁止される。

42条は保釈に関し、裁判官が、被告人が国家安全に対する行為を継続しないと信じる十分な理由がない限り、保釈は認められないと定めた。現行法においても殺人など重大な犯罪には保釈が基本的に許可されないが、その「重大な犯罪」に香港国家安全維持法違反が含められた形となる。この厳格な保釈要件に賛成する意見（湯家驊元バリスタ協会会長）もあるが、香港大学張達明講師が「被告人は保釈申請をめぐって問題に直面する可能性が高い」と予測したように[26]、早くも初起訴事件である唐英傑事件では、香港基本法の無罪推定原則違反かが争点となった[27]。

44条は行政長官による裁判官の指定を規定する。行政長官は、マジストレート裁判所、地区法院、第一審裁判所、控訴院、終審法院の裁判官および副裁判官またはレコーダ[28]の中から複数の裁判官を指名しなければならない。上記の指定裁判官の任期は1年である。結局、事件の当事者たる香港政府のトップが、裁判官の指定権限をも持つという問題点は解消されずに終わった[29]。

当初懸念された外国籍裁判官の除外は明記されなかったが、同法制定が理由

---

26) Chris Lau "National security law: Hong Kong legal experts worry authorities, police can bypass courts in carrying out probes, tapping phones", 2 Jul 2020, *South China Morning Post* https://scmp.com/news/hong-kong/law-and-crime/article/3091437/national-security-law-hong-kong-legal-experts-worry（2020年12月1日閲覧）

27) ただし裁判所は無罪推定原則に違反しないと判示し、本稿執筆時点（2020年12月末）では保釈を認めていない。*Tong Ying Kit v HKSAR*［2020］HKCFI 2133, *HKSAR v Tong Ying Kit*［2020］HKCFI 2196

28) パートタイムの裁判官。

だと思われる辞職が起きた。終審法院の外国籍裁判官は、イギリス、オースト
ラリア、ニュージーランド、カナダといった主要コモン・ロー適用諸国の最高
裁判所長官経験者などの優秀な人材が歴任してきたが、同法制定後、オースト
ラリア国籍スピゲルマン裁判官が、詳細は不明だが同法制定を契機に任期半ば
で辞職した。終審法院の大多数の外国籍裁判官のなかで過半の出身国であるイ
ギリスでも、自国裁判官の就任に政治家が反対していると報道されており、目
が離せない[30]。

　44条によると、行政長官は、裁判官を指名する前に、国家安全維持委員会お
よび終審法院首席裁判官の助言を受けることができる。しかしこの要件は裁量
権に任されている、つまり助言を拒否する権利があると指摘される[31]。

　46条は陪審員の除外を規定する。司法長官は、国家機密の保護、事件が外国
に関連するか、または陪審員とその家族の安全を保護するなどの理由で、陪審
員なしで審理する証明書を発行できる。

　65条は香港国家安全維持法の解釈権が、最終的に全人代常務委にあると規定
する。香港法のうち、全人代常務委が解釈権を有するのが、香港国家安全維持
法と香港基本法である（第1部2参照）。解釈権をめぐっては、香港基本法解釈
権以上の複雑な問題が発生する可能性がある。すなわち香港基本法の場合、実
態上全人代常務委はいかなるときにも無制限に解釈を行っているが、条文上は、
香港終審法院が審理に際して要請した場合のみ、全人代常務委が解釈を行い、
解釈以前に行った判決は影響を受けない（158条3項）との文言がある。しかし、

---

29)　行政長官の「指定」とは、香港国家安全維持法犯罪を審理する資格のある裁判官の範囲
　　を指定する趣旨にとどまり、個々の事件それぞれで担当裁判官が誰になるかは、依然とし
　　て裁判所が定めるとするのが、終審法院首席裁判官の見解であり（The Government of the
　　HKSAR "statement by chief Justice of Court of Final Appeal", 2 Jul 2020, https://www.inf
　　o.gov.hk/gia/general/202007/02/P2020070200414.htm（2020年12月1日閲覧））、裁判所も
　　同旨を判示している（*Tong Ying Kit v HKSAR*［2020］HKCFI 2133）。

30)　Jack Lau "National security law: appointment of Scottish judge to Hong Kong's top
　　court 'not linked' to Australian's exit: Lam", 6 Oct 2020, *South China Morning Post* https://
　　www.scmp.com/news/hong-kong/law-and-crime/article/3104336/national-security-law-
　　no-linkage-between-appointment（2020年12月1日閲覧）

31)　前掲注9）

香港国家安全維持法の解釈権にはその文言もなく、したがって量刑が不満として判決が覆される可能性すらあり、「過度の介入が大きな法的不安を引き起こす」（香港大学楊艾文教授）[32]おそれが指摘される。唐英傑事件では、ひとまず第一審裁判所の裁判官がコモン・ローの原則に従って同法を解釈すると判示したが[33]、今後の展開が注目される。

　香港政府は、香港国家安全維持法は、中国語版が優先されると発表した[34]。しかし公用語条例（Official Language Ordinance, Cap. 5.《法定語文條例》第5章）によると、香港において、中国語と英語は平等な地位を有し、かつ香港では中国語を読めない外国籍の裁判官や弁護士も多いという問題点がある。

(6)　国家安全維持公署

　中国政府の出先機関である国家安全維持公署が新設された。2020年7月8日には、200人以上が配置された同公署が香港の繁華街銅鑼湾に新設され、初代署長に鄭雁雄元広東省共産党委員会秘書長が任命された。

　同公署の権限は以下の通りである。①香港の国家安全維持状況の分析および評価、国家安全維持の主要な戦略および重要な政策に関する意見や提案の提出、②香港が国家安全維持の義務を果たすための監督、指導、調整および支援、③国家安全維持に関するインテリジェンスと情報の収集および分析、④国家安全を危険にさらす犯罪の処理（49条）。

　同公署の管轄権は以下のいずれかの場合に行使できる。①外国または外部の勢力が関与する複雑な事例で、香港の管轄権行使に困難を伴う場合、②香港政府が本法を効果的に実施できない重大な状況が発生した場合、③国家安全が重大で現実的な脅威にさらされる状況が発生した場合（55条）。

　同公署が管轄権を行使する場合、同公署が事件を捜査し、最高人民検察院が

---

32)　Simon Young "Why Beijing must respect Hong Kong courts' interpretation of national security law", 8 Jul 2020, *South China Morning Post* https://scmp.com/comment/opinion/article/3092022/why-beijing-must-respect-hong-kong-courts-interpretation-national（2020年12月1日閲覧）

33)　*Tong Ying Kit v HKSAR*［2020］HKCFI 2133

34)　実際も中国語版が先に発表され、英語版は施行3日後に公表された。

指定する検察当局が検察権を行使し、最高人民法院が指定する裁判所が管轄権を行使する（56条）。前条の場合、事件の立件、捜査、起訴、裁判および刑の執行に関する手続には、中国刑事訴訟法などの規定が適用され、強制措置、調査措置および司法判断の決定のために発行された法的文書は、香港において法的効力を有する（57条）。同公署が担当する事件には、犯罪の状況を知るいかなる人も誠実証言義務がある（59条）。

　同公署および職員は特権的地位を待つ（60条）。すなわち、同公署および職員は、同法に基づく職務の執行において、香港の管轄下に置かれず、同公署が発行する書類または証明書を所持している人員や車両は、その職務の遂行において、香港の法執行人員による検査、捜索、押収の対象とならない。

　要するに、国家安全維持公署は香港法から独立して活動できる強大な権限を持ち、被疑者は中国に移送され中国の刑事手続が適用される。これは香港基本法の人権保障に例外を定めるに等しく香港の基本的人権保障への深刻な影響が懸念される。かつ激しい抗議活動から廃案となった逃亡犯条例改正案を、香港国家安全維持法の犯罪に限り実現する効果を持つ。また同公署は、香港の活動においていかなる制限にも服することなく、「情報を収集し、通信を傍受し、逮捕でき」（香港大学張達明講師）、「国家機関に与えられた前例のない権力に対する監視メカニズムの欠如」（凌兵教授）が指摘される[35]。ただし、本稿執筆の時点で（2020年12月末）同公署による逮捕事例はない。

おわりに

　本章では、香港国家安全維持法の概要を述べた。同法は、全人代常務委が香港を対象に制定し、香港基本法18条の全国性法律（中国法）適用の仕組みを用いて、香港基本法附属文書３に追加され、香港で実施された。

35）　Kimmy Chung "Mainland Chinese office overseeing national security in Hong Kong 'puts freedoms at risk'", 2 Jul 2020, *South China Morning Post* https://scmp.com/news/hong-kong/politics/article/3091431/mainland-office-tasked-overseeing-national-security-hong（2020年12月１日閲覧）

基本的人権保障から見れば、同法は、自由権規約や香港基本法が規定する基本的人権の保障を規定するものの、香港基本法との抵触・矛盾が指摘される規定が多々あり、かつ香港基本法との優劣関係が不明なため、こうした権利保障の実効性には疑問符がつく。次に、同法は四つの犯罪を処罰するが、その射程は、全世界を対象とする域外管轄権や不明瞭な遡及効とも相まって極めて広い。香港の刑事訴訟手続にもさまざまな例外措置が設けられた。一定の要件のもと裁判は非公開になり、陪審員は除外され、保釈要件は厳格で、行政長官が裁判官を指定する。そして全人代常務委が解釈権を有する。

　制度面から見れば、同法は、香港行政府内に国家安全維持委員会を、警察と司法省に国家安全維持部門を新設し、香港の国家安全維持能力の強化を図る。同時に、中央政府は香港に出先機関の国家安全維持公署を新設し、一部の事件への管轄権行使を可能にした。同公署の対象事件の被疑者は中国に移送され、中国の刑事手続に服する。

　国家安全維持公署がいまだ一件も事件を立件していない現状を評して、「一国二制度」が保障する「高度の自治」を侵害していないとの見解もある[36]。しかし、本章で検討したように、同法の不明確性、曖昧さを指摘する声ははるかに大きい。同法の下ではどの行為が違反なのか不明で、中国に移送され刑事裁判を受ける可能性もある。この状況は確実に社会全般に萎縮効果をもたらす。同法の影響は広範囲かつ未知数である。

　返還以降も、香港においてはイギリス植民地期由来のコモン・ローが用いられている。このため、中国法からの影響が限定的である一方、返還後香港法は、コモン・ロー適用諸国とともに発展を続けてきた。そのなかで突然、香港法の中に投げ込まれた香港国家安全維持法は、こうした発展を阻害し、「高度の自治」を侵害している。

---

36)　Natalie Wong "Beijing's restraint in intervening in national security cases 'shows Hong Kong retaining high degree of autonomy'", 25 Oct 2020, *South China Morning Post* https://scmp.com/news/hong-kong/politics/article/3106960/beijings-restraint-intervening-national-security-cases（2020年12月1日閲覧）

2

香港国家安全維持法は
実務にどう影響を与えるか

宇賀神　崇

　香港国家安全維持法は、あまりにも急に制定施行されたことや、その適用範囲が広くあいまいであったことなどから、同法がもたらす影響を懸念する声が相当早い段階からあがっていた。ここでは、法律実務を担う弁護士の立場から、主としてビジネスの現場を念頭に置いて、同法が実務にどのような影響を与える（与えない）可能性があるのか、可能な限り分析してみたい。

　影響として考えられるのは、①言論活動への影響、②香港における労務管理への影響、③香港におけるグーグルなどの利用への影響、の3点に大きく分類できる。

1　言論活動への影響

　香港国家安全維持法は、犯罪として処罰する行為の範囲がかなり広く、暴力的な行為を伴わない単なる言論活動にも適用される可能性がある。そして同法は、香港内だけでなく広く世界中に、香港人・香港企業だけでなく外国人・外国企業にも適用があり得る。同法が施行された2020年6月30日以前の行為にも遡及適用されるのではないかという懸念も根強い。そこで、香港に住む人々はもとより香港外においても、香港に何らかの関わりがある世界中の人々や企業が自らの言動が処罰対象にならないかを懸念し、言論活動を（必要以上に）自粛する萎縮効果が広範に生じている。

　例えば、言論活動そのものを業務・事業として行っている人々や企業が、その代表例である。文章を書いて発表することを職業としている新聞記者、作家、

大学教授はもちろん、このほかにも筆者が見聞きした限りで、金融アナリストの業界では、同法の影響を注視しているという。金融アナリストは、その分析の過程で中国政府の金融政策を批判する（ととらえられてもおかしくない）場合があり、これが同法の定める犯罪として処罰されかねないと懸念しているのであろう。これら以外にも実は、企業がその事業の過程で対外的に何らかの発表を行う機会は珍しいことではない。

こうした業務・事業にかかわらないから安心とも言い切れない。「言論活動」には当然、Twitter や Facebook などの SNS での投稿も含まれる。読者の多くもこうした SNS を使っているのではないだろうか。この本を手に取っているのは香港への関心が高い方であろうから、香港に関するニュースを見るたびに何らかの批判めいた投稿をしたくなるかもしれない。しかし、それは香港国家安全維持法では犯罪にあたる可能性はあるのか。この問題は、不特定多数の多くの人々の日常に関わっているのである。

（1） 言論活動を処罰対象とし得る犯罪類型

自分の言論活動（例えば、Twitter への投稿）が香港国家安全維持法上犯罪となり得るかを判断するには、まず、同法に規定された犯罪類型のうち、言論活動に適用し得るものを理解しておく必要がある。

第3部1でも述べた通り、香港国家安全維持法は、①国家分裂罪、②国家政権転覆罪、③恐怖活動（テロ活動）罪、④外国・境外勢力と結託して国家安全に危害を加える罪の四つの類型の犯罪を定めている。これらのうち、言論活動に適用される可能性の高いと思われるものを抜き出してまとめたのが、下記の【表1】である。

一つひとつ細かく見てみよう。①国家分裂罪と②国家政権転覆罪については、国家分裂行為や国家政権転覆行為を実際に行うだけでなく、「画策」した段階で犯罪が成立する。それだけではない。他人が国家分裂行為や国家政権転覆行為を実施などすることを「煽動」するだけで、犯罪が成立する。

例えば、香港政府の2020年7月2日の声明によると、昨年以来抗議活動で用いられてきた「光復香港　時代革命」というスローガンが書かれたものを掲げる、または所持する行為は、香港を中国から分離、香港の法的地位を改変、ま

【表1】言論活動に適用される可能性の高い香港国家安全維持法上の犯罪

犯罪名		犯罪となる条件	最高刑
国家分裂罪	国家分裂画策罪（20条）	国家分裂行為（詳しくは第3部1参照）を「画策」する	無期懲役
	国家分裂煽動罪（21条）	他人が国家分裂行為の実施等を行うことを「煽動」する	懲役10年
国家政権転覆罪	国家政権転覆画策罪（22条）	国家政権転覆行為（詳しくは第3部1参照）を「画策」する	無期懲役
	国家政権転覆煽動罪（23条）	他人が国家政権転覆行為の実施等を行うことを「煽動」する	懲役10年
テロ活動罪	テロ活動画策罪（24条）	中央人民政府、香港政府又は国際組織を脅迫したり、公衆を威嚇することで政治的主張の実現を図る目的で、テロ活動（詳しくは3−1参照）を「画策」する	無期懲役
	テロリズム宣揚罪・テロ活動煽動罪（27条）	「テロリズム」を「宣揚」し、又はテロ活動の実施を「煽動」する	懲役10年
外国境外勢力結託国家安全危害罪	外患誘致罪（29条1項本文後段）	以下の外患行為について、外国・「境外」勢力に実施を請求し、同勢力と共謀して実施し、又は同勢力の援助を受けて実施する ・香港の選挙に対する操作又は破壊行為で、著しい悪い結果が生じる可能性があるもの ・香港又は中国に対し、制裁、封鎖等の敵対行動をとる行為 ・各種の不法な方式を通じて、香港居民に対し中央人民政府又は香港政府に対する憎悪や恨みを引き起こす行為で、著しい悪い結果が生じる可能性があるもの	無期懲役

※「無期懲役」は、香港が香港国家安全維持法を適用する際は、終身刑と読み替えられる（64条）。
（出所）筆者作成。

た は国家政権を転覆する趣旨を含むとされている[1]。これを前提とすると、「光復香港　時代革命」という言葉が書かれたTシャツを着たり旗を振ったりしただけで、国家分裂煽動罪や国家政権転覆煽動罪に該当し得ることになる。実際、香港国家安全維持法が施行された直後の同年7月1日、「光復香港、時代革命」

---

1) The Government of HKSAR "Government Statement", 2 July 2020https://www.info.gov.hk/gia/general/202007/02/P2020070200869.htm（2021年1月8日閲覧）

と書いた旗を背中に挿し、バイクで警官隊に突入した男性が逮捕され、テロ活動罪のほか、国家分裂煽動罪でも起訴されている[2]。

　また同日、「香港独立」を唱える旗を掲げていた男も同法違反で逮捕されていた[3]。「香港独立」という言葉は香港を中国から分離する意味であるから、これを用いると国家分裂煽動罪に該当する可能性があることになる。

　このほか、よく香港の街並みの中で落書きされていた「天滅中共」（天は中国共産党を滅ぼす）といったスローガンも、中国共産党を打倒するとか、同党が滅びたりするという意味であるから、国家政権転覆行為として国家政権転覆を「煽動」した罪にあたる可能性があろう。

　③テロ活動罪についても、テロ活動を実際に行うだけではなく、「画策」した段階で犯罪が成立する。「テロリズム」を「宣揚」する、またはテロ活動の実施を「煽動」するだけでも犯罪となる。しかし、「画策」という言葉のほか、「テロリズム」とは何か、「宣揚」するとはどういうことか、何をすればテロ活動を「煽動」したことになるのかといった指針が、香港国家安全維持法において全く示されていない。

　④外国・境外勢力と結託して国家安全に危害を加える罪についてはまず、香港の選挙操作や香港・中国に対する制裁などが処罰対象に含まれている。アメリカや日本その他の国においてロビイング活動を行い、香港における真に民主的な選挙の実現を要求したり、対中制裁を実施したりするよう働きかけるといった事態を、主として想定しているように思われる。なお、後述するように、こうしたロビイング活動を行う者は香港人だけでなく、日本国籍やアメリカ国籍を含む他国の市民であっても処罰の対象になる。

　さらに、「香港居民に対し中央人民政府または香港政府に対する憎悪や恨みを引き起こす行為」すら処罰され得るというのは、筆者個人としても驚きであ

---

2)　「『光復香港』、Ｔシャツも罪　国家安全維持法違反で初の起訴」香港共同2020年7月3日https://news.yahoo.co.jp/articles/5b1dfff967e22dcadb6907f5d6a880ed4a7005f6?fbclid=IwAR3ua21FFCNB-sfjI2mxV01b6O4MIAIgu2znGyUDFVHSRXRhOGlCJ6nArBQ

3)　貫洞欣寛「『香港独立にノー』の旗だけで逮捕　皮肉も通じない新法の逮捕第1号に衝撃」BuzzFeed Japan 2020年7月1日https://news.yahoo.co.jp/articles/d5b2a0c07dda701fa492c024584b7d13eb345cea

った。国務院香港マカオ事務弁公室の張暁明副主任は2020年7月1日の記者会見で、（昨年香港で出回ったような）「警察がデモ隊を殺した」などという「うわさ」を流した場合も「中央や香港政府への憎悪を引き起こす行為」に該当し、香港国家安全維持法違反となり得ると述べた[4]。読者が接するニュースの中には、香港市民を憤激させるような内容のものも含まれるであろう。こうしたニュースを多くの香港市民が見られるような状態でTwitterやFacebook、その他のSNSで拡散する行為も、「憎悪や恨みを引き起こす行為」として、処罰対象になるおそれがある。

以上細かく見てきた通り、香港国家安全維持法に定める犯罪類型には、暴力的な行為を伴わない言論活動に適用される可能性の高いものが多く含まれている。そして、処罰範囲は広くあいまいに記載されており、どのような言論活動なら許されるのか、文言から読み取ることには困難が伴う。さらにいえば、同法の解釈権は全人代常務委にあるため（65条）、何が犯罪となるかは、最終的には全人代常務委の解釈次第ということになる。

(2)　日本刑事法との比較

香港国家安全維持法が処罰し得る行為の範囲がいかに広いかは、日本法と比べてみるとよくわかる。実は、日本にも刑法において内乱に関する罪（77〜80条）、外患に関する罪（81〜88条）の規定があり、これに関連して破壊活動防止法（破防法）という法律などが存在する。

内乱罪（77条）とは、「国の統治機構を破壊し、又はその領土において国権を排除して権力を行使し、その他憲法の定める統治の基本秩序を壊乱することを目的として暴動をした」場合に成立する犯罪で、首謀者は最高で死刑もあり得る重罪である。未遂の段階、予備や陰謀の段階でも処罰され得る（77条2項、78条）。これらの罪を幇助した者もまた最高で7年の禁錮刑に処せられる（79条）。

---

4)　「"一法可安香江"―国新弁挙行新聞発布会介紹香港国安法的有関情況併答記者問」新華網2020年7月1日https://www.hmo.gov.cn/xwzx/zwyw/202007/t20200701_21984.html（2021年1月8日閲覧）

「せん動」等の対象となる犯罪	処罰対象行為	最高刑
内乱罪、外患誘致罪、外患援助罪	教唆、「せん動」、文書等頒布等、通信（38条１項、２項２・３号）	懲役・禁錮７年
内乱予備・陰謀罪、内乱等幇助罪、外患誘致・援助予備・陰謀罪	教唆（38条２項１号）	懲役・禁錮５年
現住建造物等放火罪、非現住建造物等放火罪、現住建造物等・非現住建造物等激発物破裂罪、殺人罪、強盗罪	予備、陰謀、教唆、「せん動」（39条）※政治目的が必要	懲役・禁錮５年
騒乱罪（多衆で集合して暴行脅迫を行う犯罪）、往来危険罪、凶器や毒劇物を携えて多衆共同してなす公務執行妨害罪	予備、陰謀、教唆、「せん動」（40条）※政治目的が必要	懲役・禁錮３年

（出所）筆者作成。

　外患誘致罪（81条）は、「外国と通謀して日本国に対し武力を行使させた」場合に成立し、その刑罰は死刑しか法定されていない。外患援助罪（82条）という犯罪も存在し、「日本国に対して外国から武力の行使があったときに、これに加担して、その軍務に服し、その他これに軍事上の利益を与えた」場合に成立し、これも最高刑は死刑である。外患誘致罪も外患援助罪は、未遂の段階、予備や陰謀の段階でも処罰され得る（87、88条）。

　そして、破防法は【表２】にまとめたような重大犯罪を「せん動」する行為などを、最高で７年の懲役刑となる犯罪としている（同法38～40条）。上記で見た内乱や外患に関する罪も含まれ、さらに、放火や殺人、激発物破裂、騒乱、凶器や毒劇物を携えて多衆共同しての警察官などの公務の執行の妨害など、香港国家安全維持法でも「テロ活動」となり得そうな重大犯罪を含んでいる。同法には「せん動」の定義が定められており、「特定の行為を実行させる目的をもつて、文書若しくは図画又は言動により、人に対し、その行為を実行する決意を生ぜしめ又は既に生じている決意を助長させるような勢のある刺激を与えること」を指す（同法４条２項）。

　こうした日本の刑事法の規定を香港国家安全維持法と比較対照すると、香港国家安全維持法と似た文言が並んでおり、最高刑が死刑であるなど、むしろ日本の規定のほうが厳しいとさえ思われるかもしれない。しかし、こうした規定

があっても、日本で twitter や facebook 上の投稿によって内乱・外患に関する罪、破防法違反などに問われるリスクを考えたことのある読者はほとんど皆無であろう。実は、これらの犯罪に該当する行為は極めて限定されているのである。

　例えば内乱罪は、「憲法の定める統治の基本秩序を壊乱する」目的がなければならないが、これは議会制度や内閣制度などの統治の基本制度そのものを破壊変革することを指し、個別の内閣や政府を打倒することは含まないとされている（後述する5.15事件判決）し、実際に「暴動」しなければ成立しない。予備や陰謀の段階でも犯罪は成立し得るが、予備とは、具体的には武器・弾薬や食料、資金、装備、輸送用車両・船舶などの調達、同志の募集糾合などを指し、陰謀も、2人以上の者が内乱罪の実行を具体的に計画して合意することをいい、内乱実行についての抽象的、一般的な合意をするだけでは足りないと解されている[5]。

　他方、外患誘致罪は、実際に外国をして「日本国に武力を行使させ」なければ成立しない。外患援助罪も、外国が日本に武力を実際に行使した場合でなければ適用の余地がない。

　実際、内乱に関する罪・外患に関する罪は、明治13年（1880年）の旧刑法の制定以来（内容は多少変化しつつも）140年余り存在するが[6]、調べた限りでは、適用例はほとんど見つけることができなかった[7]。内乱罪にあたるかどうかが争われた数少ない事件として、いわゆる5.15事件がある。海軍将校が首相官邸や政友会本部、警視庁、大銀行などを襲撃し、時の首相犬養毅らを殺害した事件である。しかし、ここまでの大事件でありながら、時の最上級裁判所であった大審院は、被告人らは議会制度や内閣制度などそのものを不法に破壊することを直接の目的とはしておらず、せいぜい、他の勢力の暴動の発生も相まって

---

5)　大塚仁ほか『大コンメンタール刑法［第3版］第6巻』（青林書院、2018年）41-42頁〔亀井源太郎〕。

6)　我妻栄編集代表『旧法令集』（有斐閣、1978年）435頁。

7)　わずかに、明治15年に発生した福島事件について、内乱陰謀罪を認めた判決（高等法院明治16年9月1日判決、https://dl.ndl.go.jp/info:ndljp/pid/794658/1）の存在がわかっただけであった。

そうした結果が生じ得ると予想していたにすぎなかったとして、内乱罪にはあたらないと判断した（大判昭和10年10月24日刑集14巻1267頁）[8]。また、日本の植民地統治下にあった朝鮮において発生した3・1独立運動において、朝鮮独立宣言書が散布され、これが朝鮮全土で群衆の警察官駐在所などへの退去要求や襲撃などを誘発した事件で、当該独立宣言自体は、暴動の手段で朝鮮独立を達成する目的で行われたものではないから、内乱罪にはあたらないとした判決もあった（朝高院判大正9年3月22日新聞1679号19頁）[9]。近時においては、オウム真理教による一連の殺人事件などが内乱罪にはあたらないとした裁判例がある（東京地判平成14年6月26日判時1795号45頁、東京高判平成18年3月15日判タ1223号312頁）。

　破防法上の「せん動」罪も、その処罰範囲はかなり狭い。内乱罪、外患誘致罪または外患援助罪などの「せん動」罪（同法38条）は、これらの罪を「実行させる目的」がなければ成立しないが、この目的があると認定するためには、「単に内乱罪を実行させる主観的意図を有していただけでは足りず、これとともに客観的な社会的基盤において内乱罪の実行され得べき素地や条件が熟しており、行為者においてこれを認識してその行為に出でた場合」でなければならないと解されている（大阪高判昭和41年4月21日高刑集19巻3号308頁。名古屋高判昭和37年12月24日下刑集4巻11〜12号1001頁なども同旨[10]）。政治主張目的で騒乱罪などを「せん動」する罪（40条）については、「せん動」の定義に該当する行為があったとしても、その内容が荒唐無稽で、単純な昂奮の上で不用意に口走ったようなものであったり、「せん動」の対象行為がさし迫っていな

---

8) このほか、結論として内乱予備罪は成立しないと判断した神兵隊事件・大判昭和16年3月15日法律新聞4678号266頁がある。

9) 古い判例のため判決原文にあたることができなかったが、大塚仁ほか『大コンメンタール刑法［第3版］第6巻』（青林書院、2018年）26-27頁〔亀井源太郎〕に判決文の一部が引用され解説が付されており、本文の記述はこれに依った。

10) このほか、最決昭和42年7月20日集刑163号913頁も、内乱罪の実行され得べき可能性ないし蓋然性が客観的に存在していたとは認められないとして、破防法38条2項2号の文書頒布罪の成立を否定した原審の判断を是認している。事例判決ではあるものの、上記大阪高判昭和41年4月21日と同旨と思われる。

い遠い将来に向けられたものや、「せん動」の相手方やそのなされた四囲の条件上、およそ「せん動」内容が実現不能と見られるものなどである場合には、「せん動」罪は成立しないとする裁判例がある（東京高判昭和62年3月16日高刑集40巻1号11頁）。

　例えば「光復香港　時代革命」や「香港独立」の旗を振る行為は、香港国家安全維持法の下では国家分裂行為煽動・国家政権転覆行為煽動罪になり得るといわれるが、日本法の解釈では犯罪にあたるのか。ただ単に旗を振るだけでは、具体的計画があるとはいえず、内乱の陰謀にもならないように思われる。旗を振れば客観的な社会的基盤において内乱が起きるような条件があるともいえず、破防法上の「せん動」罪も成立しないのではないかと思われる。

　香港国家安全維持法においては、外国・境外勢力に対し香港の選挙操作や対中制裁を請求しただけで犯罪となる。また、香港市民に「憎悪や恨み」を引き起こさせるような行為を外国・境外勢力と結託して行っただけでも犯罪となる。しかし、上記に見た通りこうした行為は、そもそも日本刑法上の外患に関する罪の処罰対象ではない。

　香港の裁判所も、上記で紹介した日本の裁判所がしたように「煽動」などの広範かつあいまいな語を極めて限定的に解釈する可能性はある。しかし最終的には、香港国家安全維持法の解釈権は全人代常務委にあり、こうした香港の裁判所の限定解釈の努力が水泡に帰する可能性は常に残ることになる。

(3)　域外適用

　処罰の対象となる行為が広い点だけでなく、広く香港外に、あるいは外国人に適用があり得る点も、香港国家安全維持法に対する全世界の懸念を高めている。

　同法の適用範囲に関する規定（36～38条）については、すでに第3部1で記載したが、再度【表3】にまとめた。例えば、日本にいる日本人が、Twitter上で同法で犯罪にあたり得る投稿をしたとしよう。香港外の外国人の行為であるが、香港「に対し」犯罪を実施するといえれば、同法が適用されてしまう。しかし、香港「に対し」という語の意味は何ら定義されていない。香港からもこの投稿は見ることができるのだから、香港「に対し」て行ったといえないこと

【表 3】 香港国家安全維持法の域外適用

	香港内で犯罪実施	香港外で犯罪実施
香港永久性居民・香港法人	○（36条）	○（37条）
上記以外の「人」	○（36条）	△（38条） 香港「に対し」犯罪を実施した場合に適用。

（出所）　筆者作成。

もない。そもそも、犯罪の結果が香港内で発生していれば、それは香港内で犯罪を実施したことになる。Twitter の投稿は香港で閲覧できるから、香港内で結果が生じたとして同法が適用される可能性もある。香港外の外国人にも広く適用があり得ることがおわかりいただけるだろうか。

サウスチャイナ・モーニング・ポストの報道[11]によれば、香港の警察当局は2020年 7 月31日、英国に逃れた民主活動家の羅冠聡（ネイサン・ロー）氏ら、海外在住の民主派 6 人を香港国家安全維持法違反（国家分裂扇動罪など）の疑いで指名手配した。羅氏の他に指名手配されたのは、在香港英国総領事館の元職員で、中国当局に拘束された後、英国に逃れた鄭文傑氏や、香港民主派の牧師として知られる朱耀明氏の息子で米国在住の朱牧民氏らである。特に朱牧民氏は米市民権を保持しており、香港外の外国人に対する適用が企図されている。報道によると、6 人は米議会で証言したり外国の議員と面会したりして、中国への制裁を求めたほか、メディアの取材や会員制交流サイト（SNS）を通じて香港独立などを主張した疑いがもたれている。羅氏は 7 月に入り、米公聴会にオンラインで出席し中国への圧力強化を要請し、訪英したポンペオ米国務長官ともロンドンで面会している。また、2020年12月27日、香港警察は、海外にいる民主派政党の前立法会議員許智峯氏らを指名手配した。国家分裂煽動罪、外国と結託して国家安全に危害を加える罪の容疑であるようである[12]。

11）　Clifford Lo "National Security Law: Hong Kong police seek activist Nathan Law and 5 others for inciting secession and collusion, insider says" *South China Morning Post*, 1 August 2020 https://www.scmp.com/news/hong-kong/law-and-crime/article/3095615/national-security-law-hong-kong-police-said-seek

【表4】香港と犯罪人引渡協定を締結している国と同協定の効力

国名	効力	マレーシア	
オーストラリア	効力停止	オランダ	効力停止
カナダ	効力停止	ニュージーランド	効力停止
チェコ		フィリピン	
フィンランド	効力停止	ポルトガル	
ドイツ	効力停止	シンガポール	
インド		南アフリカ	
インドネシア		スリランカ	
アイルランド	効力停止	英国	効力停止
韓国		米国	効力停止

(出所) Department of Justice "List of Surrender of Fugitive Offenders Agreement (Legislative References)", 9 Nov 2020（https://www.doj.gov.hk/eng/laws/table4ti. html 2021年1月8日閲覧）を参考に筆者作成。

　実は、日本刑法上の内乱に関する罪・外患に関する罪も、広く日本国外の外国人に適用がある（刑法2条2・3号）。安全保障に関する国家機密である「特定秘密」の取得罪（特定秘密保護法24条）も同様である（同法27条2項）。このほかにも、日本国外の外国人の行為に適用があり得る規定は、日本の刑事法上いくつも見られる。このように、ある地域の刑事法の規定が、その地域以外の外国人にも適用されること自体は、実はあまり驚くべきことではない。ただ、香港国家安全維持法の問題は、「煽動」行為のような広く言論行為にも適用される可能性のある犯罪まで、域外適用の対象となっていることであろう。

　域外適用におけるビジネス上の重要な論点は、「外国人」と漠然と示される範囲に外国会社やその他の法人が含まれるのかという点である。37条が自然人（生身の人間）たる「永久性居民」と「公司、団体等法人」とを分けて記載していることや、一般に懲役刑などの刑事罰は基本的には自然人を対象とするものであることから考えれば、「外国人」は外国会社を含まないという解釈も全くあり得ないわけではない。他方、37条において香港法人は明確に処罰対象として

12)　「国安法で海外30人指名手配　香港警察」産経新聞ウェブ版2020年12月28日　https://www.sankei.com/world/news/201228/wor2012280007-n1.html

想定されており、法人には罰金を科し、31条においては営業許可証の停止などを行う旨を定め、法人を処罰することを想定しており、会社を全く適用対象から外す意図があるわけでもなさそうである。結局は全人代常務委の解釈次第であり（65条）、外国会社も処罰対象に含まれ得る前提で考えるのが安全だろう。

　ただし、外国人や外国企業が、香港外で、香港国家安全維持法違反の罪で逮捕されたり捜査を受けたりするリスクは高くはないと思われる。国際法上、逮捕や捜査権を含む「執行管轄権」は他国の領域には及ばず、中国・香港の警察などが他国領域内で被疑者を逮捕、捜査することは原則としてできないからである[13]。香港と犯罪人引渡協定を締結した国においては、当該国において逮捕の上、香港に引き渡す余地もあるが、現状のところ、香港と犯罪人引渡協定を締結している国は【表4】の19か国にすぎず、日本は含まれていない。さらに、この19か国のうち9か国は犯罪人引渡協定の効力を停止している（2021年1月8日現在）[14]。

（4）　遡及適用

　香港国家安全維持法の施行時である2020年6月30日23時頃以前の行為にも、遡及的に適用されるのではないかとの懸念を持つ人も多い。

　同法は「本法施行後の行為に適用する」（39条）と定めている。施行後に適用するというのなら、反対に施行前には適用しないという解釈が自然であろう。国務院香港マカオ事務弁公室の張暁明副主任は、2020年7月1日の記者会見で、遡及適用はしない旨、明言している[15]。

　張副主任の言葉を真に受けるかどうかは人それぞれかもしれない。しかしここでは、「施行後の行為」の範囲自体が、実は意外と広いという点を指摘しておきたい。例えば、同法施行前に投稿したTwitterの書き込みを考えてみよう。投稿の行為自体は施行前に行われているが、投稿自体は施行後も残り続け、誰

---

13)　山本草二『国際法［新版］』（有斐閣、2007年）232頁、240頁。

14)　Department of Justice "List of Surrender of Fugitive Offenders Agreement（Legislative References）", 9 Nov 2020　https://www.doj.gov.hk/eng/laws/table4ti.html（2021年1月8日閲覧）

15)　同上。

でも見られる状態にある。だから、施行後もつぶやき続けているとか、施行後削除しなかったという不作為が施行後の行為であるという理由で、「施行後の行為」と判断される可能性はないだろうか。少々うがった見方であるが、可能性は絶無ではない。

　結局、最終的には全人代常務委の解釈次第でどうにでもなる訳であり、遡及適用も同様である。

2　香港での労務管理への影響

　香港国家安全維持法の影響は言論活動において極めて大きいが、それとともに、香港に現地法人その他の拠点を持つ日本企業の立場からすると、職場の労務管理に対する影響も見逃すことができない。

(1)　香港拠点における政治的言論活動の規制

　香港拠点において政治的な言論活動を行った従業員への対処について、懸念する日本企業関係者は少なくない。極端な例であるが、香港拠点で雇用している香港人従業員が、勤務中に「香港独立」を唱える演説を始めた場合、どのように対処すればよいだろうか。

　まずは、労働契約、就業規則、社内規程を確認した上、許容されない行為を明示する規定が含まれているか、懲戒規程があるかなどをチェックし、記載がなければ、労働契約、就業規則、社内規程の整備をしておくことが、対策の第一歩となる。新たに規定を設ける場合には、現時点で従業員が享受している権利や保護との整合性に注意する必要がある。

　そうした規程の整備を進めた後に従業員が政治的言論を職場で行った場合には、それが規程に定めた許容されない行為に該当するのかを検討するため調査を行い、そうした行為があったと確認できれば、適宜懲戒手続を行うことを検討する。懲戒処分の典型例としては、口頭による注意、書面による注意といった軽微なものから、解雇という最も厳しいものまで存在するが、事案に応じた適切な重さの処分が求められる。労働契約、就業規則、社内規程上、手続の定めがある場合には、すべての手続を履践する必要がある。さもなければ、後か

ら契約違反として何らかの法的責任が生じる可能性もある。

(2) 逮捕された従業員の解雇の可否

　従業員が香港国家安全維持法違反で逮捕されてしまった場合に、この従業員を解雇することができるだろうか。現状において、同法違反の逮捕例はそれほど多くはないが、転ばぬ先の杖で思考実験しておくことは有益だろう。

　まずは労働契約を確認し、従業員が逮捕された場合に即時解雇できる旨の規定があるかをチェックする必要がある。こうした規定がない場合には、当該従業員の逮捕が雇用主のレピュテーションを傷つけたり、当該従業員の労務提供能力に影響したり（例えば、保釈が認められない場合、認められても移動に制限が付される場合など）しない限り、何らかの懲戒処分を行うのには困難が伴う可能性がある。ただし、後述の通り、香港国家安全維持法違反の犯罪の場合、起訴後の保釈は厳格に制限されている。

(3) 逮捕された従業員の弁護

　上記とは逆に、香港国家安全維持法違反で逮捕された香港現地法人の従業員を守りたいというニーズもあり得る。

① 香港当局が手続を行う場合

　香港国家安全維持法の犯罪は、原則として、香港の警察や裁判所が取り扱うことになっており（同法40条）、手続も同法が適用されるほかは香港法に基づいて行われるため（41条）、香港警察がまず逮捕などの手続を行うことになる。従業員が逮捕されたことがわかった場合、一刻も早く、香港ソリシタ（事務弁護士）に依頼し、逮捕された従業員のいる場所に急行させて弁護人となってもらう。日本と異なり、香港においては弁護人は取調べに同席することができる。同席できれば、法律実務に詳しくない従業員が訳のわからないまま意に反する供述や不適切な供述をして、状況を悪化させるリスクを最小化することができる。

　弁護人となった香港ソリシタの意見にもよるが、少なくとも起訴されるかが明らかになるまでは、黙秘することが基本方針となることが多いだろう。何か悪いことをしたと疑われている場合に、何らかの言い訳をしたくなるのは人間

の本性である。特に、悪いことをしたという自覚がない場合、逮捕されたこと自体何かの勘違いだ、話せばわかってもらえると思い、詳細に説明したくなるものである。しかし、これは極めて危険な行為である。いったん話してしまえば、自分の不利な証拠としても用いられてしまうからだ。例えば、A君との待ち合わせ場所に向かっていたところ、ある集団が駅の設備を破壊しているところ（破壊行為自体は、テロ活動実施罪になり得る）に偶然通りかかり、そのままそこで逮捕されてしまった場合を想定してほしい。「ただ友達のA君との待ち合わせ場所に行くために通りかかっただけだから、早く釈放してくれ」、などと説明したくなるだろう。しかし、こう述べてしまうと、少なくとも駅の設備の破壊行為が行われていた時間に、その場所に存在していた事実を自認することになる。同時刻に全く別の場所にいた（したがってアリバイがある）場合に比べて、この事実は不利である。また、「友達のA君」が駅の破壊行為に参加していた場合、破壊行為との何らかの関連性を疑われる結果にもなりかねない。黙秘すれば、こうした不利な情報は警察に渡らずに済む。黙秘という選択は過ちだととらえる人もいるだろうが、刑事弁護の実務上は正しい選択である場合が多く、それは香港でも日本でも変わらない。

　このほか、国家安全に危害を加える行為が継続しないと裁判官が信じる十分な理由がない限り、保釈は認められないとされている（42条2項）。香港法上、保釈には、警察の判断で行う「警察保釈」と治安判事の判断で行う「裁判所保釈」の2種類がある。これまでの保釈例を見る限り、42条2項は「警察保釈」には適用されず、「裁判所保釈」にのみ適用があるという前提で実務運用がなされているように見える。

　②　中国当局が手続を行う場合

　例外的に、中国の当局や人民検察院、人民法院が事件処理にあたる場合がある。香港国家安全維持法55条によれば、外国・境外勢力が介入する複雑な案件で香港が管轄するのは確実に困難である場合など、一定の条件が満たされた場合は、中央人民政府の承認を受け、香港における中央の出先機関である「国家安全維持公署」が捜査を行う場合がある。この場合、起訴や裁判は、中国の最上級の検察機関である最高人民検察院が指定する「検察機関」と、中国の最上級裁判所である最高人民法院が指定する「法院」が行うことになる（56条）。手

続には中国の刑事訴訟法などが適用されることを考えると（57条1項）、中国本土の人民検察院や人民法院が起訴や裁判を行う可能性が高い。

　要するに、香港国家安全維持法の犯罪の被疑者を中国に移送する余地を認めるものだといえる。2019年の逃亡犯条例の改正に対する抗議が、香港から中国に対する犯罪人引渡しの余地があることに対するものであっただけに、この点は広く注目を集めた。

　実務的に考えると、この他にも重大な問題がいくつもある。その一つが、弁護人選任の問題である。香港国家安全維持法58条によれば、国家安全維持公署が最初に行う取調べまたは強制処分を取った日から、「律師」に依頼して弁護人とすることができる。しかし、ここで弁護人となる「律師」とは、香港ソリシタのことを指すのか、それとも中国の弁護士を指すのか、明文がない。中国と香港とでは法体系が全く異なり、弁護士資格もそれぞれ全く別である。中国の弁護士であっても、香港領域内で弁護士としての業務を行うなら、最低限、登録外国弁護士（Registered Foreign Lawyer）として登録するなど、所要の手続をとらなければならない。中国当局が事件処理を行う場合は中国の刑事訴訟法その他の関連法令が適用されること（57条1項）を考えれば、中国の弁護士が弁護人となる資格を有し、かつそれが適切であると考えるのが自然である。しかし、特に香港において身柄拘束された初期段階において、物理的に香港にいながら中国の弁護士資格を持ち、香港において適法に弁護士業務を行うことができ、刑事事件の対応も可能な弁護士を見つけるのは、相当困難であろう。香港ソリシタを弁護人に選任できるなら、弁護人を見つけられる可能性は大きくはなるが、中国の手続法に沿った法的助言は望めない。そうすると、被疑者に対する法的な助言が特に必要な初期段階において、十分な法的助言が得られないまま手続が進行するという、恐ろしい事態が生じるおそれがある。

　また、黙秘権が保障されないのではないかという問題もある。中国においては黙秘権が保障されていない（少なくとも、保障されるのか争いがある）ようである。香港国家安全維持法59条も、中国当局が事件処理を行う場合にはいかなる者も事実の通り証言する義務がある旨定めている。ここでいう「いかなる者」に被疑者や被告人が含まれるとするならば、黙秘権は認められないように読める。そうすると、上記で述べた黙秘という選択が法律上通用しないという

ことになりかねない。

　もとより、国家安全維持公署その他の中国の機関が自ら犯罪事件処理できるのはかなり例外的であり、現状のところこうした事例は出ていない。実際の運用を今後も注視していく必要がある。

(4)　駐在員の出入境に対する影響

　香港国家安全維持法には、同法上の犯罪を行った者に対するパスポート提出命令・出境禁止命令のほか、国外退去命令の規定があることから、香港に赴任する駐在員の出入境への影響も考えられる。

　すでに国家安全危害犯罪を行ったと合理的に疑われる者に対しては、治安判事の通知書により、すべてのパスポートなどを警察に提出する旨要求することができ（43条1項(2)号、実施細則付表2：2条(1)項）、こうした要求がなされれば、特段の許可がない限り、通知書日から6か月間（3か月延長可）、香港から出境することができなくなる（同付表2条(4)(8)項）。

　逆に、外国人が香港国家安全維持法に規定する犯罪を行った場合には、国外退去を命じられる可能性もある（34条）。香港国家安全維持法上は明文の規定はないが、上記からすると、香港に入境する際のビザ取得などの局面においても、制限が生じる可能性はあり得る。

　香港の拠点に赴任する駐在員としては、こうした可能性を踏まえて、本書で述べたことを十分に理解しながら、例えばTwitterやFacebookなどのSNS上の言動には特に注意を払っておくとよいだろう。

3　香港におけるグーグルなどの利用への影響

　最後に、Googleなどビジネス上もよく用いられるインターネット上のサービスが使えなくなる可能性についても重要であるため、ここで触れておきたい。

　同法は、香港政府は「メディア」や「インターネット」などの国家安全にわたる事項について「必要な措置」をとり、「宣伝、指導、監督及び管理」を強化すると定める（9条）。前述した国家安全維持公署のほか、外交部駐香港特派員公署も香港政府とともに「必要な措置」を講じ、香港に所在する外国または境

外の非政府組織（NGO）やニュース機構に対し「管理及びサービス」を行うとしている（54条）。

そればかりではなく、同法は、同法に定める犯罪の捜査手法として、情報を公表した者や各種プロバイダに対する電子メッセージの削除を要求することができる制度を定めている（43条1項(4)号）。電子メッセージの発信が同法に定める犯罪を構成・惹起し得る場合は、保安局局長の承認をもって、発信者に対して当該メッセージの削除を要求でき、プラットフォームプロバイダに対しても、当該メッセージの削除や閲覧制限を要求することができる（実施細則付表4：5〜7条）。また、電子メッセージの送信が同法に定める犯罪を構成・惹起し得る場合は、治安判事の令状で各種プロバイダ（インターネット上のプラットフォームプロバイダ、ホスティングサービスプロバイダ、ネットワークサービスプロバイダをいう（同付表1〜3条））に対し、身分記録の提供またはパスワード解除措置を要求することができる（同付表9条）。要求に応じない場合には罰則があり、治安判事の令状で強制的に削除する措置もとることができる（同付表10〜12条）。これらの措置は、香港外で発信される電子メッセージや香港外で提供されるサービスにも適用があるとされ（同付表14条）、域外適用があることが明確化されている。

こうした情報統制をきらってか、同法施行後、グーグル、Zoom、マイクロソフト、テレグラム、ツイッターなどの企業は、香港政府からのユーザーデータ提供要求の受け入れを一時停止すると発表した[16)]。また、中国企業が所有している TikTok は、香港から完全撤退を決定した。

これらのインターネットサービスを含め、海外のインターネット上のサービス提供業者が香港でのサービスをどうするか、今後の対応を見る必要がある。

16） 奥平和行・木原雄士「香港当局に情報提供停止、マイクロソフトも　人権侵害懸念」日経電子版2020年7月7日　https://www.nikkei.com/article/DGXMZO61246020X00C20A7EA1000（2021年1月8日閲覧）

【表 5 】 香港拠点の今後の活用方針

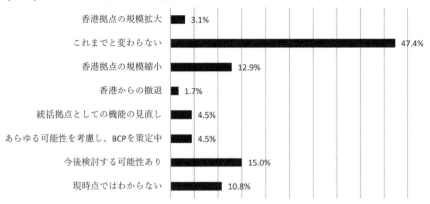

（出所）　在香港日本国総領事館・日本貿易振興機構（ジェトロ）香港事務所・香港日本人商工会議所「第 5 回香港を取り巻くビジネス環境にかかるアンケート調査」（https://www.jetro.go.jp/ext_images/_Reports/01/0fd468b033c5a750/20200012.pdf）から筆者作成。

4 ビジネスへの影響は限定的

　以上、香港国家安全維持法がビジネス実務に与え得る影響を論じてきた。どの点も深刻な問題であることには違いない。しかし、香港に拠点を持つ日本企業が雪崩を打って香港から撤退しているのかといえば、実はそんなこともない。

　日本貿易振興機構（ジェトロ）が在香港日本国総領事館・香港日本人商工会議所と共同で、香港に進出する日本企業に対し2020年10月に行ったアンケート調査[17]によれば、香港拠点の今後の活動について、全体の47.4％までが香港拠点の今後の活用について「これまでと変わらない」と回答した。香港拠点の今後の活用を「今後検討する可能性あり」とする企業は15.0％あるが、これは逆

17）　日本貿易振興機構（ジェトロ）香港事務所ほか「第 5 回香港を取り巻くビジネス環境にかかるアンケート調査」2020年10月19日　https://www.jetro.go.jp/ext_images/_Reports/01/0fd468b033c5a750/20200012.pdf（2021年 1 月 8 日閲覧）

【表6】 香港でビジネスを行う利点

税制	法人税：16.5%（200万香港ドルまでは8.25%）	
	キャピタルゲイン課税：なし	
	オフショア所得課税：なし	
	配当・支払利息源泉税：なし	
	付加価値税：なし	
インフラ	地理：日本・中国・ASEANの中間に位置	
	人材：英語・中国語・広東語・日本語を使える人材が豊富	
法制	外資規制：なし	
	資本取引：自由	
	法体系：イギリス由来のコモン・ロー、イギリス仕込みの法律家	

（出所）　筆者作成。

に、現時点では検討にすら着手していないことを意味する。6割以上の在香港
日本企業は、すぐに現状を変更しようとはしていないことになる。他方、「香港
拠点の規模縮小」との回答は12.9％、「統括拠点としての機能の見直し」は
4.5％、「あらゆる可能性を考慮し、BCPを策定中」は4.5％であり、「香港から
の撤退」に至ってはわずかに1.7％にすぎない。これらすべてを足しても、香港
拠点の今後について何らかのアクションを取った日本企業は、23.6％にとどま
る。

　香港でビジネスを行うのは、税制やインフラ、法制面で、他の地域では得難
いアドバンテージがあるからだ【表6】。香港国家安全維持法施行後も、これ
らのアドバンテージの大部分は失われることはないだろう。香港の税金が高く
なったわけではなく、香港の地理的位置も変わらない。少なくとも英・中・広
東語の3か国語を駆使できる人材も極めて豊富だ（日本好きも多いので、日本
語を含めて4か国語を話せる人材もまれではない）。外資規制や資本取引規制
が導入されたわけでもない。強いて挙げるとすれば、香港国家安全維持法によ
り、イギリス由来の法体系や法律家が中国に侵食されていくのではないかとい
う懸念を持つ人もいる。しかし、同法は基本的に刑事的、行政的部分から国家
安全を維持しようとするものであり、ビジネスの基盤となる契約法、会社法そ
の他の民事的法制度には直接的には何の関係もない。法律家の自律性という意

味でも、少なくない数の香港弁護士がイギリスやオーストラリアなどのコモン・ロー法域において教育を受けており、最上級裁判所である終審法院にはイギリスやオーストラリア、その他のコモン・ロー適用地区の国から招聘された非常任外国人裁判官が多数在籍している。日本企業のビジネスに関係する法体系や法律家の営みに関する限り、短期的中期的観点で「侵食」を懸念することに十分な根拠があるとは思えない。

　冷静に分析すれば、上記で詳細に述べた実務上あり得る影響を除けば、香港国家安全維持法がビジネス実務に大きな影響を与えるとはいいがたい。それでも同法は、日本を含め、世界中の人々・企業の香港に対するマインドを冷やした。こうした心理的影響自体が、同法の最も大きな負の影響といえなくもない。

3

香港と中国の刑事法の
差異はどこにあるか

高橋孝治・増山　健

　香港国家安全維持法（以下「国安法」）は、一定の例外的事案について、同法に違反した者に対する裁判その他の刑事手続が、中国の刑事法のもとで、中国の人民検察院や人民法院により行われる余地を認めている。つまり、香港域内での行為について香港域内で逮捕されたとしても、中国に移送され、中国での刑事訴訟により有罪判決を受ける可能性がある。これは、逃亡犯条例改正案に対して多くの人々が懸念していた問題そのものであり、香港人に広く共有されているものと推察される[1]。香港人は、なぜ、中国の刑事法のもとで裁かれることをそれほどに恐れるのか。以下では、香港と中国の刑事法をそれぞれ概観し、比較を試みたい。

1　港中の刑事法概論

(1)　香港の刑事法の概要

　香港の刑事法の大部分は、植民地時代開始期の1843年にイギリスによってもたらされたコモン・ローに由来する。1997年の返還以後も、返還前からの法体系を原則として維持することを定めた香港基本法18条に基づき、刑事法は旧宗主国イギリスに近い内容を維持しており、中国の刑事法とは主要な原則や考え

---

1)　例えば、日本でも著名な民主活動家である周庭も、香港から中国へ移送されれば、「公平な裁判は行われず、恣意的な逮捕、拷問がある」と語っている。プレジデントオンライン https://news.livedoor.com/article/detail/18755933（2021年1月7日閲覧）

方からして大きく異なる。

　具体的に香港の刑事法を構成するものは何であろうか。日本で刑事法といえば、犯罪になる行為やそれに対する処罰の内容などを定めた「刑法」や、犯罪行為の捜査や量刑判断の確定までの手続などを定めた「刑事訴訟法」といった網羅的な法律がある。これらはいずれも国会で制定されているため、制定法といわれる。その一方で、香港の場合は、立法会が制定する条例とその下位規則（制定法）だけではなく、過去の判例の積み重ねによって形成されてきた判例法（コモン・ロー）も同列の法源（裁判所が判断を下す基準として効力を持つルール）として重要な役割を果たしている。特に、香港基本法84条は、香港法院が他のコモン・ロー法域の判例を参照して判決を下すことを許容しており、返還後も引き続いて、イギリス、オーストラリア、カナダなどのコモン・ロー適用諸国の判例の影響を強く受けている。そのため、制定法と判例法の両方を分析することが重要となる。

　まず、日本でいう「刑法」に相当する部分は、その多くが制定法である条例の中に定められており、罪の類型毎に複数の条例が併存する形となっている。例えば、刑事犯罪条例（Crimes Ordinance, Cap. 200,《刑事罪行條例》第200章）、人身傷害犯罪条例（Offences against the Person Ordinance, Cap. 212,《侵害人身罪條例》第212章）、窃盗条例（Theft Ordinance, Cap.210,《盜竊罪條例》第210章）、軽犯罪条例（Summary Offences Ordinance, Cap.228,《簡易程序治罪條例》第228章）、汚職防止条例（Prevention of Bribery Ordinance, Cap.201,《防止賄賂條例》第201章）、賭博条例（Gambling Ordinance, Cap.148,《賭博條例》第148章）である。ただ、条例の文言は常に一義的というわけではないため、実務上は類似する判例を参照することが結局重要となってくる。また、謀殺（murder）、故殺（死を意図していない殺人行為、manslaughter）などについては、条例に詳細な定義がなく、判例を分析することでしか禁止行為は明確にならないといわれる。

　「刑事訴訟法」に相当する部分も、次のような複数の条例が定めを置いている。刑事手続条例（Criminal Procedure Ordinance, Cap.221,《刑事訴訟程序條例》第221章）、マジストレート条例（Magistrates Ordinance, Cap.227,《裁判官條例》第227章）、地方法院条例（District Court Ordinance, Cap.336,《區域法院條

例》第336章）、高等法院条例（High Court Ordinance, Cap.4,《高等法院條例》第4章）、複雑商事犯罪条例（Complex Commercial Crimes Ordinance, Cap.394,《複雑商業罪行條例》第394章）、終審法院条例（Hong Kong Court of Final Appeal Ordinance, Cap.484,《香港終審法院條例》第484章）、少年犯条例（Juvenile Offenders Ordinance, Cap.226,《少年犯條例》第226章）、警察条例（Police Force Ordinance, Cap. 232,《警隊條例》第232章）である。これらに加え、実務上は、刑事訴追コード（Prosecution Code）といったガイドラインも参照される[2]。さらに、国安法で初の起訴となった唐英傑氏の弁護人が請求した人身保護令状（Habeas Corpus）の問題（第3部5参照）をはじめとして、捜査機関の行為の適法性判断などの分野では、判例法が重要である。

　刑事法の解釈には、香港基本法の内容が強く影響していることにも留意が必要となる。すなわち、刑事法の内容は、人身・住宅の自由や、非合法の逮捕・拘禁・監禁・家屋捜索・酷刑や生命の剥奪の禁止といった、刑事手続に関する重要な人権や自由について香港基本法が保障した枠を出ることはできない。また、1991年に制定された香港人権条例も、返還前の刑事法分野では重要な役割を果たしてきたと指摘されている[3]。同条例は、自由権規約を国内法化したものであり、国際標準に沿った人権保障を香港に導入する余地を持つものであった。

　このように、香港の刑事法は、西洋的な人権・自由の価値観に基づいており、制定法と判例法による詳細なルールが形成されている。

(2)　中国の刑事法概要

　中国では、中国共産党がソビエト連邦の法制度などを参考にした「社会主義法」と呼ばれる体系で法制度が構築されている。中国は近代では、清、中華民国、中華人民共和国と歴史が流れ、イギリス統治が始まる清以前の香港でも当然中国の法制度が適用されていた。しかし、中国共産党政権は中華民国以前の

---

2)　Roux-Kemp, Andre le, *Hong Kong Criminal Procedure*（Hong Kong: Wolters Kluwer, 2019), p. 13.

3)　廣江倫子『香港基本法解釈権の研究』（信山社、2018年）99頁。

法制度をすべて否定し[4]、中国に社会主義法を持ち込んだ。その結果、中国と香港の刑事法は全く異なる法体系を作り上げている。

　中国で中国共産党の統治が始まるのは、1949年10月1日の中華人民共和国成立宣言からではない。中華民国期においても、中国共産党と中国国民党の内戦（国共内戦）の中、中国共産党が武力を用いて中国国民党政府を追い出し、実効支配した領域があった。この領域を「革命根拠地」という。革命根拠地においては、すでに中国共産党政権による社会主義法が施行されていた。以下、革命根拠地時代も含めた中国の刑法と刑事訴訟法をみていく。

　① 刑法

　中国共産党政権による最初の刑法といえる法律は、1925年7月5日に公布された「省港ストライキ委員会糾問隊が守るべき規律（省港罷工委員会糾察隊応守的紀律）」とされている[5]。その他、革命根拠地では、1930年6月2日に閩西工農政府が公布した「反革命処理条例（懲弁反革命条例）」（布告第13号）[6]、1934年4月8日に中華ソビエト共和国で公布された「中華ソビエト共和国反革命懲罰条例（中華蘇維埃共和国懲治反革命条例）」（中字第6号）[7]、1944年に晋冀魯豫辺区で公布された「違警処罰暫定弁法（違警処罰暫行弁法）」[8]などがあった。

　そして、1949年10月1日の中華人民共和国成立後は、刑事単行法規が複数公布された。1951年2月21日公布の「反革命罪処罰条例（懲治反革命条例）」、1952年4月21日公布の「汚職罪処罰条例（懲治貪汚条例）」などである（すべて公布日施行）。その他、この時期には、中国政府や中国共産党が発布した政策な

---

4)　ただし、中華人民共和国でも中華民国期の法制度を一部流用していた部分はある。高橋孝治「中華民国から中華人民共和国への法典の断絶および文化大革命期の法の廃止に関する疑義——中国近代税法史を素材として」『中国研究論叢』16号（霞山会、2016年）87頁。

5)　張希坡・韓延龍主編『中国革命法制史』（社会科学出版社、1987年）246頁。

6)　張希坡編著『革命根拠地法律文献選輯（第二輯・下巻）』（中国人民大学出版社、2017年）968-969頁などに収録。

7)　同上999-1002頁などに収録。

8)　韓延龍・常兆儒編『革命根拠地法制文献選編（中巻）』（中国社会科学出版社、2013年）770-772頁などに収録。

ども刑事法の一部分を構成していた[9]。

　その後、中国はプロレタリア文化大革命という無法時代を経験する。文化大革命終了後には、破壊された法制度の再建が行われ、この中でやっと中華人民共和国で「刑法」が制定された（1979年7月6日公布、1980年1月1日施行。以下「79年刑法」）。しかし、改革開放政策が始まってから時間が経過し、計画経済体制を前提に制定されていた79年刑法では社会に対応できなくなり、1997年3月14日公布で79年刑法は全面改正され、改正法が同年10月1日から施行された（以下「97年刑法」）。その後は全面改正はされていないものの、97年刑法が何度か小改正をされて現在に至る（2017年11月4日最終改正・同日改正法施行）。

　②　刑事訴訟法

　中国共産党にとって、革命根拠地を含めて最初の刑事訴訟法の内容を持つ法律は1931年12月13日に中華ソビエト共和国で公布された「反革命案件の処理および司法手続を建立する訓令（第6号）（処理反革命案件和建立司法程序的訓令（第六号））」[10]であった。その他にも革命根拠地には1932年6月9日公布の「裁判部門に関する暫定的組織および裁判条例（裁判部暫行組織及裁判条例）」[11]や1939年4月4日公布の「陝甘寧辺区高等法院組織条例」[12]などがあった（すべて公布日施行）。

　中華人民共和国成立後は、「人民法廷組織通則（人民法庭組織通則）」（1950年7月20日公布、同日施行）、「人民法院組織法」（1954年9月21日公布、同日施行）などが制定された。そして、文化大革命終了により、刑事訴訟法が制定された（1979年7月7日公布、1980年1月1日施行。以下「79年刑訴法」）。その後、やはり経済発展に伴って79年刑訴法も1996年3月7日公布で全面改正された（1997年1月1日施行。以下「96年刑訴法」）。それから、中国経済のさらなる発展により中国の社会状況はさらに変化したため、それに対応するため2012年3

---

9)　陳忠林主編『刑法総論［第2版］』（高等教育出版社、2012年）8頁。

10)　韓延龍・常兆儒編・前掲注8）782-784頁などに収録。

11)　韓延龍・常兆儒編・前掲注8）795-799頁などに収録。

12)　韓延龍・常兆儒編・前掲注8）827-830頁などに収録。

月14日公布で96年刑訴法はさらなる全面改正がなされ（2013年1月1日施行。以下「12年刑訴法」）、12年刑訴法が2018年10月26日公布で一部改正され現在に至る（同日施行）。

　中国をはじめとする社会主義法は、基本的に条文を基礎にして法運用を行うものの、法律よりも優先されるルールとして政策が存在することを認める。すなわち、政策の方が法律よりも優先するルールとなっている。これについては、以下のように説明される[13]。中国（や社会主義国）は、共産党による専制体制で、民主主義的手続によって権力が成立していない。そのため、社会運営に失敗した場合、共産党の権威は失墜し、共産党政権の退陣を求める世論に直結する。それを防ぐため、新法制定や法改正を行う際には、「失敗しないとわかっている案」のみを法律とすることが求められる。そのため、中国では新法案や法改正案があった場合、まずは一地方で「政策」の形式で実験をして、社会運営に成功した案のみを全人代で法律とするのである。このため、一地方のみを見れば、法律があっても政策の方が優先される。近年でも、2018年改正前の12年刑訴法には、司法取引の規定がなかったにもかかわらず、2016年9月4日から北京市や上海市など18の都市で政策を根拠に司法取引が始まり（以下「認罪認罰制度」）、2018年10月26日の一部改正の際に12年刑訴法に取り込まれた[14]。これは、2018年頃においても中国では法律の条文のみを見ても中国で起こる各現象の法的根拠を確認できないということである。

　また、中国においては、裁判結果はその事案に対する判断結果という意味を込めて「案例」と呼ばれ、その判断された裁判以外の裁判結果に影響を与えない。これはつまり、類似する事件が複数あっても、全く異なる裁判結果が出ることを肯定している。この点において、判例法主義を採る香港と比べたとき、中国は香港の対局の位置にいる。では、法律に規定がない部分の解釈の穴埋めはどのように行うのかといえば、最高人民法院や最高人民検察院が「司法解釈」

---

13)　山下昇『中国労働契約法の形成』（信山社、2003年）10頁。

14)　この点については、髙橋孝治「中国における2018年改正刑事訴訟法の動向──特に認罪認罰制度、即決手続および欠席裁判制度を中心に」『アジア研究』65巻4号（アジア政経学会、2019年）18-35頁収録が詳しい。

という文書を出し、それを法解釈の指針とすることになる。しかし、この「司法解釈」は、1条、2条と条文の形式で発布され、しかも時には法解釈の域を超えて、新法制定と同じ効果を持つこともある。このことから、「司法解釈」によって、事実上最高人民法院や最高人民検察院が「立法権」を持っていると批判されることもある[15]。

　以下では、より具体的なポイントに絞って、港中刑事法の差異を見る。

2　港中における罪刑法定主義

(1)　香港における罪刑法定主義

　近代国家の多くが採用している刑法上の原則として、罪刑法定主義がある。法律で事前に犯罪として定められた行為に限り、犯罪の成立を肯定することができるという考え方・制度であり、民主主義と自由主義を背景にもつ[16]。

　香港においても、香港基本法39条2項が「香港が享受する権利及び自由は、法により規定された場合を除き、制限してはならない」と定めているため、必然的に人権や自由の制約を伴う刑罰は、法であらかじめ定められた内容に従ってのみ科されると考えられている。終審法院によれば、刑罰を規定する法は、「十分にアクセス可能」（adequately accessible）であり、「市民が自らの行為を抑制できる程度に明確に定式化」（formulated with sufficient precision to enable the citizen to regulate his conduct）されている必要があるとされる[17]。この基準は、欧州人権裁判所が採用しているもの[18]と同じである。さらに、香港人権条例12条1項は、行為の時点で法により犯罪と定められていなかったものについては罪に問われることがないと規定しており、遡及処罰[19]を禁止して

---

15)　徐行「現行中国における司法による法形成の現状と改革――日本との比較の視点から」『北大法学研究科ジュニア・リサーチ・ジャーナル』14号（北海道大学大学院法学研究科、2007年）49頁。

16)　山口厚『刑法総論［第3版］』（有斐閣、2016年）9頁。

17)　*Shum Kwok Sher v HKSAR*［2002］5 HKCFR 402.

18)　*Sunday Times v United Kingdom*（*No 1*）［1979-80］2 EHRR 271.

19)　事後的に制定された法を遡って適用して処罰することのことをいう。

いる。

これらにより、民主的・司法的プロセスを経ていない行政府が、（法の制定によらず）恣意的あるいは事後的に刑罰を定めて市民を処罰することは、明確に禁止されていることになる。

なお、ここでいう法には、立法会で制定された条例だけでなく、裁判所の判断により形成された判例法、すなわちコモン・ローも含まれる[20]。コモン・ローを採用する諸地域では、国会で制定された制定法と判例法が同列の効力を持っているため、香港でも、条例に明確な定めがない行為でも、法院の判断により刑事罰が下される可能性がある（コモン・ロー上の犯罪ともいわれる）。しかし、過去の判例を読み返して検討しなければ詳細なルールがわからない判例法は、条例に比べれば不明確であるとか、遡及処罰の禁止との関係でも問題があるとの批判が存在することもあり、近年は、新たなコモン・ロー上の犯罪が定められることはまれである[21]。

(2) 中国における罪刑法定主義

中国では79年刑法79条が「本法各論に明文の規定のない犯罪については、本法各論の最も類似する条文を参照して罪を定め刑に処すことができる。ただし、最高人民法院に報告し許可を得なければならない」と規定していた。これは、最高人民法院の許可を必要とするものの、法律に規定のない行為を犯罪とできるということで、罪刑法定主義を否定する規定と考えられていた。中国にとっては、人民民主主義制度に危害を加える行為、社会秩序を破壊する行為、社会に対して危害を与える行為であって、法律によって刑罰を受けるべき行為が犯罪であるため（79年刑法10条、97年刑法13条）[22]、例えば社会秩序を破壊し刑罰を受けるべき重大な行為があっても、法律に定めがないため、処罰できない場

---

20) Gittings, Danny, *Introduction to the Hong Kong Basic Law*（*2nd ed*）（Hong Kong: Hong Kong University Press, 2016）, p.289.

21) Roux-Kemp, Andra le, *Hong Kong Criminal Procedure*（Hong Kong: Wolters Kluwer, 2019）, p.27.

22) 中央政法幹部学校刑法教研室編著『中華人民共和国刑法総則講義』（法律出版社、1958年）56頁。

合はどうするのかという議論が出てくるのである[23]。このような議論に対応するため79年刑法では刑法の類推解釈を許容しているかのような規定を設けていたと考えられている。

　その後、79年刑法が97年刑法に改正された際に、79条の規定は廃止され、代わりに97年刑法3条には「法律に明文の規定をもって犯罪行為としている場合には、法律の定める罪により刑に処す。法律に犯罪行為であるとの明文の規定がない場合には、罪として刑に処してはならない」と規定された。97年刑法3条の設置により、中国でも罪刑法定主義を認めたとする論もある[24]。しかし、中国の罪刑法定主義を論じる際に最も問題となるのは、中国刑法が「犯罪行為があって、それを条文で評価して有罪・無罪や量刑を判断する」という基礎理論を貫徹していない部分があることである。少なくとも79年刑法の時代には、中国では①政治的思惑も含めてある行為に対してどのような罰を与えるべきか先に決定し、②その後で決定した罰を与えるために適用な刑法の条文を当てはめるという刑法の適用プロセスを取っていた[25]。97年刑法施行以降はこのような刑法適用プロセスが語られることはなくなったが、現在においても、しばしば「処罰の必要性」が先にあり、刑法をそれに合うように適用している実態がある[26]。すなわち、条文からいえば、過失致死罪が適用されるはずであるべき行為があっても、量刑が適当でないと判断されたためか、故意傷害罪が適用されている例などが97年刑法施行下でも確認できる[27]。

　さらに、中国には「敵・味方の理論」という政治思想があり、これが刑事法においても重要な基礎理論として使われている。この理論が、刑事法に適用さ

23)　坂口一成「中国における罪刑法定主義の命運(1)──近代法の拒絶と受容」『北大法学論集』52巻3号（北海道大学大学院法学研究科、2001年）882頁。

24)　張凌「中国刑法における罪刑法定主義」『早稲田大学大学院法研論集』84号（早稲田大学大学院法学研究科、1997年）139頁。

25)　小口彦太『現代中国の裁判と法』（成文堂、2003年）140頁。

26)　坂口一成「中国における罪刑法定主義の命運(2・完)──近代法の拒絶と受容」『北大法学論集』52巻4号（北海道大学大学院法学研究科、2001年）1261頁。

27)　川村有教「現代中国刑事司法の性格──刑事手続上の人権を中心として」（神戸大学、博士学位論文、2006年）96-97頁。

れたときには中国共産党の指導に従わない者に対しては強制、独裁的方法で対応することになる。人民とは本来、労働者と農民を意味するが、こと刑事法を語る場合、中国では、「中国共産党の指導に従う者」を「人民」と定義し[28]、「人民ではない」と認められると刑法や刑事訴訟法上の「法的保護を一切受けられなくなり、法外化」する[29]。これについては、「人民でないと認められると、非法な裁き方が合法的に行われる」とも表現できる。

　中国においては97年刑法３条のように、条文上は罪刑法定主義を導入しているかのような規定もあり、確実に進化をしてきた。しかし、社会主義法という日本や香港とは異なる法体系であるため、法の基礎理論が日本や香港とは大きく異なる。それならば97年刑法３条の規定はなぜ存在するのか。実態と組み合わせると、「どのような行為であっても法律に明文の規定をもって犯罪行為としている行為に（無理やり）あてはめて処罰する」と解釈して運用しているということであろう。むろん、ここまで述べてきたことは、一部の政治色をもった犯罪などについて中国刑法の運用に関する理論と実務の整合性を取らせた捉え方であり、日本で考えるような条文通りに刑法を運用する例の方が圧倒的多数である。しかし、数は少なくとも、このような処罰の仕方がなされているという現実がある[30]。

　少なくとも、現在においても中国など、「先に処罰内容を決定してから法律の適用を考える」や「敵・味方の理論」といった刑事法運用理論を持っている国では、香港でいわれているような罪刑法定主義は導入されているとはいえないし、期待もできないといえる。

---

28)　毛沢東「関于正確処理人民内部矛盾的問題」中共中央文献研究室編『毛沢東文集（第7巻・1956年1月-1958年12月）』（人民出版社、1999年）305頁（初出は『人民日報』1950年6月19日付）。

29)　甲斐克則・劉建利編訳『中華人民共和国刑法』（成文堂、2011年）6頁。

30)　川島武宜編集『法社会学の基礎1（法社会学講座3）』（岩波書店、1972年）24頁は「法律学においては、同一種類の社会的事実については同一種類の法的判断＝法的処理がなされることが要請されており（それは法によって権力を制御する、ということの重要な目的・機能なのである）」と述べている。

3　港中における無罪推定原則と証拠主義

(1)　香港における無罪推定原則と証拠主義

　罪刑法定主義と並んで近代国家で採用されている刑法上の原則として、無罪推定原則がある。司法機関により判決を下される以前は、何人も無罪と推定されるという原則であり、ここから、検察官が被告人の有罪を証明する責任を負っている（疑わしきは罰せず）とも説明される。自由権規約にも採用されている概念である。

　香港での無罪推定原則は、香港基本法87条2項、香港人権条例11条にも明記されているだけでなく、古くからコモン・ローで承認されてきた。単に被告人の無罪が推定されるという建前にとどまらず、訴追者側が、合理的疑いを超える程度に（beyond all reasonable doubt）、被告人の有罪を証明しなければならないと考えられている。つまり、訴追者側（多くの場合は、司法省（律政司、Department of Justice））が、被告人の犯罪を構成する要素のすべてが存在するということを、判断権者である判事または陪審に対して証明しなければならず、判事または陪審が、有罪とするのに必要な事実が一つでも欠けている「合理的な疑い」を持った場合には、無罪とされなければならないのである。この点を捉えて、訴追者側に有罪の法的証明責任（legal burden）または説得責任（persuasive burden）があるともいわれる。

　この原則は、2019年の抗議活動以後も機能しているとみられ、実際に抗議者が無罪とされる判決も出されている。例えば、2019年8月31日に湾仔付近で暴動に参加したとして起訴された抗議者について、訴追者側が、被告人らが暴動に参加したことを合理的疑いを超えて証明できていないとして、無罪とした判決がある[31]。

　また、訴追者側が被告人の有罪を証明する際には、証拠によらなければならない（証拠裁判主義）。有罪の法的証明責任は訴追者側にあるのであるから、証

---

31)　*South China Morning Post*, https://www.scmp.com/news/hong-kong/politics/article/3107907/hong-kong-protests-seven-more-cleared-riot-charges-judge（2021年1月7日閲覧）

拠は警察、司法省などが法に定められた範囲内で、自らの責任で収集しなければならないのが原則である。裁判所が採用できる証拠についても、刑事手続条例や証拠条例（Evidence Ordinance, Cap.8,《證據條例》第8章）などの制定法や判例法により、詳細なルールが定められている。

(2) 中国における無罪推定原則と証拠

中国においては、本章2 (2)で述べたように、「先に処罰内容を決定してから法律の適用を考える」や「敵・味方の理論」といった理論で刑法が運用されることがある。ここから、中国では無罪推定や、証拠に基づいて有罪を判断しているとは言い難い状態にある。しかし、このような理論を用いずとも中国では無罪推定原則は正面からは認められていない。中国では社会主義唯物論に基づき、人間の行ったことはすべて人間が証明できるという前提がある[32]。そのため、事実に基づけば必ず有罪か無罪かは判断できるはずであり、無罪推定の原則は、資本主義国の屁理屈であるとまで言い切っていた[33]。そのため、日本などでは中国は推定有罪を行っているとか、「疑わしきは罰せよ」といわれることもある[34]。

中国においては、証拠を重要視しており、1940年12月に毛沢東も「どのような犯罪者に対しても……証拠を重要視し、口述を軽々しく信じてはならない」と述べていた[35]。そして、この言葉はそのまま79年刑訴法53条1項、96年刑訴法46条、12年刑訴法53条1項の条文となっていた。しかし、「先に処罰内容を決定してから法律の適用を考える」や「敵・味方の理論」、「推定有罪」といった刑事法運用理論を持っている以上、このような厳格な証拠主義の原則の条文は意味をなさないといえる。

---

32) 王玉明主編『毛沢東法律思想庫』（中国政法大学出版社、1993年）757頁。

33) 同上。

34) 鈴木賢「中国で近代法はなぜ拒絶されるか——無罪推定原則をめぐって」小川浩三編『複数の近代（北海道大学法学部ライブラリー6）』（北海道大学図書刊行会、2000年）264-265頁。田中信行『はじめての中国法』（有斐閣、2013年）111頁。

35) 毛沢東「政策論」『毛沢東選集（第2巻）』（人民出版社、1991年）767頁（初出は1940年12月25日の中国共産党党内指示）。

4　港中の身柄拘束とその解放

(1)　香港における逮捕と勾留

　香港において、逮捕（arrest）は、比較的緩い要件のもとで認められており、香港警察の身柄拘束権限は強い。すなわち、ある者が懲役刑となり得る罪を犯したと合理的に信じられる場合のほか、氏名不詳などで召喚状の送達が困難な場合などには、裁判所の令状なしに逮捕され得る（警察条例50条1項）。日本の場合には、裁判所の令状を取得して逮捕を行うのが原則であり、無令状で逮捕を行うことができるのは現行犯や緊急性のある場合などに限られているため、これと比べても、香港での逮捕は容易である。逮捕された場合には、逮捕された旨とその理由を告げられ、身柄拘束のルールについても、【図1】のように、書面を渡されて説明を受ける。

　逮捕されると、留置場（Custody、通常は警察署内にある）で身柄を拘束される（同条例51条）。この身柄拘束期間を勾留（detention）といい、その期間の上限は、原則として逮捕の時点から48時間（香港永久居民でない者は72時間になり得る）である（同条例52条1項参照[36]）。この勾留期間中に取調べを受けることになるが、その際には黙秘権が保障されているほか、取調官が虚偽の約束や脅迫的手段で自白をさせれば違法になる。警察から提示された書類に署名する義務も存在しない。また、日本と大きく異なるのは、取調べへの弁護士の同席が認められていることである。弁護士が同席することにより、被疑者の受け答えに適切なアドバイスができるほか、暴行や脅迫を伴う違法な取調べを防ぐことができる。とはいえ、2019年の抗議活動に伴い大量の逮捕者が出た際、留置場内において警官が抗議者に対して暴行を加えているとの報道があり[37]問題となったように、昨今の情勢の中で実際の運用が適正に保たれているかは注

---

36)　Roux-Kemp, Andra le, *Hong Kong Criminal Procedure*（Hong Kong: Wolters Kluwer, 2019）, p. 168.

37)　Hong Kong Free Press, https://hongkongfp.com/2019/10/11/i-not-one-hong-kong-student-removes-mask-accuses-police-sexual-assault/（2021年1月7日閲覧）

【図1】 逮捕された者に警察から渡されるガイダンス（英文版）

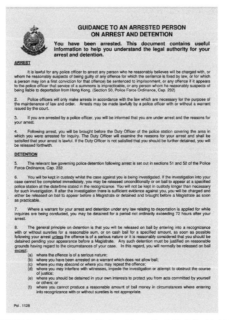

（出所）　香港警察（香港警務處、Hong Kong Police Force）の公式サイトhttps://www.police.go
v.hk/info/doc/pol/en/Pol-1128.pdf（2021年1月7日閲覧）より引用。

視していく必要があろう。

　なお、日本の場合、身柄を拘束されて留置場に入った後の期間もまとめて逮
捕と呼び、その後裁判所の令状を取得して最大20日まで身柄拘束を延長する場
合を勾留と呼ぶ。起訴された場合に弁護人の請求に基づいて裁判所が身柄拘束
を解くことを認められることを保釈と呼ぶ（警察が自らの判断で身柄拘束を解
くのは保釈ではなく「釈放」と呼ばれる）。このように用語が異なるほか、身柄
拘束期間も日本の方が長期にわたりやすいことに留意が必要である。

(2)　中国における逮捕と拘禁、勾留

　中国において逮捕される場合とは、12年刑訴法上、犯罪事実の証拠があって、
懲役以上の刑罰が下される可能性のある被疑者や被告人が、保釈（取保候審）

してもなお①新たな犯罪を行う可能性がある場合、②国家安全、公共の安全もしくは社会秩序に現実の危険がある場合、③証拠を棄損し、偽造し、証人の証言や目撃情報を懐柔する可能性があるときなど社会的危険性がある場合である（81条以下、本章4（2）内で単に条文番号をいう際は12年刑訴法を意味する）。そして、保釈とは、容疑者や被告人が保証人を用意し、保証人がいることにより捜査や裁判から逃亡しないであろうということを前提として、被告人に自由な活動を許すことである[38]。逮捕は、人民検察院の許可もしくは人民法院の決定を経て、警察（公安）が逮捕状（逮捕証）を示した上で行うことになる（12年刑訴法80条、87条、93条）。中国では、逮捕され拘束されている期間のことを拘禁（羈押）という。そして、逮捕後24時間以内に看守所へ移送され、取調べが行われ、それで逮捕すべきではなかったことが発覚した場合、直ちに被疑者・被告人は釈放されなければならない（94条）。そして、逮捕後、人民検察院はその拘禁が必要なものか審査を行い、拘禁を継続する必要がないと判断された場合は直ちに釈放か他の措置に移行しなければならない（95条）。また、拘禁の期間については、原則2か月までとなっているものの、複雑な事件については1か月延長することができ（156条）、交通が不便な地の重大かつ複雑な事件や組織による重大な事件などの場合、さらに2か月の拘禁期間の延長をすることができ（158条）、これでもまだ捜査が終了せずかつ被疑者に10年以上の懲役が科される可能性がある場合には、さらに拘禁期間を2か月延長することができる（159条）。このため、中国では拘禁は最大7か月までできることになる。

しかし、中国で逮捕関係で問題となるのは、「拘留」についてである。中国には、日本でいう現行犯逮捕や緊急逮捕に相当する条文が存在しないため、これに相当する逮捕の前段階の臨時的拘束として「刑事拘留」の制度がある[39]。①現在犯罪の予備行為を行っているか犯罪を行っている、もしくは犯罪終了後すぐにそれが発見された場合、②被害者もしくは現場を見た者がその者が犯罪を行っていたと確かに確認していた場合、③その者の身辺や居住地から犯罪の証拠が発見された場合などの場合に拘留ができるとされており（82条）、拘留期間

---

38) 龍宗智・楊建広主編『刑事訴訟法［第4版］』（高等教育出版社、2012年）306頁。
39) 陳衛東主編『刑事訴訟法［第4版］』（中国人民大学出版社、2014年）172頁。

は、一般的には14日以内、特殊な場合でも最長で37日以内となる[40]。それにもかかわらず、中国では現実には6か月間拘留される例がよく見られる[41]。中国では、非公開の法が存在しているということがしばしば指摘されるが[42]、公安などの内部規則で実は拘留は6か月まで行うことができるとされているのではないかと考えられる。しかし、外部者からは、根拠不明の期間拘留がなされていると見える。

(3) 香港における保釈

　香港における被疑者の身柄拘束の大きな特徴として、保釈が認められやすいということがある。推定無罪の原則により、重大犯罪が疑われる場合や証拠隠滅・逃亡のおそれが高いなどの例外的な場合を除けば、逮捕後48時間以内の勾留期間中に、無条件で釈放されるか、保釈金や決められた日時に警察署か裁判所へ出頭することを条件として保釈される（警察による保釈）のが通例である。

　そもそも、警察は、保釈をせず被疑者の身柄拘束を続ける場合には、直ちに起訴の上、マジストレート裁判所に移送して勾留請求をしなければならないため、起訴するのに十分な証拠が揃わない限りは、留置場の外へ出られるということになる。雨傘運動の際に逮捕された周保松氏が「残っていた人たちに集団で『保釈を蹴る』ことを提案した。警察に無条件で釈放するのか（ただし事後の起訴権は留保される）、さもなければ正式に起訴せよと迫った」と語っている[43]ように、被疑者としては、無条件での保釈を勝ち取るために敢えて条件付

40）　王国枢主編『刑事訴訟法学［第5版］』（北京大学出版社、2013年）155頁。

41）　例えば、以下のような例が確認できる。2010年にノーベル平和賞を受賞する劉暁波は2008年12月8日に刑事拘留され、半年後の2009年6月23日に逮捕されている（余傑『劉暁波傳』新世紀出版及傳媒有限公司、2012年、506頁）。中国で「スパイ行為」の疑いで2015年6月に刑事拘留がなされた日本人は、同年11月に逮捕されている（「拘束の日本人2人逮捕」『朝日新聞』2015年12月25日付38面）。2015年7月10日に拘束された北京峰鋭弁護士事務所の弁護士や職員らは2016年1月8日に逮捕されている（「人権派弁護士ら50人連行」『朝日新聞』2015年7月12日付14面。「拘束の弁護士ら逮捕」『朝日新聞』1月13日付13面）。

42）　小口彦太・前掲注26）115頁。

43）　周保松・倉田徹・石井知章『香港雨傘運動と市民的不服従──「一国二制度」のゆくえ』（社会評論社、2019年）174-177頁。

きの保釈を「蹴る」戦略を取ることも可能である。

　警察による保釈が認められなかった場合、被告人は、法院に対して保釈を請求することができる（法院による保釈）が、この保釈請求権は、香港人権条例5条に根拠を持つ憲法的権利であるとされている[44]。この法院による保釈が認められるケースも相当数ある。

　以上のように、刑事手続が始まったとしても、裁判所の判決により有罪が確定するまでは、（香港域外へ出境することができないなどの制限はあり得るにしても）日常生活を送ることができるのが原則である。この点は、2019年の抗議活動で大量の抗議者が逮捕されてきた後も、維持されてきたように思われる。

　しかし、国安法の施行後は、国安法42条2項が「犯罪被疑者または被告人が、国家の安全を害する行為を引き続き実施することがないと信じる十分な根拠を裁判官が持たない限り、保釈を認めてはならない」と定めていることとの関係で、保釈が従来よりも厳しく制限されているのではないかという議論があることに留意されたい（第3部5参照）。

(4)　中国における保釈

　本章4(2)で述べた通り、中国において保釈は、容疑者や被告人が保証人を用意し、保証人がいることにより捜査や裁判から逃亡しないであろうということを前提として、被告人に自由な活動を許すこととされている（12年刑訴法66条、67条）。香港や日本における保釈は本章4(2)で述べた通り、逮捕された場合に、解放されることをいう。しかし、中国では犯罪の疑いがある場合が発見された場合、まず保釈を行うことが考えられ、それでも保釈のままでは新たな犯罪を行う可能性があるなどの場合に逮捕という流れとなる。

　中国で、香港や日本の保釈に近い制度といえば、12年刑訴法97条の強制措置の変更請求であろう。12年刑訴法97条は以下のように規定している。「犯罪被疑者、被告人およびその法定代理人、近親者もしくは弁護人は、強制措置の変更を申請する権利を有する。人民法院、人民検察院および公安機関は、その申

---

44)　Roux-Kemp, Andra le *Hong Kong Criminal Procedure*（Hong Kong: Wolters Kluwer, 2019), p. 281.

請を受け取った後3日以内に決定をしなければならない。強制措置の変更に同意しない場合は、その旨を申請者に通知するとともに、同意しない理由を説明しなければならない」。逮捕、保釈ともに強制措置の一部に分類されているので、この規定を用いて認められれば、拘禁中に保釈へと変更できる。その他、被疑者や被告人が捜査や起訴、裁判から逃亡することを防止するために、その活動領域や住所を制限し、その状況に応じてその行動も監視する住居監視も強制措置の一部とされているため[45]、保釈ではなく、住居監視を選んで強制措置の変更請求をすることもできる。

おわりに

本章では、香港と中国の刑事手続を比較した。香港の刑事手続は、比較的日本人には受け入れやすいものであるといえよう。これに対し、中国の刑事手続は、全ての犯罪に適用されるわけではないにしろ、一部では、「先に処罰内容を決定してから法律の適用を考える」や「敵・味方の理論」、「推定有罪」といった刑事法運用理論を実践しており、拘留期間が公開されている限りの条文と実態に乖離があることに間違いない。これは、まさに一定のルールはあるものの、中国共産党の意向次第で想定していなかった裁き方がなされる危険性を含んでいる。このような裁き方が行われる中国に移送される可能性があるという点で、国安法は香港人に恐怖を与えているといえよう。

---

45) 陳興良・曲新久『案例刑法教程（上巻）』（中国政法大学出版社、1994年）600頁。

4

比較法的視点から見た香港国家安全維持法
―― 域外適用規定および中国国家安全法・
マカオ国家安全維持法との比較検討

高橋孝治

※「はじめに」で述べたように本書では「国安法」という省語を用いている
が、93年国安法などとの混同を避けるため本章のみ「香港国安法」と略す。

はじめに

　本章では、香港国安法を比較法的に三つの側面から検討する。検討の対象と
なるのは、まず域外適用の規定、そして香港国安法全体を中国の国家安全法お
よびマカオの国家安全維持法との比較である。
　香港国安法38条は「香港特別行政区の永住資格を持たない者が、香港特別行
政区以外で香港特別行政区に対して本法に規定する犯罪を実行した場合、本法
を適用する」と規定し、「域外適用」の規定と呼ばれている。「域外適用」の規
定により、外国人が香港域外で香港国安法に違反する行為を行って香港に入境
した場合、逮捕される可能性があるのではとの懸念が広まっている。それでは、
香港国安法の「域外適用」の規定は特殊なものなのだろうか。しかし、刑事法
の領域では刑法の「保護主義」による適用はよくあることである。本章 1 では、
日本刑法にかつて存在した不敬罪と比較検討する。
　また、香港国安法公布前に、香港に「国家安全維持の法制度」を設立すると
決定されたとき、中国の国家安全法が土台となるとの憶測もあった[1]。国家安
全法とは、1993年 2 月22日に全人代常務委で可決、同日公布・施行された法律

---

1)　「香港の反体制活動規制へ」『朝日新聞』2020年 5 月29日付 1 面。

（主席令第68号。2014年11月１日廃止。以下「93年国安法」）もしくは2015年７月１日に全人代常務委で可決、同日公布・施行された法律（主席令第29号。以下「15年国安法」）である。香港国安法は、93年国安法もしくは15年国安法と類似点があるのであろうか。そこで、本章２では香港国安法と93年国安法、15年国安法との比較検討を試みる。最後に、香港国安法施行に伴い疑問がわくのは、中国から見ると、香港とほぼ同じ位置づけとなっているマカオの状況である。マカオでは、2009年３月２日公布で、マカオ立法会が「国家安全維持法（維護國家安全法）」を制定していた（第2/2009號法律。同月３日施行。以下「マカオ国安法」）。マカオ国安法により、マカオは中国政府から「国家安全のための立法を行うことを怠っている」と言われていない。それでは、マカオはいかなる法律を制定したのか、これを本章３で明らかにする。

1　「域外適用」に関する規定と日本の不敬罪との比較検討

日本刑法[2]２条は、以下のように規定している。

「この法律は、日本国外において次に掲げる罪を犯したすべての者に適用する。一　削除　二　77条から79条まで（内乱、予備及び陰謀、内乱等幇助）の罪　三　81条（外患誘致）、82条（外患援助）、87条（未遂罪）及び88条（予備及び陰謀）の罪　四以下（略）」。

ここで削除されている２条１号には、もともと「第73條乃至第76條ノ罪」と規定されており、これは「皇室二對スル罪」であった。２条１号は、「皇室二對スル罪」が廃止された1947年（昭和22年）10月26日の日本刑法改正で廃止になり、現在に至る（昭和22年法律第124号。同年11月16日施行）。

日本刑法の域外適用についてはどのように解されているのであろうか。日本刑法２条については、自国または自国民の法益を侵害する犯罪に対しては、犯

---

2)　1907年（明治40年）４月24日公布、明治40年法律第45号、翌年10月１日施行。2018年（平成30年）７月13日最終改正、平成30年法律第72号、翌年７月１日改正法施行。

人・犯罪地のいかんを問わずすべての犯人について刑法の適用がある保護主義の規定とされている[3]。ここで重要なのは、「自国または自国民の法益を侵害する犯罪」という部分であり、自国の利益の侵害を伴うか否かに関係なく、自国の刑法を適用することは「世界主義」という[4]。

　確かに、日本刑法2条に規定されている法適用の保護主義となる犯罪は、内乱、予備および陰謀、内乱等幇助の罪、外患誘致罪など日本という国家の存続や社会秩序の維持に関する犯罪となっている。これに対し、香港国安法は、条文の文言上は国家分裂罪、国家政権転覆罪、テロ活動罪などを「画策」や「扇動」しただけで犯罪行為として処罰するとしており（20条～24条、27条）、単に「香港独立」を述べるだけでも処罰される、すなわち言論統制の効果があると考えられている。

　また、削除された日本刑法74条1項は「不敬罪」の規定で、「天皇、太皇太后、皇太后、皇后、皇太子又ハ皇太孫ニ対シ不敬ノ行為アリタル者ハ3月以上5年以下ノ懲役ニ処ス」としていた。そして、不敬罪の成立については、皇室の尊厳に危害を加える行為で、手段は言語によるも文書によるも不敬が認識されれば成立し、実際に他者に知覚される必要はないとされていた[5]。日本の不敬罪も、言葉や文書で発信したのみで成立するとされており、この点につき香港国安法の言論統制と類似している。「皇室ニ對スル罪」が1947（昭和22）年10月26日の改正で削除になった理由は、日本国憲法による言論の自由の保障の下では当然のことといわれた[6]。しかも、前述の通り、日本の不敬罪は刑法2条1号

3) 山口厚『刑法［第2版］』（有斐閣、2011年）195頁。前田雅英『刑法総論講義［第6版］』（東京大学出版会、2015年）66頁。前田雅英・松本時夫ほか編『条解 刑法［第3版］』（弘文堂、2013年）6頁。

4) 前田雅英『刑法総論講義［第6版］』（東京大学出版会、2015年）67頁。

5) 田村浩・菅原通男『改正日本刑法註釈』（集栄館、1920年）86頁。小野清一郎『刑法講義各論［改訂版］』（有斐閣、1932年）315頁など。

6) 『第1回國會衆議院司法委員会議録第10号』（衆議院事務局、1947年）3頁（1947年（昭和22年）8月1日開催の第1回国会衆議院司法委員会での佐藤藤佐・政府委員（司法次官）の発言）。『第1回國會参議院司法委員会議録第31号』（参議院事務局、1947年）7頁（1947年（昭和22年）10月7日開催の第1回国会参議院司法委員会での佐藤藤佐・政府委員（司法次官）の発言）など。

により、日本国外で行った場合でも条文上、処罰可能であった。

　言論の自由の侵害に該当する可能性がある行為が外国で行われた場合であっても、自国法を適用して処罰するという点で、香港国安法の「域外適用」と日本の不敬罪の規定は同等といえる。また、日本の不敬罪が外国で行われた場合であっても、外国にいる限り日本の裁判権は及ばず、犯罪者の引渡条約を各国と締結するしかないといわれていた[7]。この点も香港国安法と同じである。

　残念ながら日本の不敬罪が実際に国外適用され、有罪となった事例があったのかについては、公開されている限りの現存する裁判結果からは不明である。しかし、外国で行った行為を理由にある国家（地域）に入境した瞬間に逮捕されるとの可能性がある法は、香港国安法が初ではなく、大日本帝国憲法下の日本刑法も同様であった。

　これらから、香港国安法の「域外適用」の規定については、以下のようにいえよう。日本国憲法施行に伴い、不敬罪とそれに対する保護主義の規定は廃止された。この点から、言論の自由の保障のある国家（地域）では、表現に対して処罰することやそれに保護主義（域外適用）を適用することは許されない。そして、不敬罪と香港国安法の「域外適用」の規定はほぼ同等と評価し得る。これは中国政府にとっての「香港独立を主張する行為」と、大日本帝国にとっての「皇室の尊厳に危害を加える行為」はほぼ同等と評価される行為ということでもある。

2　中国国家安全法との比較検討

　本章「はじめに」で述べたように、中国の国安法には、93年国安法と15年国安法がある。93年国安法は、「国家安全を維持し、中華人民共和国の人民民主独裁政権と社会主義制度を保持し、改革開放と社会主義の現代化建設を保障するため」に制定された法律であり（1条）、1989年6月4日に起こった天安門事件を受けて制定されたという側面がある[8]。天安門事件を経験した後、中国政府はどのような「国家安全」を考えるようになったのか。93年国安法4条2項に

---

7)　判決例調査所編『判決総攬　續刑法』（判決例調査所、1933年）8頁。

よれば、以下の通りである。「本法でいう国家安全に危害を加える行為とは、域外機構、組織、個人が実施する、もしくは他人が実施することを指図または資金援助する、もしくは国内の組織、個人が外国の機関、組織、個人と結託して実施する以下の中華人民共和国の国家安全に危害を与える行為をいう。①政府の転覆を企て、国家を分裂させ、社会主義制度を転覆させる行為。②スパイ組織に参加し、もしくはスパイ組織およびその代理人から任務を受任する行為。③国家機密を窃取、偵察、買収、不法に提供する行為。④国家に勤務する者を策動、誘因、買収し、謀叛を起こさせる行為。⑤国家安全に危害を加えるその他の破壊活動を行った場合」。この規定は、当時の中国刑法（第3部3でいう79年刑法）にも、政府転覆罪（92条）、社会主義制度転覆罪（90条）、スパイ行為罪（97条）、国家機密漏洩罪（186条）、公務員策動・誘因・買収罪（93条）について規定されていた。すなわち、93年国安法は制定せずとも、これらの行為を処罰することは可能であった。93年国安法は、国家安全を害する行為を処罰する法律であり、国家安全機関を設置するための行政組織設置法であり、中国公民に国家安全維持への協力義務を課す法律でもある。特に2条1項では「国家安全機関とは、本法の規定により国家安全業務を主管する機関である」と規定し、6条から14条までが国家安全機関の組織に関する規定となっている。さらに15条から22条までは公民や組織に対する国家安全への協力義務が規定されている。例えば、16条は「公民および組織は国家安全業務に対して便利な条件もしくはその他の協力を提供しなければならない」と規定している。

　ところで、93年国安法4条2項5号は「国家安全に危害を加えるその他の破壊活動を行った場合」と規定していると前述した。その他の条項から、「国家安全」とは、政府転覆行為、スパイ行為、国家機密を不法に入手する行為などをいうことはわかる。しかし、「国家安全」の定義の中に「その他の破壊活動」が入っているため、「国家安全に危害を加える行為」は、厳密には定義できないことになる。これは、中国の犯罪の定義にも影響があるといえる。近代法的発想では、法律に定めがあり、それに抵触し刑事裁判で有罪とされた場合に「犯罪」

8）　李中平「貫徹《国家安全法》是建設有中国特色社会主義的重要保証」『警学研究』（1994年1期）24頁。

となる。しかし、中国では伝統的に「犯罪は常に前法律的に存在しており、社会的に有害とされる行為こそが犯罪であ」り、その考え方が現在においても根本的には転換していないと指摘されている[9]。「国家安全に危害を加える行為」が厳密に定義できないことは、このような中国における犯罪概念が原因の一つであろう[10]。そして、本章「はじめに」で述べた通り、93年国安法は、中国で反スパイ法（反間諜法）が2014年11月1日に公布・施行され、国家安全機関に関する条文は反スパイ法に移動し、93年国安法は同日廃止された[11]。

後の2015年7月1日には93年国安法とは異なる、15年国安法が公布・施行された。15年国安法は、「国家安全とは、国家政権、主権、統一および領土の完全さ、人民福祉、経済社会の持続的発展および国家のその他の重大な利益と相対的に危険がなく内外に脅威がない状態、および安全な状態を維持する能力が保障されることをいう」と規定する（2条）。この定義にも93年国安法と同様に「国家のその他の重大な利益……が安全な状態を維持」することが含まれており、やはり明確な定義ない。さらに、具体的な部分を見ても、15年国安法2条では、国家政権、主権、統一の完全さに加え、福祉や経済社会の維持も国家安全の一部とされ、さらに食料安全保障に関する規定もあり（22条）、その範囲は広範である。中国では、中国共産党政権維持のために、「社会の安定」を第一にしている側面がある[12]。国家政権の維持に加え、福祉や経済社会の維持をも国家安全の一部とすることは、「社会の安定」、すなわち生活面や経済面も含めて中国国内では平穏に暮らせるという状態の維持こそが、15年国安法が保護しようとしているものなのであろう[13]。

---

9) 坂口一成「中国刑法における罪刑法定主義の命運（2・完）──近代法の拒絶と受容」『北大法学論集』52巻4号（北海道大学大学院法学研究科、2001年）1281-1282頁。

10) その他にも、中国では「犯罪とは何かと問えば、危害が大きく刑罰をうけるべくものとし、刑罰とは何かと問えば、犯罪に科せられる制裁であるという答えが返る」といわれている。高見澤磨＝鈴木賢ほか『現代中国法入門［第7版］』（有斐閣、2016年）292頁。

11) 「国家安全法擬更名為反間諜法」『人民日報』2014年8月26日付11面。

12) 林学達主編『新党章学習読本』（国家行政学院出版社、2012年）44頁。

13) しかし、「中国国内にいれば平穏に暮らすことができるという状態」というのは、結局、中国共産党統治下では経済混乱などの市民の不満を惹起することを起こさせないという意味では、最後は「中国共産党統治の維持のため」という目的に帰着する。

そして、15年国安法は14条までは「国家安全維持は、経済社会の発展と協調しなければならない」（8条1項）などの一般的規定を置き、15条から34条までは国家安全に関する国家の任務について規定し、35条から43条は国家安全に対する中国の各国家機関の職権について規定している。そして、44条から68条は、国家安全制度を実行する機関について規定し、69条から76条は、「国家は国家安全保障体系を健全なものとし、国家安全の能力を増強維持しなければならない」(69条）など国家の国家安全に対する義務を規定し、77条から83条では、国民や企業に対する国家安全業務に対する協力義務が規定されている。

　15年国安法について、全人代常務委は、国家安全の維持については国家の長期の統治と中華民族の偉大な復興にとって重要なもので制定の必要があると認識しており、第18回党大会などでの習近平の重要講話などの精神に基づいて、その後、研究を重ねて完成したとされている[14]。ここでは、具体的にどの習近平の講話を指しているのかは明らかでないものの、「中共中央による改革を全面的に深化させる若干の重大問題に関する決定（中共中央関于全面深化改革若干重大問題的決定）」や[15]、「総体的な国家安全観を堅持し、中国の特色ある国家安全の道を進む（堅持総体国家安全観、走中国特色国家安全道路）」がその重要講話の中心とであると思われる[16]。特に、「総体的な国家安全観を堅持し、中国の特色ある国家安全の道を進む」で用いられている用語が、15年国安法2条の文言と一致する。「中共中央による改革を全面的に深化させる若干の重大問題に関する決定」でまず、治安の強化のために国家安全委員会の成立が決定した[17]。その理由については、インターネットなどにより、情報秩序、国家安全、社会の安定が中国共産党政権にとって非常に大きな問題となっているためと説明される[18]。そして、2014年1月24日に国家安全委員会が成立した。すなわち、この国家安全委員会で議論・研究された結果が15年国安法の制定であっ

---

14)　「国家安全法草案更具針対性」『人民日報』2015年4月24日付11面。

15)　『中共中央関于全面深化改革若干重大問題的決定』（人民出版社、2013年）などに収録。

16)　2014年4月15日の習近平の中央国家安全委員会第一回会議での講話。「堅持総体国家安全観、走中国特色国家安全道路」習近平『習近平談治国理政』（外文出版社、2014年）200-201頁などに収録。

17)　『中共中央関于全面深化改革若干重大問題的決定』・前掲注15）52頁。

たと考えられる。食料安全保障に関する規定も15年国安法にあると述べたが、
「中共中央による改革を全面的に深化させる若干の重大問題に関する決定」でも食品や薬品に対する安全の保障システムの整備について言及している。

　総括すると、15年国安法は、インターネット上で中国共産党政権を脅かす言説が増えたこと、さらに、食品の安全が問題となる中で、それらへの対応について規定するなど、当時の中国が抱えている各種「安全」への対応を総合して制定された法律といえる（15年国安法25条は、インターネットに関する規制についても規定している）。

　なお、15年国安法と香港の関係については、以下のような規定がある。「中国の主権と領土は完全なものであり、侵犯や分割は許容されない。国家主権、統一および領土の完全さを維持することは、香港、マカオの同胞および台湾の同胞を含んだ在内の全中国人の共同の義務である」（11条2項）、「香港特別行政区、マカオ特別行政区は国家安全を維持する責任を負わなければならない」（40条3項）。

　ここまで、93年国安法と15年国安法の概要を見てきた。これを、香港国安法との比較で見るとどうなのであろうか。まず、香港国安法には、「国家安全」を定義する規定が置かれていない。もっとも、香港国安法1条は、「……『香港特別行政区で国家安全を保全するための法律制度および執行体制を建立することに関する決定』に基づいて本法を制定する」と規定していることから、同決定前文で述べている「香港独立」、国家分裂、暴力テロ活動、外国や域外勢力が公然と香港の事務に関与していることなどを国家安全と定義づけているものと思われる。ところで、93年国安法や15年国安法と香港国安法は、その構成が大きく異なり、比較法的手法による検討がかなり難しいといえる。93年国安法には処罰するための規定もあったが、その実質は国家安全機関の行政組織設置法であり、15年国安法は、国家安全業務を行うための方法や各機関の役割について規定した法律である。香港国安法のように、独自の刑罰規程は持っていない。

---

18)　2013年11月19日の習近平の中国共産党第18回中央委員会第3回会議での発言。「関于《中共中央関于全面深化改革若干重大問題的決定》的説明」習近平『習近平談治国理政』・前掲注16）84頁。

つまり、93年国安法と15年国安法は行政法であり、香港国安法は行政法かつ刑事法ということになる。そのため、両者を「比較検討」することはできない[19]。

しかし、「比較検討」はできなくても、これらを以下のように「一つの文脈」でとらえることはできる。93年国安法では、「国家安全」は、政府転覆や国家分裂、スパイ活動、国家機密を不法に入手する行為、公務員の買収などを指していた。しかし、後にインターネットなどで中国共産党政権を脅かす言説が増えたことで、習近平政権以降、15年国安法を制定する際に、「国家安全」の定義は、国家政権、主権、統一および領土の完全さ、人民福祉、経済社会の持続的発展などから安全を維持することなど、総合的な安全となった。そして、このインターネット上の言説などから香港などの分離もすでに危惧していたのか、15年国安法40条3項では、香港にも国家安全を維持する責任を負わせていた。それにもかかわらず、香港で中国共産党政権に対する批判ともとれる各種デモが起こったため、香港国安法が制定されたということであろう。国家安全の維持やインターネット上での中国共産党への批判的言説を阻止することは、習近平政権の一貫した方針である。

また、香港国安法は、「香港独立」、国家分裂、暴力テロ活動、外国や域外勢力が公然と香港の事務に関与していることなどを防止することを国家安全と定義づけているとすると、ここには15年国安法にあった食品安全などが入っておらず、香港国安法は、まさに2019年後半から香港で発生した中国共産党政権を批判しているともとれるデモが直接的契機となって制定された法律ともいえる。さらに、15年国安法などには規定されていない「域外適用」の規定を導入したことについても、外国も香港の動向を気にしており、香港のデモが一部で積極的に外国にPRをしていたことに対する対処ともいえる。

総括すると、本章「はじめに」で述べた通り、香港国安法は、国家安全法が

---

19) 「比較のためのその条件とは、比較するもの相互の間に比較の目的（何を明らかにするのか。私たちの場合は『法と社会の関連のあり方』を明らかにするという目的）に照らして、共通の種類に属するという事情があることである。これは、厳格に議論すると難しくなるが、たとえていえば、『ぶどうとりんごが比較できるが、ぶどうとライオンは比較できない』ということである」といわれる。廣渡清吾『法システムⅡ：比較法社会論──日本とドイツを中心に』（放送大学教育振興会、2007年）3頁。

土台なのかという点については以下のようにいえる。香港国安法は、15年国安法に体現されているような、習近平政権の「国家安全の維持」を重要視する政策の延長線上にあるといえる。その意味においては、15年国安法は香港国安法の「土台」である。しかし、条文そのものは、行政法や刑事法というレベルで全く異なり、規制対象も大きく異なる。

3　マカオ国家安全維持法との比較検討

マカオは香港の西64キロに存在する中国・広東省に接するポルトガルの元海外領土・植民地であり、マカオ半島、タイパ島、コロネア島の三つのエリアからなる。マカオは、かつて中国大陸の一部であり、中国以外の統治を経験し、現在は中国の特別行政区になっており、香港基本法とよく似ているマカオ特別行政区基本法（澳門特別行政区基本法。以下「マカオ基本法」）によって統治されているという点から、よく香港と対比されることがある[20]。

マカオ基本法23条は以下のように規定している「マカオ特別行政区は、あらゆる国家への反逆、国家分裂、反乱の扇動、中央人民政府の顛覆および国家機密の窃取の禁止、外国の政治的組織または団体がマカオ特別行政区において政治活動を行うこと、ならびにマカオ特別行政区の政治的組織または団体が外国の政治的組織または団体と関係を作りあげることを禁止するために、自ら立法を行わなければならない」。この規定は、香港基本法23条の規定の「香港」という文言を「マカオ」に置き換えただけである。そして、このマカオ基本法23条を受けて、本章「はじめに」で述べたように、2009年3月2日にマカオ国安法がマカオ立法会により公布され、翌日3日に施行された。

マカオ国安法は全15条で以下のような構成となっている。1条から7条まではどのような行為が犯罪となるのかについて規定している。例えば、1条〜2条は以下の通りである。

マカオ国安法

1条

　（1項）中国公民が以下の一つの行為をした場合、10年から25年の懲役に処す。

20) マカオの簡単な歴史は以下の通りである。大航海時代にアジアに拠点を必要としたポルトガル共和国（以下「ポルトガル」）の人々は、マカオをその拠点に定住を始めた。ポルトガル人がマカオに定住するようになった詳細については、不明確な部分が多いが、少なくとも1555年頃にはポルトガル人はマカオを寄港地として利用し、1557年頃には定住も許可されるようになった。しかし、当時のポルトガル人は、中国大陸の皇帝に地租を納めており、「外国」に居住しているという意識はあったと思われる。その後、アヘン戦争敗北により清国政府の権力が弱体化する中で、1845年にポルトガル政府はマカオを「自由港」にすると宣言して、マカオ半島の領有意思を示し、1851年にはタイパ島、1864年にはコロネア島を占領した。その後、1887年12月1日にポルトガル政府は清国政府と、中ポ友好通商条約（「中ポ北京条約」ともいう）を締結し（翌年4月29日発効）、マカオは国際法上もポルトガル領となった。なお、ポルトガルは当初、マカオを海外領土として取り扱った。植民地、海外領土ともに、別の場所にある宗主国が主権を行使するが、植民地には宗主国とは異なる植民地独自の法が適用されるのに対し、海外領土は独自の法を持たず、宗主国法が直接適用される空間をいう。当初、海外領土であるマカオには独自の法は存在せず、ポルトガル法が直接適用されていた（なお、香港はイギリス法とは別に香港独自の条例や慣習も法になるなど、一貫してイギリスの「植民地」であった）。しかし、後の1974年4月25日にポルトガルでカーネーション革命（4・25政変）が勃発し、独裁政権が倒されると、海外領土や植民地の放棄が決定された。マカオに関しては、返還の前に、まずポルトガル統治の下、マカオ人による自治と独自の行政権、立法権、司法権および財政権が認められることとなった。ポルトガル政府が1976年2月17日に公布・施行したマカオ組織規則（澳門組織章程. EstatutoOrgânicodeMacau. 第1/76号法律）2条は、「マカオ地区は一つの公法人とし、共和国憲法および本規定の原則に抵触せず、両者が規定する権利、自由および保障を尊重するという状況の下、行政、経済、財政、立法および司法の自治権を共有する」と規定した。国際法の用語を使えば、マカオの取扱いがポルトガルの海外領土から植民地に切り替えられたのである。これにより1976年にマカオ立法会が設立され、「マカオ法」が制定されるが、ポルトガル法をコピーしただけのようなマカオ法が制定されていったともいわれている。そして、1987年4月13日に「中ポ連合声明」に調印がなされ、1999年12月20日にマカオが中国に返還されることとなり、1993年3月31日に中国全人代がマカオ基本法を可決・公布した。マカオ基本法は1999年12月20日より施行され、香港と同じような「一国二制度」と高度の自治がマカオに認められた。これに伴い、1976年に制定されたマカオ組織規則は同日廃止され現在に至っている。なお、マカオ基本法の起草時には、香港基本法が参考にされたともいわれている。米健・郭華成ほか『澳門法律』（澳門基金會、1994年）3頁。東光博英『マカオの歴史――南蛮の光と影（あじあブックス）』（大修館書店、1998年）41頁。法令用語研究会（編集執筆）『有斐閣 法律用語辞典［第3版］』（有斐閣、2006年）751頁の「植民地」の項目。高見澤磨・鈴木賢『中国にとって法とは何か――当地の道具から市民の権利へ（叢書 中国的問題群3）』（岩波書店、2010年）63頁。劉高龍・趙国強（主編）『澳門法律新論（上巻）（澳門研究叢書）』社会科学文献出版社、2011年、4-5頁、7頁。黄宏耿『澳門法律簡史（澳門知識叢書）』（三聯書店（香港）有限公司＝澳門基金會（共同出版）、2015年）61頁。

（1）外国の武装部隊に加入し、国家に攻撃をした場合

（2）国家に対して戦争もしくは武装行動を起こさせるもしくは促進する意図をもって、外国の政府、組織、団体またはその他の人員と通じた場合

（3）戦時もしくは国家の武装行動中に、国家に対する軍事行動を行っている敵方を幇助もしくは協力することを意図した場合、国家の軍事防衛に損害を与えかつ直接または間接的に外国と協議をする、もしくはそれに相当する目的を持った行為をした場合

（2項）前項に規定した犯罪の予備行為を行ったものは、最高3年の懲役に処す。

（3項）本法中、「国家」とは中華人民共和国を指す。

2条

（1項）暴力その他の重大な不法な手段をもって、国家の領土の一部分を国家主権から分離させる、もしくは外国の主権に従属させた場合、10年から25年の懲役に処す。

（2項）前項の規定する犯罪の予備行為を行った者は、最高3年の懲役に処す。

（3項）本法中、「その他の重大な不法な手段」とは、以下の行為の一つをいう。

（1）他人の生命、身体もしくは人身の自由を侵害した場合

（2）交通輸送、通信もしくは公共の基礎施設を破壊し、または運輸の安全もしくは通信の安全を妨害した場合で、ここでいう通信には電報、電話、ラジオ、テレビその他の電子通信システムを含むものとする

（3）火を放ったり、放射性物質を置いたり、有毒もしくは人を窒息させる気体を用いて、食品もしくは飲料水を汚染し、疾病を伝播させた場合など

（4）放射能、火器、燃焼物、生物兵器、化学兵器、爆発性装置もしくは爆発物を使用したり、危険性のある装置もしくは物質を小包もしくは封書に入れて用いた場合

　続く3条は、暴力または重大な不法な手段で中央人民政府の転覆をはかった場合、4条は、公然と他人を扇動して1条から3条までの犯罪を行わせようとした場合、5条1項は国家機密を窃取、探索もしくは買収し、国家の独立、統一、完全性または内部もしくは対外の安全利益に危害を加えるもしくは損害を与えた場合などに犯罪が成立するとしている。また、マカオ国安法10条は、そ

の適用範囲をマカオ、マカオで登記された船舶もしくは航空機内とし、さらにマカオ居住の中国人がマカオ以外で行った1条の行為、マカオ居民がマカオ以外で行った2条から5条の行為にも適用するとしている。他にも法人の刑事責任（8条）や附加刑（9条）についても規定はあるものの、マカオ国安法の主たる規定は上記の通りということができる。

　マカオ国安法の規定は、その文言上、外患誘致罪や内乱罪、テロ行為罪と呼ぶべき重大な犯罪を対象としており、しかも「他人の生命、身体もしくは人身の自由を侵害」、「火を放ったり、放射性物質を置いたり、有毒もしくは人を窒息させる気体を用い」るなどその方法が非常に厳格に規定されている。また、マカオ国安法には予備行為を処罰する規定はあるものの、香港国安法24条のような「政治的主張の実現を図るため」や「安全に深刻な危害を及ぼすこと」などの判断基準が曖昧な規定は存在しない。さらに、マカオ国安法には香港国安法の「域外適用」に相当する規定もなく、新たな治安維持組織を創立する規定もなく、「一国二制度」を強調するような条文もない。

　マカオ国安法は、香港国安法と比べるまでもなく、政治的色彩や拡大解釈が可能な規定が全くなく、単に外患誘致罪、内乱罪、テロ行為罪を取り締まる特別刑法と位置づけることができる。なお、マカオ国安法制定のための参考となったのは、マカオ返還前のポルトガル刑法や2008年当時のポルトガル刑法、フランス刑法、ドイツ刑法、イタリア刑法であり[21]、政治的要素が薄いのは当然のことといえよう。

　むろん、マカオは香港と異なり、中国共産党政権を刺激するようなデモ活動がこれまでほとんど起こっていなかったという側面はある。しかし、香港でも、香港国安法が中国政府に制定される前に、マカオ国安法と同様の立法を行い、香港基本法23条の義務を形式的に果たしていれば、中国政府は香港国安法を制定することはできなかったのではなかろうか。

21）『法律彙編──維護國家安全法』（澳門特別行政區立法會、2015年）65-73頁。

【表1】 香港国安法などに関する比較表

	香港国安法	93年国安法	15年国安法	マカオ国安法
法の分類	刑事法であり行政法	行政法	行政法	刑事法（単なる特別刑法）
国家安全の定義	「香港特別行政区で国家安全を保全するための法律制度および執行体制を建立することに関する決定」で述べている「香港独立」、国家分裂、暴力テロ活動、外国や域外勢力が公然と香港の事務に関与していることなど	域外機構、組織、個人が実施する、もしくは他人が実施することを指図または資金援助する、もしくは国内の組織、個人が外国の機関、組織、個人と結託して実施する以下の中国の国家安全に危害を与える行為。（1）政府の転覆を企て、国家を分裂させ、社会主義制度を転覆させる行為。（2）スパイ組織に参加し、もしくはスパイ組織およびその代理人から任務を受任する行為。	国家政権、主権、統一および領土の完全さ、人民福祉、経済社会の持続的発展および国家のその他の重大な利益と相対的に危険がなく内外に脅威がない状態、および安全な状態を維持する能力が保障されること	規程なし
法の目的	2019年後半から香港で発生した中国共産党政権を批判しているともとれるデモのみの直接取締り	スパイの取締り	中国が抱えている各種「安全」への総合的対応	外患誘致罪や内乱罪、テロ行為罪と呼ぶべき重大犯罪の取締り

おわりに

　本章では、香港国安法を複数の素材と比較することを試みた。その結論としては、以下のようにいえる。とかく話題になりがちな、「域外適用」の規定であるが、これはかつての日本の不敬罪と同じ位置づけである。この意味でいえば、中国政府にとっての「香港独立」の言論は、大日本帝国憲法下の「皇室の尊厳に危害を加える」表現と同等である。

　また、15年国安法は、香港国安法とは異なり、中国社会の「総合的な」安全

のための行政法であることを本章は指摘した。しかし、15年国安法制定の経緯から習近平政権のインターネット上の言説を注意する姿勢が見え、結果として15年国安法の延長線上に香港国安法も存在しているといえる。そして、マカオ国安法は政治的色彩もなく、規制している行為も非常に限定的かつ具体的であり、香港国安法と比べると単なる特別刑法と位置づけられる。本来、香港もこのような立法を行い、香港基本法23条の義務を果たすことができたはずであるが、実際にはそのようにはならなかった。

　なお、香港国安法とマカオ国安法を比較したときに気づくのは、その香港国安法の幅広く解釈できるような表現の存在である。かつて、日本でも第二次世界大戦中には、治安維持法[22]という刑事法が思想犯取締りのために非常に広範に拡大解釈されていったが、これについては立法当時から拡大解釈することが想定されていたとも指摘されている[23]。これと、本章1で指摘したような大日本帝国憲法下の不敬罪の域外適用と香港国安法との類似も合わせて考えると、香港国安法という一つの法律の施行によって、香港社会は大日本帝国憲法下の日本と類似する側面が出てきたといえるかもしれない。

---

22)　1925（大正14）年4月22日公布、大正14年法律46号、同日施行。1945（昭和20）年10月15日廃止。

23)　内田博文『治安維持法の教訓──権利運動の制限と憲法改正』（みすず書房、2016年）56頁、166頁。

5
違憲立法審査権に限界はあるか
——香港基本法と国家安全維持法の関係

増山 健

はじめに

　香港国家安全維持法（以下「国安法」）に対しては、その制定手続、内容、運用など、さまざまな側面からの批判が相次いでいる。その中でも特に根強い批判は、国安法が香港のミニ憲法たる香港基本法に違反しているのではないかというものである。これらの批判に対し、中国政府や香港政府側は、国安法は香港基本法の保障する「一国二制度」を補完するものである、香港基本法の保障する自由や人権は引き続き十分に保護される等と繰り返し主張している[1]（【図1】）。これをどのように考えるべきであろうか。

　まず、法的に「国安法が香港基本法に違反している」というためには、国安法と香港基本法の内容が一致しないというだけではなく、国安法よりも香港基本法の方が優先する関係にあるということが前提となる。仮に、国安法の方が香港基本法に優るのであれば、両者の内容に不一致があったとしても国安法が違憲となるような問題は生じず、むしろ香港基本法の方が間違っているということにすらなりうるであろう。

---

[1]　国安法に関する中国政府の公式ステートメントのうち、日本語でも参照できるものとしては、施行前のものではあるが、中華人民共和国駐日本国大使館「香港国家安全立法について知っておくべき六つの事実」（http://www.china-embassy.or.jp/jpn/zgyw/t1788307.htm 2020年6月10日閲覧）が参考になる。

【図1】 香港政府がインターネット上で公表している国安法に関するブックレット
　　　　―表紙とQ&Aページの一部（表紙は中文版、Q&Aページは英文版より抜粋
　　　　引用）[2)]

中華人民共和國香港特別行政區

維護國家安全法

保一國兩制 還香港穩定

Frequently Asked Questions

1 For the Central Authorities to step in and enact legislation for the HKSAR to safeguard national security, would it contravene Article 23 of the Basic Law and undermine the principle of "One Country, Two Systems"?

The answer is definitely no. National security has always been a matter that falls under the purview of the Central Authorities. Article 23 of the Basic Law stipulates that Hong Kong "shall enact laws on its own" to prohibit seven types of acts and activities that endanger national security. Nevertheless, it has been 23 years since the handover of Hong Kong and yet the enactment of legislation under Article 23 has not been completed. Recent development of Hong Kong's situation since June last year has fully exposed the legal loopholes and real risks in Hong Kong in safeguarding national security. It is impossible for the Central Authorities to turn a blind eye to the situation.

It is the obligation of all central authorities to safeguard national security, and to protect the lives, property, rights and freedoms of the people. Article 3 of the "Decision on Establishing and Improving

（出所）　香港政府 "The Law of the People's Republic of China on Safeguarding National Security in the Hong Kong Special Administrative Region" より引用。

　また、もし香港基本法の方が優先するとしても、覆面禁止法の時のように（第2部4参照）、香港の裁判所が国安法を司法審査し違憲であると判断することができるのだろうか。香港法院は、中国の全人代の授権により全人代常務委で制定された法律である国安法に違憲判断を下す余地があるのか。司法審査ができないのだとすれば、違憲の疑いが指摘される国安法を今後どうやって運用していくのであろうか。国安法と香港基本法の関係という問いは、一見単純なように見えて、大変複雑な問題である。

　現時点で議論が整理されているとも言い難いが、以下では、次の順序で、この問題を考えてみたい。

---

2)　https://www.legco.gov.hk/yr19-20/chinese/panels/ajls/papers/ajlscase20200707cb2-1 502-1-c.pdf（2020年12月2日閲覧）制定背景に関する説明のほかQ&A形式での解説もあり、香港政府（およびその背後の中国政府）の主張を知ることができる。中文版・英文版の両方がある。以下、引用における頁数等は、いずれも英文版のものによる。

① 国安法が香港基本法に違反するとの疑問にはどのようなものがあるのか

② 国安法と香港基本法は法的にどちらが優先するのか

③ 香港基本法が国安法に優先するとして、香港の裁判所は国安法を司法審査できるのか

④ 香港の裁判所は国安法をどのように運用していく可能性が考えられるか

1 国安法は香港基本法違反ではないかとの疑問

(1) 国安法の導入過程における疑問

① 香港基本法23条との関係

2020年5月21日に国安法制定が全人代の議題となることが公表され、まず提起された疑問は、全人代による国安法の制定が香港基本法に違反するのではないかということである。

憲法学者の陳文敏香港大学教授の言を借りれば、次の通りである。香港基本法23条は、香港特別行政区が、国家反逆や国家分裂、反乱扇動等の行為を禁止する内容の法律を「自ら」（on its own）制定しなければならないと定めている。国安法が定めるような行為の禁止は、必然的に自由や人権の制約を伴うものである上、政治的な複雑さと無関係ではいられない。そのため、中国と異なる法体系や社会制度を施行することが許された香港では、香港法に根差すコモン・ローの伝統や価値観、手続のもとで、「自ら」国家安全法を定めるべきとされた。だからこそ、香港ではなく中国で国安法が定められて香港に適用されるとすれば香港基本法23条に違反する、というものである[3]。

これに対しては、香港政府も反論している。いわく、そもそも国家の安全を保護するのは、常に中国政府の管轄事項である。香港基本法23条は、確かに、香港が自ら国家安全に関する法律を制定しなければならないと定めているもの

---

3) 陳文敏（Johannes M.M. Chan）"Five Reasons to Question the Legality of a National Security Law for Hong Kong" Verfassungsblog on matters constitutional（https://verfassungsblog.de/five-reasons-to-question-the-legality-of-a-national-security-law-for-hong-kong/ 2020年7月1日閲覧）

【図2】 香港基本法18条

1 　香港特別行政区において施行される法律は、本法（著者注：香港基本法）ならびに本法第8条の規定する香港の従来の法律および香港特別行政区の立法機関が制定する法律である。 2 　全国性法律は、本法附属文書3に列挙したものを除き、香港特別行政区において施行されない。本法附属文書3に列挙した法律は、香港特別行政区が現地で公布または立法化して施行する。 3 　全国人民代表大会常務委員会は、自らに所属する香港特別行政区基本法委員会および香港特別行政区政府の意見を求めたのち、本法附属文書3に列挙した法律を増減することができる。附属文書3に加えるいかなる法律も、国防、外交およびその他の本法によって香港特別行政区の自治の範囲に属さないと規定された事項に関する法律に限られる。

（出所）　筆者和訳。

の、中国政府が国家安全を守る義務を放棄したとは書かれていないし、返還から23年が経過しても未だ香港は自らの手で国家安全に関する立法をする義務を果たしていない。むしろ、2019年の情勢不安を見れば、香港における国家安全状況は危惧すべき状況にあり、中国政府がこれに目をつむっているわけにはいかず、自らの職権を発動して国安法制定に至った、ということである[4]。

②　香港基本法18条との関係

次に、議論があるのは、香港基本法18条（【図2】）との関係である。

第3部1でもみたように、この香港基本法18条は、中国法をできる限り香港へ適用しないようにするための規定である。例外的に中国の法律を香港に適用するためには、2項と3項の要件をみたさなければならない。国安法は、全人代常務委により制定された法律であるから、附属文書3に加えた上で、香港で公布または立法化しなければならず、その前提として、国安法は、「全国性法律」で（2項）、かつ、「香港の自治の範囲に属さない」ものである必要がある（3項）。中国政府・香港政府は、国安法を附属文書3に加えて現地で公布するという措置をとることで、国安法が香港基本法18条に従って施行された正当なものであると発表している[5]。しかし、これに対しては、いくつかの観点から

---

4)　前掲注2）21-22頁。
5)　例えば、香港政府・前掲注2）18頁。

疑問の声が上がった。

　一つは、国安法がここでいう「全国性法律」ではないというものである。中国では、すでに2015年に中国国家安全法が施行されているのであって（詳細は第3部4）、今回の国安法は、明らかに全国ではなく香港を主な適用対象としている。これは全国性法律とは言い難い、というわけである[6]。ただし、これまで附属文書3に列挙されてきた13件の法律の中には、実質的な適用範囲が香港に限られる「中華人民共和国香港特別行政区駐軍法」も含まれている[7]ので、この論点は実は国安法により初めて生じた問題というわけではない。

　もう一つは、国安法が、香港の自治の範囲に属する、というものである。前述のように、香港基本法23条は香港に国家安全に関する法律の制定を義務づけている。言い換えれば国家安全に関する法律の制定は香港の自治の範囲内であるというわけである（第3部1参照）。もっとも、この点は、香港基本法23条に関係なく国家安全の保護は中国政府の管轄事項であるとする中国政府・香港政府の立場からすれば、正当化され得ることになる。

　③　その他の問題

　上記のほかに、国安法の導入過程に関して指摘される問題点として、次のようなものがある。

　まず、国安法は、当初は中文版のみが公布されており、英語版は同年7月3日に参考（for information）として公表されるにとどまった（香港政府によれば中国語版が優先する（第3部1参照））。香港基本法9条は、英語を中国語と共に香港の公用語としていることもあり、通常ではないことだと指摘されている[8]。香港基本法上、香港で施行する法律には英語を使用することが義務づけられているわけではないが、公用語条例（Official Language Ordinance, Cap.5,《法定語文條例》第5章）4条では、立法会で定められる条例は英語でも制定お

---

6)　陳文敏・前掲注3）のほか、鈴木賢「論説 香港版国家安全保全法は香港の何を変えるか」『法学セミナー』789号55-56頁や、村尾龍雄「『香港特別行政区国家安全維持保護法』をめぐる二つの価値観の相克——中国的価値観 vs 欧米的価値観(1)」『国際商事法務』48巻8号1038頁。

7)　この点を指摘するものとして、石本茂彦「中国最新法律事情244　香港国家安全維持保護法について」『国際商事法務』48巻9号1294頁。

よび刊行されることが義務づけられている。また、裁判の場で英語が使われる割合は高く[9]、英語での教育を受けた法曹がほとんどである[10]ため、実務へのインパクトは一定程度あると考えられる。とはいえ、国安法違反により初めて起訴された唐英傑の裁判において、この点に法律上の問題はないとされた[11]。

また、国安法の制定自体が香港基本法23条に違反するとの立場からは、香港基本法23条を改正してからでなければ国安法を全人代で制定できず、香港基本法の改正手続を定めた香港基本法159条に抵触するとの主張があり得る[12]。

(2)　国安法の内容における疑問

2020年6月30日の公布後、その内容についても、さまざまな疑問が噴出している。以下では、主要なものを取り上げるが、どのようなものが有るのかについては、第3部1の【表5】もあわせて参照されたい。

①　行政長官による担当裁判官の指名

香港基本法は、司法の独立を規定しており、これはいうまでもなく「一国二制度」の根幹的な事項である。香港基本法85条が明言するように、「香港法院は、独立して裁判を行い、いかなる干渉をも受けない」のである。この保障の中には、各裁判官が、干渉を受けずに裁判を行うということも含まれている。

---

8)　香港大律師公会 "The Law of the People's Republic of China（"PRC"）on Safeguarding National Security in the Hong Kong Special Administrative Region（"HKSAR"）"（https://www.hkba.org/sites/default/files/20200701%20HKBA%20statement%20on%20Safeguarding%20National%20%20Security%20in%20HKSAR.pdf 2020年12月2日閲覧）（なお、同会の元会長のフィリップ・ダイクス自身も英国出身であり、中国語を解さない（*Tong Ying Kit v HKSAR*（2020）HKCFI 2133, para. 74））。

9)　廣江倫子『香港基本法解釈権の研究』（信山社、2018年）36頁。

10)　香港において弁護士資格を取得するための最もメジャーなルートは、香港大学、香港中文大学、香港城市大学のいずれかのロースクールで法学専業証書（P.C.LL）と呼ばれる課程を修了することであるが、授業はすべて英語で実施され、欧米系の教授も多数在籍する（増山健「香港法(2)香港基本法／香港で適用される法律──今改めて基本法の仕組みを知る」http://www.yglpc.com/column/202007_2382/　2020年7月1日閲覧）。

11)　*Tong Ying Kit v HKSAR*（2020）HKCFI 2133, para. 77.

12)　村尾・前掲注6）1039頁。

しかし、国安法44条は、任期を１年として、国安法違反の犯罪事件に関する担当裁判官のリストを行政長官が指名できる、としている。香港基本法上の行政長官の権限に関する規定を見ても、このように事件の種別に応じて裁判官を指定できるとするような規定はないし、香港基本法が想定する以上の行政長官の人事権行使を通じて、担当裁判官は政治的影響を受ける（あるいは受けているように見える）ことになるから、裁判の公正さに疑問が生じる。本来公平に法を適用するべき独立した司法が、本質的に政治的な機関である行政長官ひいては中国政府から強い影響を受ける仕組みになってしまっている以上、少なくとも国安法が適用される範囲にあっては司法の独立が確保されているとはいい難く、「事件処理に予断を与えかねず、ひいては有罪推定へと傾斜するおそれ」があるとまで批判されている[13]。元終審法院首席裁判官の李国能も、国安法の公布以前から、裁判官の指名制度の司法の独立への影響には懸念を示していた[14]し、香港のバリスタの弁護士会であるバリスタ協会も同様の指摘をしている[15]。

　香港政府は、これに対して、行政長官はあくまで担当裁判官のリストを作ることができるにとどまり、特定の事件の担当裁判官を指定できるわけではないこと、個別の内容について干渉を行うわけではないことなどを挙げて、司法の独立が侵害されるなどという批判は全くもって根拠に欠ける、としている[16]。そもそも、中央政府・香港政府は、国安法は国家安全を保護するという中国政府に管轄がある事項を対象とするという認識であるから、国安法により司法の独立が侵害されるというよりも、国安法が対象とする領域では司法の独立自体が大きく後退して然るべきだと考えているのであろう。

　②　中国への移送

　国安法55条から57条は、一定の事例について、香港ではなく中国の刑事訴訟法のもとで中国の検察院と人民法院が管轄権を行使することを認めている。香

---

13)　鈴木・前掲注６）58頁。

14)　「國安法案件內地審理 會損香港獨立司法權」『明報』2020年６月23日。

15)　香港大律師公会・前掲注８）10項。

16)　香港政府・前掲注２）29頁。

港域内での行為について、国安法違反を理由として逮捕され、中国の法制度のもとで有罪とされて処罰を受けるおそれがあることになる。

このような事態が起こった場合の懸念については、第3部3を参照されたいが、香港基本法が規定する基本的人権保障との関係でも問題が生じ得ることになる[17]。すなわち、中国が管轄権を持つことになれば、香港基本法のもとで本来保障されるべき刑事手続上の人権が大きく後退することになる。例えば、中国が管轄権を持つケースでは、何人も正しく証言する義務を負う（国安法59条）ため黙秘権は失われ、無罪推定原則等も実質的に機能しなくなるおそれがある。その意味では、無罪推定原則等を定める香港基本法87条2項に違反する可能性があるだろう。

また、香港法院は、香港のすべての案件に対して裁判権を有すると定める香港基本法19条2項や80条との関係でも、問題があることになろう[18]。

③　刑罰規定の不明確性

国安法の定める刑罰規定については、どのような行為が罪となるかの範囲が不明確であることも指摘されている。刑事罰が科される行為の類型については、第3部1を参照されたいが、いずれの類型についても、結局のところどのような具体的行為が禁止の対象となるか明確ではなく、ひいては、市民が委縮して言論の自由が失われることにつながるおそれがあるとされる[19]。

2　国安法と香港基本法の優劣関係

(1)　問題の所在

以上の通り、国安法は香港基本法に違反するとの批判があることをみてきた（もちろん、上記がすべてではない）。しかし、「はじめに」で指摘したように、国安法と香港基本法の内容に不一致があったとしても、香港基本法が国安法に

---

17)　この点を指摘する者は多いが、例えば香港大律師公会・前掲注8）8項。

18)　「《國安法》和《基本法》的九點矛盾」『立場新聞』（https://www.thestandnews.com/politics/國安法-和-基本法-的九點矛盾/ 2020年7月2日閲覧）。

19)　香港大律師公会・前掲注8）15項。

優先するといえなければ、「国安法が香港基本法に違反する」ということはできない。そこで、いずれの法律が優先する関係にあるのかを見ていきたい。

(2) 国安法と香港基本法の法的優先関係

① 国安法が香港基本法に優先するという考え方

覆面禁止法が問題となったときは、行政長官が香港の条例に基づき規則制定を行ったため、その規則が香港基本法に違反していれば無効であり、この意味で香港基本法が優先することは明らかであった。しかし、国安法は、全人代常務委が制定した中国の法律である。香港基本法もまた、全人代で制定された中国の法律なのであり、その意味では、この問いは、中国の法律同士に相互矛盾がある場合に、どう処理されるのかというのが出発点となる。

一つの考え方としては、香港基本法よりも時間的に後に制定された国安法の方が優先する、と割り切ることである。このように、同格の法律（の規定）が相互に矛盾する場合には、時間的な先後関係を基準として後法（の規定）を優先させるという法理は、確かに法解釈の手法の一つとして存在する。このように考えれば、国安法の中に香港基本法に沿わない規定があるとしても、有効性には問題がない。中国政府としては、このような発想に立っていることがうかがわれるとの指摘がある[20]。

② 上記考え方に対する疑問

しかし、国安法と香港基本法が単純に同格の法律であると断定してよいかは次のように疑問があるとされる。

まず、香港基本法は、中国憲法31条に根拠を持つ香港特別行政区の基本的事項を定めた法律であり、その改正には香港の全人代代表の３分の２、香港の立

---

20) 村尾龍雄「『香港特別行政区国家安全維持保護法』をめぐる二つの価値観の相克〜中国的価値観 vs 欧米的価値観〜(2)」『国際商事法務』(48巻９号) 1197頁。もっとも、仮にそうだとしても、中国政府・香港政府は、「香港基本法を全く守らなくても良い」とまで言っているわけではない。国安法自身も、香港基本法に基づく権利や自由を引き続き保護しなければならないと定めているため、香港基本法のすべてが放棄されたわけではない（香港基本法と矛盾する部分に限り、香港基本法よりも国安法が優先する）という論理には留意すべきである。

法会議員の3分の2および行政長官の同意が必要とされ、香港基本法委員会の意見提出を必要とするなど（香港基本法159条2項および3項）、通常の中国の法律よりも厳格かつ特別な改正手続が定められている。仮にこのような厳格な改正手続が定められた香港基本法を、時間的先後関係のみを理由として実質的に破ることができるとすれば、改正手続をわざわざ規定した意味はなくなるといわざるを得ないであろう。バリスタ協会のステートメントでも、香港基本法改正手続を経ずに国安法が制定されている以上は、香港基本法は「引き続き完全な効力と効果を有する」と述べられている[21]。

　また、国安法は、全人代常務委により制定されたものであるが、香港基本法は全人代により制定されたものであるという違いがある。中国の立法法7条によれば、全人代は、「刑事、民事、国家機構のその他の基本法律の制定及び改正」を行う一方で、全人代常務委は、「全人代の制定した法律以外のその他の法律の制定及び修正」を行う機関であり、全人代の制定した法律に対しての補充や改正を行うことはできても、それらの法律の基本原則に反することはできない、とされている。いわば、全人代常務委は、全人代の制定した法律の基本原則の中でしか法律制定を行うことができないのである。しかし、前述したような国安法が香港基本法と矛盾する可能性のある部分は、司法の独立のような中核的規定ともいえるものを含んでいる。立法法に照らせば、全人代常務委が制定した国安法が、全人代の制定した香港基本法の基本原則に反することはできないと思われ、その意味では立法法違反の疑いも生じる[22]。

　加えて、イギリスをはじめとする西洋諸国の立場からは、香港基本法の基本原則に反するような国安法の制定は、香港基本法ひいては「一国二制度」のもととなった中英共同声明に違反する（国際法違反となる）ということも考えられる。現に、イギリス政府は、そのような立場を表明している[23]。ただし、中

21）　香港大律師公会・前掲注8）4項。

22）　もっとも、立法法で規定された法の上下関係は厳密には遵守されないこともあるとの指摘がある（高橋孝治「中国における『法治』の現状——行郵税廃止の法的校正に着眼して」『世界平和研究』218号（世界平和教授アカデミー、2018年）82-85頁。また、高橋孝治「香港国家安全維持法を中国法から見る」『日本外交協会報』（2021年2月18日号）日本外交協会、6頁も参照）。

国政府側は、すでに2014年頃から繰り返し、中英共同声明は1997年の香港返還によりその役目を終えたと主張しており、国安法制定が国際法違反となることはあり得ないと考えているようである[24]。

したがって、香港基本法が国安法に優先するとみる余地も十分にあると思われる。

なお、国安法62条は、「香港特別行政区の現地法の規定とこの法律が一致しないときは、この法律の規定を適用する。」と定めているため、ここでいう「現地法」の中に香港基本法が含まれると仮定すれば、国安法が香港基本法に優先するということを国安法自体が定めているということになるであろう。実際に、唐英傑が人身保護令状（Habeas Corpus。身柄拘束に法的根拠がない場合に請求される令状で、身柄拘束の不当性が審査される）を請求した事件の中で香港政府側弁護士は、そのように主張した[25]。しかし、すでに述べたように、香港基本法は全人代で制定された中国の法律であり、香港の「現地法」と言い切ることは容易ではない上、国安法にこのように規定したからといって、前述の通り、国安法と香港基本法がそもそも同格の法律か否かという問題が消えるわけではないと考えられる。

3　国安法の司法審査対象性

(1)　全人代が制定した法律を香港法院が違憲審査できるか

次なる疑問は、国安法が香港基本法に違反していると仮定して、香港の裁判

---

23) William James "UK says China's security law is serious violation of Hong Kong treaty" Reuters,（https://www.reuters.com/article/us-hongkong-protests-britain-idUSKBN2425LL 2020年7月1日閲覧）THE SIX-MONTHLY REPORT ON HONG KONG1 JANUARY TO 30 JUNE 2020（https://assets.publishing.service.gov.uk/government/uploads/system/uploads/attachment_data/file/937162/Hong_Kong_Six_Monthly_Report_January_-_June_2020.pdf 2020年12月3日閲覧）。

24) Gittings, Danny, *Introduction to the Hong Kong Basic Law*（*2nd ed.*）（Hong Kong: Hong Kong university Press, 2016）, p.39. 村尾・前掲注6）1039頁も参照。

25) 前掲注11）*Tong Ying Kit v HKSAR,* para.26.

所に司法審査を申し立て、香港の裁判所が法律の全部または一部を違憲無効であると宣言できるのかどうか、ということである。なお、司法審査については、第2部4を参照されたい。

香港基本法11条2項によれば、「香港の立法機関が制定するいかなる法律も、本法に抵触してはならない」とされている。ここに指す法律には、香港の立法機関が制定する法律、すなわち条例が含まれることは明らかだが、国安法のような全人代常務委で制定された全国性法律が含まれるのかははっきりしない。そのため、香港の裁判所が、全国性法律に対する香港基本法違反の審査（違憲審査）を行うことができるのか、という疑問がまず提起されるのである。

第3部1でも触れたように、香港法院は全国性法律の違憲審査を行うことができない、というのが香港政府の見解のようである。

しかし、終審法院は、1999年の居留権事件において、次のように述べている。

「物議を醸しているのは、全人代または全人代常務委による立法行為が香港基本法に適合するか否かを、香港法院が審査する管轄があるかということである。我々としては、香港法院は、確かにそのような管轄を有しており、不適合を発見したならば無効を宣言する義務を負っていると考える[26]」。

すなわち、香港の条例や行政長官の行為のみならず、全人代または全人代常務委の立法であっても香港基本法に抵触する場合には違憲無効であると香港法院は宣言できる、と述べているように読める。実際に、香港法院は、1999年に、附属文書3に加えられた中国の法律である国旗法を香港で立法化した国旗及び国章条例（National Flag and National Emblem Ordinance, Instrument A401,《国旗及国徽条例》文件 A401)、香港地域旗及び地域章条例（Regional Flag and Regional Emblem Ordinance, Instrument A602,《區旗及區徽條例》文件 A602）が、香港基本法に適合するか否かを審査した（国旗法事件）[27]。結果的には合憲と判断されたが、附属文書3の法律であるというだけで香港基本法の違憲審査の範疇から外れるものではないことを明らかにしたともいえよう。

とはいえ、国旗及び国章条例、香港地域旗及び地域章条例と国安法とでは、

---

26) *Ng Ka Ling v Director Immigration*（1999）2 HKCFR 4.

27) *HKSAR v Ng Kung Siu*（1999）2 HKCFR 442, 468.

法形式的な違いがあることには注意を要する。前者は、中国の法律である国旗法を、香港の条例に「立法化」したものであり、形式上は香港の条例であることに間違いない。そうだとすれば、前述した香港基本法11条2項との関係でも、香港法院が違憲審査できるのが筋であるといえよう。しかし、国安法は、香港の条例に「立法化」するというプロセスを経ず、中国の法律がそのまま香港で「公布」されることによって施行されたものである（これも香港基本法18条3項が許容している施行の方法である）。この意味で、形式的に香港の条例になっていない国安法は、純粋な中国の全国性法律であり、香港法院の違憲審査の対象から外れるという議論はあり得るかもしれない。とはいえ、「立法化」か「公布」かにより実質的に大きな違いを持たせることができるとなれば、それは極めてアンバランスな法解釈にならないだろうか。

　なお、国安法に対して実際に司法審査を申し立てた例は一応存在する。過去に香港で30件を超える司法審査を申し立ててきた「司法審査の王」（中国語原文では「覆核王」）との異名を持つ郭卓堅が、弁護士をつけることなく、単身で国安法にチャレンジしたのである（【図3】）。

　この申立ては、香港が自ら香港基本法23条に基づく法律制定を行いさえすれば、香港基本法に違反するような国安法は制定されなかっただろう、という仮定のもとで行われたようであり、第一審裁判所は、香港政府や立法会が法律制定を行う時期については司法審査の対象にならないとして、この申立てを退けた[28]。あわせて、郭卓堅の申立ての中では、国安法の66条の条文のうちどの部分が、香港基本法のどの条文に違反しているのかが明らかにされておらず、香港法院はこのような曖昧な状態では重大な憲法問題に関する判断を下すことはできないとの指摘もされている。これらの事情を踏まえて考えると、国安法に対する司法審査が一切認められないという趣旨ではなく、実質的内容の伴った申立てを行えば、国安法の司法審査が行われる余地はあるだろう。実際、判決書においても、傍論（obiter dictum）[29]ではあるが、「仮に香港の司法機関が実質を伴った案件を処理する際には、次のような事項に基づいて、国安法と基本法の規定が適合するか否かを必ず考慮しなければならない。①コモン・ローの

28）　郭卓堅 v 香港特別行政區首長林鄭月娥女士（2020）HKCFI1520.

【図 3】 国安法に対する司法審査を申し立てた郭卓堅と司法審査の却下を報じた記事

郭卓堅申覆核《港區國安法》控特首
違就職宣言　高院稱無證據拒批

A⁺ A⁻

一貫した原則、②香港の司法機関が香港基本法第3章により賦与される香港居
民の基本権利を保障するという憲法上の責任、③国安法4条が『香港特別行政
区は、国家安全を保護するにあたり、人権を尊重し保障しなければならず、香
港特別行政区居民が香港特別行政区基本法及び『経済的及び政治的権利に関す
る国際規約』、『経済的、社会的及び文化的権利に関する国際規約』のうち香港
に適用される関係規定に基づき享有する言論、報道、出版の自由、結社、集会、
デモ行進、示威の自由を含む権利及び自由を法に基づいて保護しなければなら
ない。』と定めていること。」との指摘がなされており[30]、香港法院が、国安法

---

29)　裁判官が判決の意見の中で述べたことのうち、判決理由（ratio decidenti）と関係のな
　　い部分で、先例としての効力は持たない（田中英夫『英米法辞典』（東京大学出版会、1991
　　年）598頁）。

30)　前掲28）郭卓堅訴香港特別行政区首長林鄭月娥女士, para.7.

の香港基本法適合性を審査することができることが示唆されている。

(2)　国安法14条2項の規定

ところで、司法審査との関係では、国安法14条2項（【図4】）にやや気になる規定がある。

この下線を付した部分は、非常にシンプルで、行政長官を座長とする香港特別行政区国家安全維持委員会（以下、「国家安全維持委員会」）による決定は、香港法院の司法審査を受けないことを述べている。このような規定を設けること自体が、香港基本法に違反するのではないかという議論がある[31]ことはさておき、仮にこれに従うとすると、どのようなことが起こるのであろうか。

国家安全維持委員会による決定としては、2020年7月7日に制定された国安法43条実施細則（《中華人民共和國香港特別行政區維護國家安全法第四十三條實施細則》。以下「実施細則」）がある。これは、国安法の犯罪事件捜査の際の措置に関してその手続的ルールを定めるものであり、七つの附属文書が詳細な内容を規定している（【表1】）。

例えば、通信傍受および秘密監視について考えてみると、実施細則の附属文書6が詳細なルールを定めており、(a)国安法上の犯罪を防止もしくは探知し、または国家安全を保護する目的があり、(b)ある者が国安法上の犯罪や国家安全に関して脅威となり得る活動に及ぶ可能性等があり、(c)通信傍受や秘密監視を行うことが上記の目的に必要であり、かつつり合いが取れていること、といった要件をみたすと行政長官が判断すれば、警察に通信傍受や秘密監視を許すことができる。

さて、ここでの判断権者は行政長官であるため、かなり広い範囲で通信傍受や秘密監視がなされるおそれも否定できない。このような定めは、通信の秘密などを保障した香港基本法30条に反するとして、香港法院に司法審査を申し立てるとしよう。しかし、このような司法審査の申し立ては、まさに前述の国安法14条2項によって妨げられることとなる。ここでの通信傍受や秘密監視を定

---

31)　例えば、村尾・前掲注20）1199頁は、欧米的価値観に立つのであれば、この国安法14条2項は法の支配の中核的要素を破壊するおそれがあると指摘する。

【図 4】 国安法14条 2 項

> 香港特別行政区国家安全維持委員会の業務は、香港特別行政区の他のいかなる機構、組織及び個人の干渉も受けず、業務に関する情報は公開しない。<u>香港特別行政区国家安全維持委員会が下した決定は、司法審査を受けない。</u>（注）下線部は筆者による。

（出所）　筆者和訳。

【表 I 】 実施細則附属文書の内容

番号	内容
附属文書 1	証拠の捜索に関する細則
附属文書 2	捜査対象者に対する香港出境制限に関する細則
附属文書 3	資産の凍結、制限、押収、没収に関する細則
附属文書 4	国家安全を害するメッセージの除去及び協力要求に関する細則
附属文書 5	香港に関する活動であることを理由とする外国及び台湾の政治的組織に対する情報提供要求に関する細則
附属文書 6	通信傍受及び秘密監視の許可申立に関する細則
附属文書 7	情報提供及び資料提出の要求に関する細則

（出所）　筆者作成。

めた実施細則が、国家安全維持委員会の決定そのものであり、「司法審査を受けない」からである。言い換えれば、実施細則に根拠を見出すことのできる行政機関の行為については、一律に司法的な救済が否定され得る。

　ただし、国家安全維持委員会は、どのようなことでも決定できるわけではないとの見解もある。香港大学の憲法学者で香港基本法委員会委員でもある陳弘毅教授によれば、国家安全維持委員会が、自らの決定権限を逸脱した決定を行っていないかについては、司法審査が可能である[32]。

　とはいえ、実質的には、この国安法14条 2 項に従う限り、香港基本法違反の疑いがある捜査機関による行為の多くは、司法審査の途が閉ざされてしまうこ

---

32)　"National security law: decisions of new committee in Hong Kong not above judicial review, legal expert says" *South China Morning Post*, 2020年 7 月11日、（https://www.scmp.com/news/hong-kong/politics/article/3092792/national-security-law-decisions-new-committee-hong-kong-not 2020年12月 2 日閲覧）

とになるだろう。実務上も、このような考慮から、司法審査の申立ては難しいと考えられているようである[33]。

4　香港の裁判所による今後の国安法運用の可能性

(1)　国安法に対する司法審査を申し立てる実益

ここまでで見てきたように、国安法に対して司法審査を申し立てる余地が全くないというわけではない中で、申立てがされた実例は前述した「司法審査の王」による一件のみで、弁護士を選任して本格的な申立てが行われた例はない。2019年の覆面禁止法制定の際は、即座に民主派立法会議員による申立てが行われたが、国安法に対してはなぜそのような動きがないのであろうか。

この点に関し、バリスタアンソン・ウォンの興味深いコメントがある。「確かに司法審査を申し立てることは救済を求める一つの方法だが、そのような動きはコストがかかる上に、北京による法律の解釈権の発動を早めることになるだろう。それは、望ましいことではない[34]」。つまり、司法審査を申し立てて香港法院が判断をしようとすれば、結局は全人代常務委が自ら解釈権を行使して、国安法は香港基本法との関係で何ら問題がない、あるいは、そもそも国安法自体が優先するといった結論を出してしまうであろうから、かえって藪蛇になってしまう、という趣旨であると思われる。覆面禁止法に対して違憲判決が下された際は、中国政府側は解釈権発動を堪えたようであるが、国安法に対する違憲判決が仮に下されれば躊躇なく解釈権を発動するであろう。

解釈権の詳細については本書第1部2および第3部1を参照されたいが、香港基本法にしても国安法にしても、いわば最終的な決定権は、全人代常務委が握っているということである。香港基本法と国安法の関係性の問題は、香港法院がコモン・ローの伝統を重視しいかに理論と検討を積み重ねようとも、全人

---

33)　藤本欣也「香港最後の砦　司法の独立を問う（中）」『産経新聞』2020年11月19日において、バリスタ協会会長のフィリップ・ダイクス氏も、「国安法の案件で違憲性を問うことは非常に難しい」と話したことが報じられている。

34)　前掲注32)

代常務委の「鶴の一声」で決まってしまうのが、中国法の枠組みの中で制定された香港基本法の限界であるともいえる。香港現地の法曹たちは、この点を理解しているからこそ、国安法に対する司法審査の申立てを控えているのではないだろうか。

このことは、実は、返還直後から意識されてきた問題であると思われる。例えば、1999年の居留権事件において終審法院が違憲判決を下した際には、判決後に中国側で大きな批判を浴び、結果的に全人代常務委の初の解釈権行使を招くことになった。全人代常務委は、本質的に政治的機関であって、権力分立による権力抑制の原理が働かない機関でもあるから、解釈権行使を乱発させれば、香港における人権や自由の保障は後退しかねない。そのため、香港法院は、違憲判決を出すことには消極的になったとの指摘もある[35]。

(2) 国安法のコモン・ロー適合解釈の可能性

では、司法審査を行うこともかえって藪蛇になるおそれがあるのだとすると、もはや、国安法の前に香港基本法や香港の司法は一切無力化されるということになるのであろうか。もちろん、そのような見方もあるかもしれないが、香港の法曹の動きをみる限りでは、必ずしもそのように諦観しているばかりではないようである。そして、彼らの試みの一つは、国安法を「コモン・ロー化」することで、香港基本法との共存を図ることである[36]。

ある法律について、香港基本法との関係で違憲の疑いが生じているとする。この場合に、香港法院の取り得る一つの選択肢は、法律が違憲であり無効であると宣言することである。しかし、これは、法律の無効化に伴って社会的にも

---

35) Chan, Johannes and C. L. Lim（eds）*Law of Hong Kong Constitution*（*2nd edition*）（Hong Kong: Thomson Reuters, 2015）pp.735-736.

36) 藤本欣也「香港最後の砦　司法の独立を問う（下）」『産経新聞』2020年11月20日。また、Andrew Powner "An Overview of Hong Kong's National Security Law" Hong Kong Lawyer,（http://www.hk-lawyer.org/content/overview-hong-kong%E2%80%99s-national-security-law 2020年7月10日閲覧）も、国安法がかなり広い範囲の処罰規定を定めていることを踏まえて、今後これを法の支配の中でどのように運用していくのか、という問題提起を行っている。

混乱を招くおそれがあるし、何より、前述のような全人代常務委の解釈権発動を招くおそれがある。そこで、考えられる別の選択肢として、法律を合憲的に解釈して読む、というものが考えられ、実践されてきた。平たくいえば、法律自体をこのように読めば、香港基本法に反することはない、といった形である。この過程の中で、不明確あるいは広すぎる処罰範囲を定めているかのように見える法律であっても、判例の積み重ねによって適用範囲が明確化され、人権・自由の制約も適切な範囲内に収まる可能性が出てくる。

　このような試みの実践と思われるのは、まさに国安法犯罪で初の起訴事例となった唐英傑の保釈に関連する一連の判決である。

　唐英傑は、2020年7月1日に逮捕されたが、マジストレート裁判所は同月6日に裁判所保釈を認めず、以後、本稿執筆時点（2021年2月9日）においても長期にわたって勾留されている。無罪推定原則のもとで保釈が認められやすいといわれるコモン・ローのもとで（第3部3参照）、身柄拘束からの解放が容易に認められないのは、「犯罪被疑者または被告人が、国家の安全を害する行為を引き続き実施することがないと信じる十分な根拠を裁判官が持たない限り、保釈を認めてはならない」と規定する国安法42条2項の影響があるのではないかと疑われた。そこで、弁護人は、保釈請求の却下判断に対する抗告を行うとともに、「仮に国安法42条が、保釈を一切許さない趣旨なのであれば、不当な身柄拘束にあたる」と主張して、人身保護令状の請求を行った。結果的に被告人の保釈は許されなかったものの、第一審裁判所は、次のような判断を下した。

　「国安法42条2項は、国家安全を害する罪の違反を疑われている者に対し、保釈の余地を認めないという規定ではないことは明らかである」、「国安法42条による保釈認可に対する制限は、小さいものである」、「42条は、合理的に可能な限り、基本的人権の保障に合致するように解釈し適用されなければならない」、「国安法42条は、現行の保釈請求に関する法実務に対し、劇的ないし大きな変更を与えるようなものではない」、「香港法院が関与する限り、国安法の解釈にあたっては、コモン・ローのアプローチを採用する」[37]。

---

37)　前掲注11）*Tong Yin Kit v HKSAR*（2020）HKCFI 2133 at 36, 37 のほか、*Tong Yin Kit v HKSAR*（2020）HKCFI 2196 at18.

この件が国安法に基づく初の起訴事例であり、世界的にも注目を集めていた事件であることからすれば、直ちに保釈を認めてしまうことは、全人代常務委の解釈権行使を呼び起こすおそれがあったと思われる。また、国安法42条２項に関係なく、警察官３人に重傷を負わせており結果も重大であることや、終身刑も有り得る重大な罪が被疑事実となっており逃亡のおそれがあること等に鑑みれば、従来通りの保釈判断の枠組みのもとでも、保釈を認めないという判断が正当化される余地はある[38]。そのような中で、国安法違反の犯罪についても保釈が従来通り認められて然るべきであること、国安法の解釈にあたっても、（中国法的アプローチではなく）コモン・ローのアプローチを用いるとの一般的原理原則を明確にしたことは、一定の意義があったのではないかと思われる。

　とはいえ、同じく国安法違反で起訴された黎智英（民主派新聞社の蘋果日報創業者）は、一度裁判所保釈を認められたにもかかわらず、2020年２月９日に終審法院でその保釈判断が取り消された。終審法院はその決定の中で、上記唐英傑事件の判断が誤っていることを指摘し、国安法は保釈をコモン・ロー上の基準よりも厳しく制限するものであることを認めた[39]。保釈をまったく認めない趣旨ではないようだが、今後の運用次第では国安法違反事件の保釈が実質的に難しいものになる可能性がある。

おわりに

　ここまで述べてきたように、結局は全人代常務委が解釈権行使をするかしないかという政治的要素に依存することになるという点では、香港基本法も、中国法の枠内にあるのであって、香港の裁判所の違憲審査権や司法審査による権

---

38)　高等法院第一審裁判所の判断もそのような前提に立つものと思われるが、どのような具体的事情を考慮したのかを記載したと推察される部分の決定文は公開されていない。*Tong Yin Kit v HKSAR*（2020）HKCFI 2196 at 21-31.

39)　*HKSAR v Lai Chee Ying*（2021）HKCFA 3. 終審法院は、国安法違反事件での保釈が認められる要件として、通常の保釈の考慮要素を検討する前提として、「犯罪被疑者または被告人が、国家の安全を害する行為を引き続き実施することがないと信じる十分な根拠」の認定が必要であるとして、国安法42条２項の規定を正面から認めた。

力の抑制には自ずと限界がある。そのような中で、国安法をコモン・ローに適合するように解釈していくという手法は、現実的で有用なものかもしれない。しかし、そのためには、一つ一つ判例を積み重ねるという地道な方法をとらざるを得ず、長い道のりを覚悟する必要があるだろう。

　なお、脱稿当日である2021年2月9日に、前述の黎智英に対する終審法院決定が出た。詳細な検討を本書で行うことはできなかったが、前述の保釈要件以外にも、香港の裁判所は国安法に対する司法審査を行うことができないことも示されている。そのため、本章3の記載にかかわらず、実務的には国安法の司法審査の途は閉ざされたかもしれない。時間的制約ゆえ、このような形での言及となることをご容赦いただきたい。

6

通識教育から愛国教育へ
——教育を通して考える香港の「法の支配」の行方

阿古智子

はじめに

　アヘン戦争後、イギリスの植民地になった香港は、3年8か月の日本軍占領期を経て、再びイギリスの植民地に戻った。その後、主権の返還をめぐる交渉が行われたが、市民や市民が選んだ代表が政治の主体となってそのプロセスに関わるという選択肢はなかった[1]。1997年7月1日には主権が中国に返還されたが、「一国二制度」の下で香港が独自に維持できる制度には多くの制限が設けられていた。このような歴史の中で、香港の教育は常に重層的な植民地的構造を反映したものであった[2]。

　私たちは家庭で、コミュニティで、そして学校でさまざまな教育を受ける機会を得て、自らの現在と過去をとらえ、未来のあり方を展望する。政府は個人

---

1)　許家屯は、香港政府は「中英共同声明」の調印により主権は返還されることが正式に決まった後に、香港に代議制を推進し始め、「主権を香港人に返す戦略」を打ち出したと指摘している。許家屯は中国共産党中央委員だった1983年に香港に赴任し、香港返還に向けた作業に現地で最高責任者として携わった。天安門事件で民主化運動に理解を示して党指導部と対立した後、米国に亡命した（許家屯『許家屯香港回憶録』香港聯合報有限公司、1993年）。

2)　Law, Wing Wah, "The Accommodation and Resistance to the Decolonization, Neo-Colonization and Recolonization of Higher Education in Hong Kong. Comparative Education", (1997) 33(2), pp.187-209.

の発展の側面から、そして、経済発展や国際的な環境をとらえた上で教育改革を行い、人材育成の計画を立てる。中国への主権の返還が決まった頃、香港の教育改革の中で特に重視されていたのが、公民教育（Civic Education）だった。その流れの延長戦上に通識教育（Liberal Studies）のカリキュラムが発展し、2009年には必修化された。香港の人たちが自らの過去、現在、未来を見つめ直そうとしてきたその軌跡は、こうした教育改革と学びのプロセスの中に現れている。

　しかし、国家安全維持法（国安法）が施行された香港では、通識教育のあり方を大きく変える政策が実施されつつある。中国では、国家権力が教育の内容や手法に大きな縛りをかける傾向が顕著になっているが、今後は香港にも同様の動きが広がっていくのか。コモン・ローを法体系の基本的理念としてきた香港において、「法の支配」（Rule of Law）の考え方を普及させるという意味においても、公民教育、通識教育は重要な役割を果たしてきた。本章は、香港の教育の変容を通して、香港における法の支配、自由と民主主義の行方を考える。

1　香港の教育制度[3]

　公民教育、通識教育について詳しく見ていく前に、香港の教育制度を簡単に説明しておきたい。

　イギリスの植民地であった香港の教育政策は、植民地官僚の育成と植民地体制の正当性を強化することに重点を置いていた。しかし、1966年にスターフェリーの運賃値上げに端を発した住民のハンストや香港政府への抗議活動が、1967年には香港フラワー工場の労働争議に端を発した大規模なデモやストライキが起こり、香港政府は官民のコミュニケーションの改善に着手し始めた。1968年には政府とコミュニティとの橋渡しをする存在として「民政主任」（City

---

3)　香港の教育制度、教育の歴史、教育と政治の関係については、Sweeting, Anthony, *Education in Hong Kong 1941-2001: Visions and Revisions.* (Hong Kong: Hong Kong University Press, 2004) Morris Paul and Sweeting, Anthony, "Education and Politics: The Case of Hong Kong from an Historical Perspective", Oxford Review of Education (1991), Vol. 17, No. 3, 249-267を参照した。

【表 1】 香港の中等教育機関の分類

公立学校：31校（全体の約 7 ％）。政府が資金を提供。教職員は全て公務員。宗教的バックグラウンドはなく大半が男女共学（男子校 3 校、女子校 2 校）。
資助学校：360校（約78％）。非営利団体が経営する学校で、政府から受け取る補助金で大部分の教育資金を賄っている。管理は学校理事会が行う。
直接資助学校：60校（約13％）。生徒数に基づいて政府の補助金を受領。カリキュラムや入学条件に関して、公立学校、資助学校と比べて高い自律性を維持できる。
私立学校：11校（約 2 ％）。政府の補助金は受け取らず自己資金で運営。学費が高い。

(出典)　『升学天地』2017年12月（https://www.schooland.hk/post/sspa04）を筆者が整理。2020年12月 5 日に最終アクセス。

District Officer）を据える制度を導入し、1971年には、圧倒的多数を占める中国系住民とのコミュニケーションの円滑化を図るため、中国語が公用語化された。

　社会運動を背景に、香港の政治勢力は親中派、民主派、中間派に分岐していった。人口が急速に増加する中で教育の整備を求める声が高まり、さらに児童労働への国際的な批判への配慮もあり、1970年には 6 年間の初等教育が義務教育となり、児童を就学させない保護者に対する罰則が設けられた。1978年には、中学 3 年間を含む 9 年間の義務教育の制度が実施された。

　この頃、民間運営の学校に多額の政府補助金が投入されるようになった。その一方で、非公立枠には少数派の左派系愛国学校も存在し続け、香港の教育の多元性を構造的に規定した。1970年代から1980年代にかけて、教育政策の策定過程に民間団体を参加させる諮問が始まり、親中派の団体は諮問には参加しなかったものの、左派系愛国学校も独自の実践の一つとして許容された。

　教育システムは、小学校 6 年と中等教育前期課程（日本の中学に相当） 3 年、中等教育後期課程（高校に相当） 2 年、大学予科 2 年、高等教育（大学）が 3 年という体制が長く続いたが、2009年度から日本と同じ「六三三四制」に変わった。大学への進学は公開統一試験（香港中学文憑考試）の結果によって決まる。

　中等教育課程には、教育局が設立し、運営・管理している公立（官立）学校の他、政府補助金で大部分の教育資金を賄う資助学校、生徒数に基づいて政府補助金を受領する直接資助学校、自己資金で運営する私立学校がある。

2 公民教育から通識教育へ[4]

(1) 公民教育の導入と発展

香港の教育内容に植民地政府が求める人材育成という要素に加えて、香港の「公民」という意識が加わったのは、冷戦構造のなかで社会主義国・中国の「臣民」と対比する意味合いもあった。一方で、政府への服従、法の遵守を公民意識ととらえ、植民地経済の真髄であるレッセ・フェール（自由放任主義）を支える政治的権利を持たない「公民」を認識する傾向は長く続いていた。

1960年代に起こった2つの暴動を受け、植民地政府は社会の安定と経済の繁栄のための社会政策を重視し始めた。1970年代には青少年の香港への帰属意識の育成を急務ととらえ、「香港はコミュニティ」という表現が使われるようになった。しかし、1971年には「教育条例」で学校内の政治活動が禁止されたため、「公民科」に変わって導入された「経済と公共事務科」は、ほとんどの中学校が教えなかった。

香港人の政治参加が具体的に議論され始めたのは、中国への主権返還が決まろうという頃になってのことだった。1984年9月の「中英共同声明」調印の2か月前に「代議制度の段階的発展」と題した緑書が出され、1985年9月に初の立法評議会の間接選挙が実施された。天安門事件発生後、イギリス政府は「中英共同宣言」の範囲内で最大限の民主化を促進しようとした。1991年に初めて一部議席に直接選挙が導入され、民主派が圧勝した。1992年7月には保守党の大物政治家クリス・パッテンが最後の総督として香港に赴任する。

こうした流れの中で、1996年には、『学校公民教育の手引き』が全面的に改訂され、従順で責任感のある公民ではなく、批判的思考、問題解決能力、客観的態度のある理性的で積極的、責任感のある公民の育成を目指すとされた。同時

---

4) 公民教育と通識教育については、以下の中井智香子の文献を参考にした。中井智香子「香港の『通識教育科』の形成過程と雨傘運動」『国際教育』（第22巻、2016年①）106-120頁、中井智香子「香港の「通識教育科」世代の社会意識をめぐって」『アジア社会文化研究』（17巻、2016年②）1-27頁、中井智香子・広島大学学位（博士）論文『香港の「公民教育」と「国民教育」——二つの愛国を巡る相克』（2015年）。

【表2】 中等教育前期課程（1-3年）の公民教育

Ⅰ期（1945-1956年） 『公民科』（Civics）は主に植民地政府が求める人材確保のための知識を重視。行政機構の概括的な知識を限定的に学ぶという内容。行政に協力的な英語と西洋文化に精通した少数エリート（公務員、企業家）を育成しようとした。官民の意思疎通手段については提示なし。政府への服従、法の遵守を公民意識として強調。香港の都市生活と中国の伝統的農村生活の差異、香港の公民（citizen）と中国社会の臣民（subject）を意図的に対比。
Ⅱ期（1957-1964年） 『公民科』には、香港生まれの第二世代を対象とする香港を中心とする公民意識が付け加えられた。朝鮮戦争後の対中禁輸措置を経て、香港が中継貿易地に転換し、生活水準が向上したことを強調。祖国・中国への郷土意識を希薄化させ、香港への関心を高めようとした。
Ⅲ期（1965-1974年） 『公民科』が姿を消し、『経済と公共事務科』（Economics and Public Affairs）が登場。植民地経済の真髄であるレッセ・フェール（自由放任主義）を支える政治的権利を持たない「公民」を認識。1966年と1967年に起こった暴動を受け、植民地政府は社会の安定と経済の繁栄のための社会政策を重視。青少年の香港への帰属意識の育成を急務ととらえ、教育機会を急速に拡大させた。
Ⅳ期（1975-1984年） 『経済と公共事務科』で視察や社会奉仕活動を行い、青少年の社会参加への意識を高め、香港への帰属意識の育成を図った。「香港はコミュニティ」という表現が使われるようになるのは、1968年から開始した中国語公用化運動、1970年代の知識人青年による「認識中国」キャンペーンが影響を持ち始めたためと見られる。1972年3月には中国が国連の植民地委員会に香港を植民地リストから外すよう要求し、承認された。
Ⅴ期（1985年以降） 1984年9月の「中英共同声明」調印の2ヶ月前に「代議制度の段階的発展」と題した緑書が出され、1985年9月には初の立法会評議会の間接選挙を実施。1985年9月、幼稚園児から大学生までを対象とする公民教育に関する『学校公民教育の手引き』を発行。この中で、1997年の主権返還については言及されず、政治制度などに関する知識が中心だった。政治参加や民主主義に関する概念や実践については語られていなかった。1987年、翌年の選挙での直接選挙の導入に関して世論調査が行われ、反対が賛成を上回った。1989年、天安門事件により、政府も市民も民主化を支持する方向へ。1991年に初めて一部議席に直接選挙が導入され、民主派が圧勝。 1996年、『学校公民教育の手引き』を全面的に改訂。従順で責任感のある公民ではなく、批判的思考、問題解決能力、客観的態度のある理性的で積極的、責任感のある公民の育成へ。国民教育、民主教育が取り上げられ、香港、中国への帰属意識、政治的権利と義務を果たす能力の発達が要求され、「中国公民」の自覚についての言及もあった。 1998年に中学の課程に独立科目として「公民教育科」が導入されたが、選択科目だったため、採用したのは全体の1割（30校あまり）だった。

（出典） 中井智香子、広島大学学位（博士）論文「香港の『公民教育』と『国民教育』——二つの愛国を巡る相克」（2015年）の内容を筆者が整理。

【表3】公民教育のガイドラインの特徴（1985年と1996年）

1985年のガイドライン
イギリスが主導する上からの民主化に沿った内容だが、中国にも配慮し、政治参加を奨励せず、知識中心だった。教授法に多元的アプローチを導入し、選択科目、非独立科目として公民教育を実施し、ナショナル・アイデンティティに関わる国民教育の要素は排除した。

1996年のガイドライン
返還後の公民教育政策の基本方針を示すため、1985年版を全面的に見直した。さまざまな政治的立場の民間メンバーが参加し、一般市民との間で諮問も行った。民主主義、人権、ナショナリズム、愛国など、さまざまなテーマと政治イデオロギーの違いを内包しており、親中派にも民主派にも概ね支持された。植民地教育の負の遺産を抜本的に解消し、21世紀に向けた知識型経済に貢献できる世界市民を育成するという要素と、ナショナル・アイデンティティの構築を目指す国民教育という要素が含まれていた。

(出典)　中井智香子「香港の『通識教育科』の形成過程と雨傘運動」『国際教育』（第22巻、2016年、106-120頁）の内容を筆者が整理。

に、国民教育についても取り上げられ、香港、中国への帰属意識、政治的権利と義務を果たす能力の発達が強調された。さらに、董建華行政長官の意向もあり、中国伝統の儒教的価値観との融合が提唱され、ナショナル・アイデンティティが強調されるようになった。

　この分野で多くの論文を執筆している中井智香子は、香港では「多元文化・世界市民モデルの"公民教育"が国民国家の論理に基づく"国民教育"よりも先行して始まっていた」と指摘する[5]。国民教育の要素は公民教育の中に含まれており、のちに、それを切り離して国民教育（国情教育）へと発展させる動きがあったのだが、2012年には反国民教育運動が発生した。そもそも、公民教育と国民教育には、多数の相反する要素が含まれており、反発は当然といえば当然であった。

(2)　教育改革と通識教育の開始

　以上のように、公民教育の推進によって教授法や教育内容に変化が生じ、教育の多元化が進んでいった。一方で、公開統一試験の内容は大きくは変わらず、丸暗記型の学習は続いていた。そうした中、1992年から予備課程１年（高校の

---

5)　中井・前掲注４）（2016②）11頁を参照。

３年に相当）に選択科目として「通識教育科」が導入された。2003年には、高校１年、２年を対象に「総合人文科」「科学と科学技術科」が選択科目として開設された。

このような動きは、専門家、市民、財界から意見を聞く機会を設けた上で教育改革を推進する中で生じたものとして、とらえるべきであろう。1997年10月、董建華行政長官が教育統籌委員会（教統委）を設立した。教統委は市民との間で諮問、意見書の検討を実施し、1998年、教育改革の基本方針「21世紀の知識型経済へ順応できる人材の育成」を打ち出した。1999年１月には財界リーダーから意見聴取する機会が設けられた。財界は、返還後も国際金融センターとして香港の独自性を維持するためには、21世紀の知識型経済に対応できる人材の育成が重要であり、知識をひたすら暗記するような学習ではなく、批判的思考力、創造力、コミュニケーション力、語学力などを伸ばすことを求めた。

2004年１月、董建華行政長官は教統会の答申を受け入れ、市民との諮問を重視しながら詳細を決めていくと明言した。2008年には新学制への移行も予定されていたが、教育現場は改革疲れで準備が追いつかず、新学制は１年遅れ、2009年に開始となった。同年、通識教育が必修科目に格上げされている。

通識教育は、20世紀半ばのアメリカで確立された「探究式学習」（Inquiry-Based Learning）を参考にしたと言われている。「独立専題探究」（Independent Inquiry Study）という教授法によって批判的思考能力の育成を目指すものであり、常態化していた丸暗記型学習を抜本的に改革するという意味で、すでに選択科目として15年以上の経験の蓄積があったものの、必修化するために、現場の教員らは相当な努力をして意識改革を行い、実践を積み重ねる必要があった。

1992年の導入当時から現在に至るまで、通識教育は「自己啓発と対人関係」「今日の香港」「現代中国」「グローバル化」「公衆衛生」「エネルギーと環境」の６つの単元で構成されている。学生は３つの学習範囲からさまざまな知識や視点を学び、そこからテーマを見出し、横断型の学習を行う。

例えば「今日の香港」という単元では、「生活の質」「法治と社会・政治参加」「身分とアイデンティティ」などの項目が設けられている。香港の住民が生活の質を維持し、改善するためにはどのような方向性があるか、香港の住民はどのように社会・政治に参加するのか、どのように権利を行使し、義務を履行す

るのか、香港の住民はアイデンティティをどのように形成しているのかについて考え、論じ、表現する。教科書は指定されていないが、参考資料となる教材を出版社が発行している。教員は、新聞記事や映像など、メディアの素材を教材として活用し、オリジナルな教材も作っている。

通識教育科の課程綱要は1991年に初版が、1996年と2000年に改訂版が出された。さらに、2007年には高校の課程改革に合わせて全面的に刷新された。これら課程綱要を分析した中井智香子は、2007年の新版は「学生の独立思考力、ポジティブな価値観、積極的な態度と社会意識を身につけさせる」という目的を掲げ、二項対立ではなく、多角的な見方を促そうとしており、「批判意識を生み出す」とする旧版とは大きな差異が見られると指摘する。例えば、初版と1996年版には香港と中国の違いを際立たせる記述があり、社会主義と資本主義、中国式民主と西欧式民主など、二項対立の枠組みを浮かび上がらせている。その中で中国をより深く知るという方向が示されるが、総じて、香港の方が上位に置かれているような印象を与えている。

天安門事件後、政府内にも、社会全体においても危機感が高まり、通識教育に政治参加型の市民社会への移行を後押しする意味が込められていった。初版には単独の項目としては設定されていなかったメディアが、1996年には一つの項目として採用されている。民主主義社会においては、報道の自由を保障されたメディアが重要な役割を果たしていることを強調し、党と政府のマウスピースである中国のメディアと対比していた。

(3) 公開統一試験：ハイレベルな通識教育の問題

通識教育は2009年に必修科目に格上げされ、高校生が卒業時に受験する公開統一試験「中学文憑考試」（DSE）で、英語、中国語、数学に並んで、全員が受験するコア科目になった[6]。香港の受験競争は過酷で、高校生はDSEの過去の試験問題や採点基準、評価方法を徹底的に調べ、試験に備える。香港は塾産業

---

6)　大和洋子「香港の大学入学資格統一試験改革：新試験（2012）が目指す人材育成」『国立教育政策研究所紀要』（第143集、2014年3月）117-135頁が通識教育の導入も含め、新しい公開統一試験が目指す人材育成について詳述している。

も発達しており、受験の必修科目となった通識教育についても、試験対策を行う塾のスター講師が注目されるなど、試験にターゲットを絞った学習が盛んになった[7]。

しかし、通識教育はこれまでの教科学習を超えた総合的な学習活動を目指すものであり、「詰め込み教育から生徒の主体的な学び」への転換を図っていた。そうした理念を実現するため、評価は公開統一試験の結果だけでなく、校内成績評価（SBA: School Based Assessment）も15-20％の割合で加味している。校内成績評価では、プロセス（独立思考、コミュニケーション、努力）と、成果（探究計画書、資料収集、研究成果）を配慮する。このように複雑な評価方式を採用したのは、丸暗記型の学習を避け、多角的に生徒の能力や努力をとらえるためであった。

カリキュラムの開発や綱要の作成を担当するのは課程発展議会、公開統一試験の出題や評価を担当し、全体を統括するのは香港考試及評核局（考試局）である。以下、通識教育でどのような問題が出されているのか見てみよう。

巻一は全員解答しなければならない問題で、6つの単元から3問ずつ出題されている。写真、図、表、地図、新聞報道、報告、備忘録、書簡、広告、対話、漫画、絵、イラストなど、さまざまな資料を認識、応用、分析する能力が問われる。巻二は、単元ごとに3題出題され、そのうち1問を選んで解答する。自らの経験を踏まえて、問題を批判的に思考し、系統だった方法で考えを伝えることが求められる。

以下、1997年から2020年まで、公開統一試験で出された問題を例として表にまとめた。例えば、1997年は通識教育がまだ選択科目だった時代だが、この年の試験では、パッテン総督が最後の施政報告（1996年10月2日）で示した返還後の民主主義の進展を見極める16の基準（公務員の専業性、司法の独立、報道の自由、集会の自由、表現の自由、民主的な政治活動の保障、民意を代表する立法会議員の選挙制度など）について、「中英共同声明」、「香港基本法」の条文との間に矛盾点はあるのか、これらの基準で特区政府のガバナンスをみた場合

---

7) Chang, Sylvia, Cramming for the Future, *China Daily*, August 15, 2014. Tsoi Grace, In Hong Kong, the Author as Celebrity, *New York Times*, August, 19, 2013.

の適切さをどう考えるか、さらに、将来、特区政府のガバナンスに関して生徒
自身が最も重要だと考える基準とその理由を問うている。まさに主権が返還さ
れる年に考えるべきテーマを、受験生に投げかけた形になっている。試験後に
考試局が受験生の回答を分析して講評を出しているが、この問いについては、
「大部分の受験者が『中英共同声明』と『香港基本法』を十分に理解しておらず、
パッテン前総督の提示した民主主義の基準を包括的に分析し、受験生自身の基
準を設けることができていない」と記している。

　2008年には「高度な自治」について訊ねる問題が出題されている。全人代常
務委員長の呉邦国による「香港の自治権は中央から授けられたものである」
とする「授権論」を取り上げ、呉邦国の談話を報じた新聞記事の一部抜粋と、
香港基本法の条文を資料とし、「資料に基づき、呉談話についてあなたの解釈を
述べよ」、「香港特別行政区がすでに高度な自治を実行しているとの見方にどの
程度同意するのか。具体例を挙げて意見を述べよ」という問いを設定した。ま
さに、香港社会で大きな論争となっている問題に切り込んでいる。この問いに
対する講評として、考試局は「自治の概念に関する理解が不十分であること、
呉談話を復唱するだけで内容に関する深い理解に欠けている。したがって、呉
談話に潜む意図を理解していない」と述べている。つまりこの問題には、生徒
に「自治」の概念をさまざまな観点から論じ、その上で呉談話にはどのような
意味があるのかを考えさせようという意図があることがわかる。生徒は呉談話
に賛成しても、反対しても構わない。高得点を取るためには、分析の枠組みを
厳密に設定し、論拠を明確にした上で批判的分析を展開することが重要になる。

　日本でこのような入試問題が出されることなど、とても考えられないだろう。
例えば、「沖縄の米軍基地の辺野古への移転に反対する意見について、あなたは
どの程度同意するのか。具体的な論拠を挙げて説明せよ」といった問題を出す
大学はあるだろうか。筆者は2018年に琉球新報と沖縄キリスト教学院大学の共
同企画「沖縄から育む市民力」の講師として沖縄を訪れる機会があり、地元の
先生方と意見交換させてもらったが、選挙権が18歳に引き下げられ、高校で主
権者教育を行うよう文科省から指示が来ているにも関わらず、ほとんどの高校
で積極的には実施していないということだった。米軍基地問題は選挙の重要な
争点の一つだが、大半の教師が教え方に偏りがあると見られることを恐れ、討

【表4】 公開統一試験の問題① （1997年と2008年）

1997年 パッテン総督の最後の施政報告と民主主義の発展（全員回答問題） パッテン総督が最後の施政報告（1996年10月2日）で示した返還後の民主主義の進展を見極める16の基準について。 （1）パッテン基準と「中英共同声明」、「香港基本法」の条文との間の矛盾点を述べよ。 （2）これらの基準で特区政府のガバナンスをみた場合の適切さについて述べよ。 （3）将来の特区政府のガバナンスに関して最も重要だと考える基準とその理由を説明せよ。
2008年 呉邦国 全国人民代表大会委員長による「授権論」と高度の自治（全員回答問題） 呉邦国委員長による「授権論」（香港特別行政区の高度の自治権は中央（北京政府）が授けたものである）に関する談話を報じた新聞記事（2007年6月7日）の抜粋（資料甲）、『基本法』の条文（資料乙）を引用し、高度の自治について問う問題。 （1）資料甲に基づき、呉談話に関する解釈を述べよ。 （2）甲と乙の資料を参考に、香港特別行政区が既に高度な自治を実行しているとの見方にどの程度同意するか。具体例を挙げて述べよ。

（出典）中井（2016）から引用。香港考試局（2008）『香港高級程度会考 考試報告及試題専輯』を参照。

【表5】 公開統一試験の問題② （通識教育必修化以降）

2012年 政党とガバナンス（全員回答問題） 各政党の支持率の違いを説明し、さまざまな政党の存在によって政府がガバナンスの実効性を高めることができるのかを探究しなさい。
2013年 香港人のナショナルアイデンティティ（選択問題） 天安門事件追悼集会、釣魚島（尖閣諸島）の防衛、四川地震募金などを通して、香港人がどのようなナショナル・アイデンティティを形成しているのかを探究しなさい。
2014年 デモと香港のガバナンスの関係（全員回答問題） 元旦に行われた行政長官への反対派と支持派のデモについて、デモの影響と香港のガバナンスの問題を探究しなさい。
2015年 標準労働時間について（選択問題） 利害関係者が標準労働時間で合意を達成しようとする際に、障害となることがあるのか。そもそも、標準労働時間は必要であるのかどうかを探究しなさい。
2020年 報道の自由と社会的責任（全員回答問題） 報道の自由と社会的責任の二者の間にあらわれるジレンマを指摘しなさい。

（出典）各年度版『香港中学文憑考試及試題専輯』（『明報教育』（life.mingpao.com）のデータベースを用いて検索）

論のテーマに取り上げないという。

　【表5】のように、通識教育が必修化されてからも、香港の公開統一試験では論争の的になっているテーマが出題されている。2020年に出題された報道の自

由については、以下のような回答例が示されている（【表 6 】）。

【表 6 】2020年「報道の自由」に関する問題の回答例

> 「香港基本法」は報道の自由があると定めている。しかし、メディアの管理層は社会秩序を維持するという政治的意識から記者にプレッシャーをかけ、記者は自己検閲を行うかもしれない。そうすれば、権力の監視が難しくなり、メディアは多元的な観点を維持することもできなくなる。
> プライバシーと知る権利の間にはジレンマがある。誰もが表現する自由と情報にアクセスする自由を享受できる。しかし、個人情報やプライベートの生活がメディアによって晒されたり、監視されたりするとプライバシーが侵害される可能性がある。
> 国家安全と監視の間にもジレンマがある。法律が保障している限り、立場の異なるメディアが権力を監視する機能を果たし、権力の濫用や自由を抑圧する状況を明らかにできる。しかし、軍事情報などを漏らすと、国家の安全に危害を与える可能性がある。

（出典）「DSE 通識問新聞自由 評卷参考提國安 兩難情境題 指可作監察亦需顧私隱公共序」『明報教育』（2020年11月 5 日）

（4）　民主派と左派系の二大教員組合

　香港には、香港教育専業人員協会（教協）と香港教育工作者連合（教連会）という二大教員組合がある。教協は民主党が、教連会は民主建港協進連盟（民建連）が支持母体となっており、教協に加入する教師が多数派を占めている。教連会に所属するのは左派系愛国学校の校長と党幹部、教師らである。

　香港では、1970年代に学生運動が活発になったが、主な参加者は香港生まれ、香港育ちの世代であり、自らの課題として「反植民地主義」をスローガンに、中国語公用化や釣魚島（尖閣諸島）の領有権を訴えた。学生運動に参加した人たちは、国粋派と言われるグループから徐々に社会派が現れ、分派していく。教協は社会派の流れを組み、教師のための圧力団体として発足した。1980年代に民主派勢力と政治活動を開始し、天安門事件をきっかけに、当時会長だった司徒華が「香港市民支援愛国民主運動連合会」（支連会）を立ち上げた。教協は中国共産党政権への抵抗を示し、文化大革命の影響を阻止しようとした。1970年代、香港政府は教育の量的拡大を図り、さまざまな民間団体が運営する学校に公的資金を注入し、「資助校」として公立枠に組み込んだ。こうした中で、学位を取得していない教師が大量に採用されたが、教協が彼らの処遇改善を求める集団交渉の窓口になった。現在、香港の教師のほぼ 9 割が教協に所属してい

ると言われている。立法会議員選挙の職業団体別教育界枠（1議席）は、2012年から続けて、教協所属の葉建源議員が圧倒的多数で当選している。

　教連会は1975年に国粋派グループによって設立された。中国で文化大革命が続く中、香港政府は左派系愛国学校を差別し、1980年代末には5校のみとなった。先述の通り、民間団体の学校の多くは資助校に移管したが、左派系愛国学校は私立学校として非公立枠に据え置かれたため、彼らの財政状況は常に逼迫していた。中国への主権返還が決まると香港政府の左派への態度は徐々に緩和し、彼らも反体制的な政治教育を見直し始めた。政府の財政支援を得るため、資助校への転換を願う嘆願書を提出したが、教育当局は資助校の枠に入れず、直接資助計画（Direct Subsidy Scheme）で財政補助を出すことにした。やはり、政治的立ち位置の異なる左派系愛国学校は公立枠には入れられないということで、公立枠と非公立枠の間に準公立枠を設け、公的資金の提供を可能にしたのである。

　このように、香港の教育界には左派系の学校も存続を許されてきたものの、教師の大半は民主派を支持母体とする教協に属しており、リベラルな考え方を持っている。国民教育を推進する動きに対しても、批判的かつ慎重な立場を示してきた。

（5）　反国民教育運動

　教師はナショナルアイデンティティに関して、公民性、文化、民族など多様な要素を意識し、返還前後の政治・社会環境の変化にも影響を受けながら教育に携わってきた[8]。

　国民教育は1985年のガイドラインでは、独立した科目ではなく、さまざまな教科と関連させる形（浸透式）で行うとされていた。しかし、既存の教科学習の内容に中国的要素を追加するだけであれば、愛国意識は簡単には育たないとして、左派系愛国学校が実践してきた中国大陸への視察を組み入れるなど、国

8）　Chong, King-Mang, The Controversy over National Education and Identity: A Case Study of Hong Kong Secondary School Teachers. Asian Education and Development Studies 2(3) October, 2013, pp. 241-262.

情教育のプログラムが導入された。

そうした中、2003年7月1日には国家安全条例（政権転覆や国家分裂を禁じた香港基本法23条を具体化するための条例）の立法化に反対するデモが起こり、民主派が政治勢力として台頭した。危機感を抱いた北京政府は、国民教育政策に積極的に干渉するようになる。香港の親中派は曽蔭権行政長官の下で、国民教育を公民教育から完全に切り離し、再編成することを目指していた。新しいガイドラインには、共産党体制の下の中国政府を「進歩的で無私、団結した執政集団」と持ち上げる一方、アメリカなどの多党制民主主義は「政党同士の悪質な闘争で人民が苦しんでいる」などと記述されていたため、急速に批判が広まった。

香港政府は2012年秋から「徳育と国民教育」を必修科目として導入することを目指した。しかし、当時、教師、学生、保護者らを動員し、抗議デモやハンガーストライキを組織して存在感を示したのが、1990年代に生まれた若者が中心の学民思潮（Scholarism）だった。のちに雨傘運動でも活躍する黄之鋒（ジョシュア・ウォン）、林朗彦（アイヴァン・ラム）らが主要メンバーで、周庭（アグネス・チョウ）もスポークスパーソンとして活動した。学民思潮のメンバーをはじめとする若い人たちから親世代まで、幅広い層による粘り強い抵抗を前に、2012年7月1日に行政長官のポストを引き継いだ梁振英行政長官は、「徳育と国民教育」の導入を学校ごとの裁量に委ねると譲歩し、香港政府は事実上、国民教育という新たな必修科目の導入を撤回した。

これまで見てきたように、香港では返還前に、世界市民を思考する公民教育が国民国家の論理に基づく国民教育より先行して始まり、それが返還後には、中国的価値観を折衷した独自なものに変化していった。そうした中で、国民教育への反対の声が高まったのである。

3　通識教育をめぐる論争

(1)　通識教育で若者は過激化したのか

2013年、政治改革を求めて金融街のある中環（セントラル）を占拠する「オキュパイ・セントラル」が始まり、それに触発されるようにして、2014年には

反国民教育運動を率いた学民思潮などの団体が「真の普通選挙」を求めて授業をボイコットし、繁華街、商業エリアを占拠して抗議活動を展開した。行政長官選挙は2017年から1人1票の普通選挙が導入されると見られていたが、中国の全人代常務委が2014年8月、行政長官候補は指名委員会の過半数の支持が必要であり、候補は2-3人に限定すると決定したからだ。この方法では、指名委員会の多数は親中派で占められるため、北京政府の意に沿わない人物は事実上、立候補者から排除されてしまう。抗議の意を示して抵抗する人々を鎮圧しようと、警察が催涙スプレーや胡椒スプレーを発射し、人々はそれに対抗するために傘を使ったため、これら一連の抗議活動は雨傘運動と呼ばれている。

　通識教育を学校で学んだ世代は、確実に政治に関心を持つようになっている。雨傘運動の際に、占拠されたエリアでゴミ回収やトイレ掃除などのボランティア活動に参加していた高校生にインタビューした研究者は、若者のシティズンシップの意識は通識教育科が提供する多元文化・世界市民モデルの公民教育の影響を受けて形成されたが、雨傘運動が失敗に終わり、若者は現実とのギャップに悩んでいると指摘する[9]。

　通識教育では論争のあるテーマを取り上げるため、教師の能力や姿勢が教育の質に影響を与えるという問題意識からも、さまざまな調査が行われてきた。2007年から5年間行われたアンケート調査では、政府と教育当局が通識教育を誇大に宣伝し、市民から過大な期待が寄せられたが、教師が十分に役割を果たせず、意図された学習効果が得られていないという分析もあった[10]。

　2015年5月にすべての高校の校長、高校2-3年のクラス担任を対象に行われたアンケート調査では、131校の校長と168校の1411名の教師が回答した[11]。そ

9) Leung, Chun-pin, Beyond the Liberal Studies Classroom: Students as Learners of Citizenship in the "Umbrella Movement" in Hong Kong, Bachelor Thesis of The University of Hong Kong, 2015, pp. 1-90.

10) Fung, Dennis, Expectations versus Reality: The Case of Liberal Studies in Hong Kong's New Senior Secondary Reforms, *China Daily*, October 30, 2014, pp. 624-244.

11) Policy 21, Stories Untold-What happened in Schools During the Occupy Movement 2014, 22 Oct, 2015（https://www.hku.hk/press/press-releases/detail/13425.html　2020年12月5日閲覧).

れによると、雨傘運動に関して、多くの教師たちが公民教育を実践する好機ととらえていたという。「校長、教師は常に政治的中立を貫き、異なる観点の情報を提供し、生徒に自分自身の判断を持つように仕向けた」、「授業ボイコットへの参加、占拠運動への共感、運動への参加を禁止しなかった」、「生徒の身の安全を最大の関心事にと考えた」、「意見の異なる卒業生や保護者が学校の決定に介入することもあったが、生徒の利益を最大限に考えて対処した」、「占拠運動は学習の良い機会で、異なる形式での討論の場を設けて活用した。将来の仕事や生活で直面する政治にも備えるべき」といった意見が見られた。

このように、多様な観点から物事を観察、理解し、思考、分析することが重要であり、授業ボイコットなどに関しても、生徒の社会意識が高まったことを前向きに評価する声が少なくなかった。「学校はもはや政治と距離を置くことはできない」という認識を、多くの教師が持つようになっていった。

2015年のアンケート調査について中井智香子は「すべての高校と教師を一括りで分析すべきではない」とし、少数の左派系愛国学校と大多数の学校の差異、教員の組合（少数派の教連会、多数派の教協）の勢力図などを視野に入れずして、政治的中立は語れないが、雨傘運動期間中の教育活動において、政治的対立を煽ろうという動きは際立ってはおらず、多元性を包容する内容であったと述べている[12]。

しかし近年、若者が過激な政治活動をする傾向があるのは通識教育に問題があり、愛国教育・国民教育を強化すべきだという声がますます大きくなっている。こうした声に対し、香港の教育改革に長く携わってきた程介明（香港大学元副学長）は、若者の変化は通識教育が原因と考えるのは誤りであり、教師は生徒の思考力や判断能力を高めるために、さまざまな工夫をして教育に尽力していると述べている[13]。

「教育は全く同じ生徒を生み出す機械ではない。ソーシャルメディアの影響下で教育の役割は弱体化した。教育の機能は社会によって制限されるのだ。教師はただ、生徒の頭に教科書の内容を植え付けて、生徒に知識を得させようと

---

12) 中井・前掲注4）（2016②）6頁を参照。
13) 「与程介明対話―別譲政治奪去教育的霊魂」『香港01』178期、2019年9月2日。

しているのではない。生徒は外の世界と接触し、さまざまな経験をすることで、問題に対する見方を形成していく。通識教育で、教師は生徒に知らず知らずのうちに反共産主義を促進しているという人もいる。これは完全に根拠のないことだ。一部にそうした教師もいるかもしれないが、全体的に見てそのようなことはない。多くの教師がさまざまな工夫をして教えている。通識教育には現代中国、今日の香港、コミュニケーション、グローバリゼーション、公衆衛生、エネルギーと科学技術、環境の6つの単元があり、単に政治を語るものではない。通識教育の利点は、学生が議論を通して分析し、論拠を持って論点を主張するというところにある。変化が予測できない現代社会において、生徒が独立して思考し、高い判断能力を持つことができるようにしなければならない」

　教育改革に尽力してきた教育学者や、日々専門性を磨いている教育者の声は尊重されるべきであろう。彼らは通識教育を通して、自らの力で複雑な時代を生き抜くことのできる次世代を育成しようとしてきたのだ。

(2)　国家安全維持法の施行で縮小

　しかし、国安法の施行を受けて、香港政府は国家安全教育を推進する方針を示し、次々に行動に移している。2020年10月6日には、小学校5年生の授業で、独立派の活動家・陳浩天が出演したテレビ番組を紹介し「香港の独立」を計画的に広めたとして、この授業を担当した男性教員の教員免許が取り消された。この教員は「香港の独立を訴える理由は何か」、「言論の自由がなければ香港はどうなるか」という質問を課題に出したが、独立を主張したわけではないという。

　親中派の政治家らは、通識教育は若者を逃亡犯条例改正案の反対デモに駆り立てる要因となり、そこから反政府活動が広く発展したと主張している。通識教育は董建華が行政長官の時代に導入されたが、董建華は2019年7月になって「この教科は失敗だった」と発言した。教育局は2019年9月、教材の自主審査制度を導入し、6つの主要出版社がこれに参加した。その結果、一部の教材から「権力の分立」という表現、天安門事件に関する説明などが削除され、デモ活動に関わる写真など敏感な内容の素材は他のものに変えられた。さらに、「市民的不服従」（civil disobedience）には法的な責任が伴うことが強調されている。

董建華らが設立した財団「私たちの香港」は報告書の中で、通識教育の採点基準を「合格」か「不合格」だけにし、教材は政府がチェックして「中立性」を確保すべきだと主張している。香港政府はタスク・フォース（教育官僚、学校長、大学教授らによって構成）に委託し、学校教育課程の最終レビューを行なっていたが、2020年11月26日、通識教育の範囲を縮小し、中国人としての意識の養成を重視する内容に変更することを発表した。3年で250時間の授業時間を来年度から半減し、順法意識、愛国心の形成、世界的視野の発想を育てることに力を入れるのだという。通識教育で使われる教材に関しても、教育当局の審査に合格しなければならないという[14]。

（3）　日中関係の香港への影響

　急激に変化する昨今の香港の情勢を見ていると、今後、香港の関係機関の日本に対する姿勢や、日本に関わる教育内容にも変化が生じるかもしれないと思わされる。

　2020年5月、公開統一試験の「歴史」（選択科目）で出題された「20世紀前半の中国と日本」について論争が生じ、教育局長の楊潤雄は「侵略戦争で辛酸を舐めた中国国民の感情を著しく害する」として、考試局に対して設問を無効とするよう求めた。中国の新華社通信は「設問を取り消さなければ、中国人の憤怒は収まらない」、「香港の教育は学生に毒をばら撒いている。根治すべきだ」と論評した。一方、教育界選出の立法会議員の葉建源は、「問題は学生に同意を求めているのではなく、分析能力を問うものだ」として、香港・中国政府の過剰な反応を批判した。

---

14)　昨今の通識教育に関する動きについては、以下の記事を参照した。Cheung, Gary, Was liberal studies responsible for radicalising Hong Kong youth during protests, and should it be axed? *South China Morning Post*, September 23, 2020. Chan Ho-him, What is liberal studies in Hong Kong and why is it controversial? *South China Morning Post*, September 22, 2020. Chan Ho-him, Liberal studies should remain compulsory in Hong Kong classrooms, task force says, but with changes to textbooks, teacher training. Chan Ho-him, Hong Kong publishers make changes to Liberal Studies textbooks after voluntary review, *South China Morning Post*, August 18, 2020.

問題となった設問は「"1900-1945年の間、日本は中国に損害よりも利益を多くもたらした"という説に、あなたは賛成するか。資料C（1905年に刊行された法政大学総長・梅謙次郎の書物）と資料D（1912年に中国の革命家・黄興が政治家の井上馨にあてた手紙と、中華民国臨時政府と三井財閥との契約）を参考にし、あなたの知る範囲で答えなさい」というものだ。『香港と日本』（ちくま新書）の著者である銭俊華が筑摩書房のホームページ「ちくまウェブ」で詳しく分析しているが、それによると、この形式の設問への解答方法として、①その説に対して賛成か反対かを表明する、②特定の時期を解答範囲とする、③賛成・反対どちらの立場にせよ、損害にも利益にも言及する、④資料を参考にする、⑤資料以外に生徒が知る限りの知識を用いて答えるという5つが挙げられる[15]。

　資料について見てみると、Cは日本が中国で人材育成を支援したことを、Dは井上馨と三井財閥の支援で中国革命が成功したが、その一方で日本の介入で中国の内戦が勃発し、中国の鉄鉱山が抵当に取られたこと、しかも三井の貸金に対し、1年間で7厘という高い利子を負担しなければならなかったことが読み取れる。つまり、「日本は中国に損害よりも利益を多くもたらした」と受験生を誘導するものではない。さらに、資料以外にも生徒が学んで得た知識を活用しなければならないが、1900-1945年、日中間で起こった出来事の多くは日本が中国にもたらした損害に関わる。対華21カ条の要求、日本の中国に対する軍事行動、満洲国の成立など、教科書に載っていることの多くがそうした内容であり、日本の政治家や資本家がどのように清末の革命活動や中国の近代化を支えたかは、教科書以外の書籍を読んで勉強しなければならない。それゆえ、この分野の知識が不足している生徒は、「日本は中国に損害よりも利益を多くもたらした」に「賛成」と答えて、資料以外の論拠を挙げるのは難しいと銭俊華は指摘する。つまり、香港政府と新華社による非難は極めて理不尽であり、彼ら

15）「香港の入試問題が日本の侵略を美化？」『ちくまウェブ』2020年6月11日（http://www.webchikuma.jp/articles/-/2059 2020年12月5日に最終アクセス）。香港人の中国への反発、「日本」に関わる表彰を詳細に分析した銭俊華『香港と日本』（筑摩書房、2020年）も参考になる。

の歴史試験問題への知識不足を露呈したのである。しかし5月22日に、考試局はこの設問を取り消して無効にした。

　香港の試験問題は実にレベルが高い。高得点を取るには、大学で学ぶ社会科学や人文科学の専門的な知識が必要となる内容であり、そうした高いレベルに応じた指導や、解答に対して適切に講評できる教師や試験担当官は、相当高度な専門性を有していると言える。しかし、このような中国政府への忖度とも言えるような香港の教育当局の対応ぶりを見ていると、教育政策を専門の見地からとらえるのではなく政治の影響を考慮して進める傾向が続くことが予想される。

おわりに

　反国民教育運動、雨傘運動、そして2019年の逃亡犯条例改正案に対する反対デモと、香港の人々は自らのあり方を考え、高度な自治を求め、抵抗を続けてきた。これらの社会運動において、通識教育を受けた世代の若者たちが積極的な役割を果たしたことは間違いないだろう。必修化された通識教育は、すべての高校生が公開統一試験で受験する科目だ。通識教育は若者たちに、香港の統治のあり方を、司法の独立を、報道の自由をとことん考え、議論し、文章や映像を通して表現する機会を与えた。批判的思考力が重視されるがゆえに、祖国中国についてはマイナス面をとらえることがどうしても多くなる。自由が保障されている社会においてあたり前のことが、昨今の中国ではそうではないことが多いからだ。中国と香港では「制度」の差が大きすぎる。香港は「法の支配」（Rule of Law）を貫こうとしてきたのに対し、中国の「法治」（Rule by Law）では法より政治が上位に来る。政治情勢を見た上で、法を選択的に利用することが正当化されているため、権力者が法律を濫用する可能性が常についてまわる。

　だが、一部の若者がデモで暴力を行使したり、過激な思想や攻撃的・差別的な言論で自らをアピールしようとしたりすることに対して、教育に原因を押し付けるべきなのだろうか。大多数の人たちは平和的にデモに参加し、理性的に考えを述べ合い、民主的な手段での政治参加を求めていた。人間は時に感情を抑えられず、異なる意見を持つ者を激しく批判してしまうこともある。互いに

尊重し合いながら議論を深めていくことを学ぶのが、民主主義の教育であり、香港の人たちはそのプロセスを丁寧につくろうとしていた。デモの過激化の背景には、香港が抱える政治・経済・社会的要因が複雑に絡み合っている[16]。教育だけが問題ではないのだ。憎悪と相互不信の連鎖を断ち切るために重要なのは、相互に理解し合う努力を続けることであり、そこで教育は重要な役割を果たすはずだ。ただ、上から一方的に押し付ける形の愛国教育が解決策になるとは到底思えない[17]。今後香港はどこへ向かっていくのだろうか。

---

16) 香港が抱える複雑な政治・経済・社会情勢については、拙書『香港 あなたはどこへ向かうのか』（出版舎ジグ、2020年）を参照。

17) 通識教育のカリキュラムや教材の製作に長く関わってきた香港教育大学の趙永佳教授は、教育現場において、さまざまな形で愛国教育が性急に進められたため、それが逆に、インターネットなどから得た情報とのギャップを感じた若者たちの反発を生むことになったと分析している。「趙永佳：解讀港人「人心背離」之謎」『明報』2016年4月19日。

◆

おわりに

阿古智子

　2020年1月、中国・武漢で原因不明の肺炎による死者が急増しているとのニュースが届き、同月16日には日本国内でも、武漢に渡航した中国籍の男性の感染が確認された。武漢の病院が混乱状態に陥り、遺体があちこちに放置されるなど、惨状が露わになった。だが、中国の様子を他人事のように見ている間に、日本を含む世界各地で感染者が増え始めた。そして、世界全体が「新しい日常」を強いられ、経済活動は大きな打撃を被った。

　変化の大きかった2020年初めの数か月間、東京の我が家も、他の家庭と同じように不安に怯えていたが、私たちは新型コロナウィルス以外にも緊張させられる要因を抱えていた。それは、ちょうど同時期に、中国から逃れて日本に入国した家族をホームステイさせていたからだ。

　2019年12月、2010年代前半に憲政の実現や教育の平等を訴える「新公民運動」のリーダーだった許志永らが、福建省アモイ市で時政を論じる会合を開いた。同月下旬、そこに参加していた人権派弁護士や活動家らが相次いで拘束され、許志永も2月に「居住監視」（被疑者を秘密の場所に拘束すること）の扱いとなり、6月20日に正式に逮捕された。許志永は2014年に公共秩序騒乱罪で懲役4年の実刑判決が確定し、服役している。出所してから表立って活動していなかったが、今回、会合を開いただけで、コロナ禍で混乱が続く最中に再び逮捕された。社会運動の動きが生じる前に芽を摘むということなのか。我が家が受け入れたのは、アモイの会議に出ていた人権派弁護士の妻と2人の子どもだ。人権派弁護士は捕まるのを恐れ、ある地域に潜伏していた。

　親子はたまたま、マルチビザで日本と中国を行き来していた弁護士一家と、日本に旅行に来る予定を立てており、日本の短期滞在ビザを持っていた。夫が捜査対象となれば、家族にも圧力がかかる。その前に中国を離れた方がよいと

250

のアドバイスを受け、急遽日本へ出国したという。弁護士の妻は「アメリカに支援者がいるとは聞いたが、詳しい事情はよくわからないまま、とりあえず荷物をまとめ、迎えに来た空港に向かう車に乗った」と話していた。親子は来日当初、民泊に泊まっていたが、そこに長くは滞在できず、支援者を頼って秋田県へ行った。支援者は倒産した工場を買い取り、次のビジネスを準備している最中で、親子に工場横の厨房の奥にある小さな部屋を無料で貸し出した。私は中国の友人から親子の様子を気にかけて欲しいと頼まれていたため、2020年1月中旬、そこを訪れた。雪がしんしんと降る中、部屋に置かれた暖房は壊れており、家族3人が1セットの布団にくるまって暖を取っていた。

　弁護士の妻は海外への持ち出し制限内の現金を持っていたが、それだけでいつまで暮らしていけるのか。もし、中国の口座が凍結されれば、貯金も引き出せなくなる。第三国に出国するまでなるべく節約したほうがいいと私はアドバイスした。しかし、この寒空の下、秋田の小さな部屋で暮らし続けるのは過酷だ。子どもたちが長期間にわたって学校に行けないということも気になった。我が家はこれまで、日本で学ぶ中国の貧困家庭の子どもや人権派弁護士の子弟をホームステイさせてきた。親子3人となると窮屈だが、家族と相談し、受け入れることにした。

　出国先として最も可能性の高いのはアメリカ、その次はドイツか。支援者といっても、片手で数えるぐらいしかいないが、弁護士の妻は携帯のアプリで彼らとやり取りを続けていた。本当に第三国に行けるのか、ビザの有効期限が来ても中国に戻らせるわけにはいかないだろう。かといって、日本で不法滞在させるわけにもいかない。我が家がこうした状況の家族を受け入れたのは初めてで、わからないことだらけだった。香港や台湾の人権団体の友人や、難民支援の経験のある人らにアドバイスをもらい、必死で情報を集めた。役所に事情を説明し、子どもたちは息子と同じ公立小学校に受け入れてもらった。私の大学の教え子らが交代で小学校に通い、日本語がわからない子どものために、通訳ボランティアを務めてくれた。地元の剣道教室の先生は、手取り足取り、子どもに稽古をつけてくれた。やがて、新型コロナウィルスの影響が日本にも及び、学校も剣道教室も休止になり、一部の国への渡航制限がかかり始めた。2ヶ月近く経ち、狭い我が家で2家族6人が譲り合って暮らすのにも限界が来ていた。

「国家安全」を謳う恐怖政治

　紆余曲折はあったが、結局親子は、米国のキリスト教団体の支援を通じてビザを手に入れ、入国制限がかかる直前にアメリカに入った。まさに「ギリギリセーフ」というタイミングだった。

　私は、中国の政治社会変動を研究する過程で出会った多くの弁護士や市民団体のメンバーが拘留、逮捕され、学者やジャーナリストが出版や発言の機会を奪われたり、解雇されたりするのを目の当たりにしてきた。なかには、「騒動挑発罪」、「国家政権転覆罪」、「国家政権転覆扇動罪」といった罪状で有罪判決を受けた者もいる。

　人権団体を運営しているわけでもない筆者が、こうした人たちを支援するには限界がある。ただ、一人の人間として、人道的立場からやるべきこと、できることをしようとしてきた。しかし、中国で犯罪者とされる可能性のある人たちやその家族を助けるのだから、中国政府は筆者のことを「海外敵対勢力」と見るのかもしれない。

　本書で取り上げたように、中国は独特な「国家安全」に関わる法律や制度を有している。「国家安全法」（2015年7月1日公布）は、国内外の政治経済の安定、安全保障について包括的に定めている。偵察やスパイに対する取締りを担う国家安全部の職務を規定した法律として「反スパイ法」があるが、それは2014年に廃止された旧「国家安全法」の内容を引き継ぐ形で成立した。現在の「国家安全法」は、国家が担う「安全」確保の任務を、政治体制の安定性と国家の統一性、領土と海洋・空域における主権、経済システム、金融、エネルギーとその輸送ルート、食糧、文化・イデオロギー、科学技術、インターネット、各民族の団結、宗教の名を騙る違法活動、テロリズム、社会治安の安定、生態環境、原子力、宇宙空間、国際海底と北極・南極の領域において定めている。

　国家の安全を脅かすという容疑がかけられた場合、刑事訴訟法の規定などによって捜査、拘禁、逮捕が行われる。刑事訴訟法は「居住監視」を規定しており、逮捕の十分な証拠を得られていない人物に対して、外部との接触を断つため、拘禁を行うことが可能である。逮捕の理由や留置の場所は通常、24時間以

内に被疑者の家族または所属する組織に通知しなければならないが、捜査に妨げがある、あるいは通知の方法がない場合には、その限りではない。例えば、国家の安全や安定に危害を加える可能性があると認定すれば、親族にも居場所を伝えることなく被疑者を拘束できる。また、被疑者を拘留した後の捜査のための身柄拘束期間は2か月を超えてはならないが、内容が複雑な事件については延長を申請でき、「特に重大で複雑な事件」については全人代常務委の了承を得て、起訴を先送りできる。

このように、中国では「国家安全」の名の下に、基本的人権を侵害する行為が広く行われている。だから、人権派弁護士の妻たちは、夫がどこに拘留されているのかもわからず、2年も3年も行方を探し回り、外国政府や国際社会から支持を得ようと涙ぐましい努力をしているのだ。

国家安全維持法で急変する香港

2020年6月30日、国家分裂や中央政府転覆を企図する反体制的言動を禁じる「国安法」が施行され、香港も急激に変化し、中国と同様の状況が生じている。

教育局は、学校に国安法に違反する可能性のある教材や書籍の撤去を命じ、デモ活動のテーマ曲のようになっていた「香港に栄光あれ」を学校で歌うことを禁じた。国家安全を危険に晒すと判断されたインターネット上のメッセージは、警察が削除、規制、受信停止を要求し、プロバイダに個人情報を要求することもできるようになった。街で「香港独立」という旗を持っていただけでも、国安法違反で検挙される。雨傘運動で参加者を扇動した罪などで懲役1年4ヶ月の実刑判決（2019年4月）を受けた経歴のある香港大学副教授の戴耀廷（ベニー・タイ）は、7月に同大学から解雇された。教務委員会（学術面の最高権力機構）の議論に反する形で、校務委員会が解雇を決定したという。

黄之鋒（ジョシュア・ウォン）、周庭（アグネス・チョウ）らが率いていたデモシストなどの政治団体は解散や活動停止を宣言し、メンバーの一部は香港を離れたが、羅冠聡（ネイサン・ロー）、鄭文傑、朱牧民らの民主活動家は、国安法に違反した疑いで指名手配されている。8月には、国安法違反の容疑で、アップルデイリーの黎智英（ジミー・ライ）や周庭など、10人のメディア人と活

動家が逮捕された。アップルデイリーの社屋には200人以上の捜査員が家宅捜索に入り、パソコンや資料を押収した。11月11日には、香港基本法、国安法などに基づき、立法会・民主派議員4人の資格が剥奪された。抗議の意を示すため15人の民主派議員が辞職し、香港の立法会は親中派だけで運営される議会になった。民主派の立法会議員だった許智峯はデンマークを経由してイギリスに亡命し、急進民主派の立法会議員だった梁頌恒はアメリカに逃れた。

　そして12月2日、周庭、黄之鋒、林朗彦（アイヴァン・ラム）が、昨年6月21日の逃亡犯条例改正案に反対する警察本部包囲デモを扇動した罪などで、それぞれ10ヶ月、13ヶ月半、7ヶ月の禁錮刑の判決を受けた。6月21日当日、3人とともに現場にいた区諾軒元立法会議員によると、周庭はメガホンを手に持っていたがスピーチはしておらず、黄之鋒はメガホンを使ったが、現場に次々と人が集まるなかで懸念を抱き、「この先もまだ包囲を続けるのか」と語りかけたという。「連登」（「2ちゃんねる」のようなネットォーラム）で黄之鋒とやりとりしていた人たちは、黄之鋒の弱腰な態度に怒りを表し、のちに「あなたのせいで集会が続けられなくなった」といった批判を黄之鋒に向けたのだという。

　このような情報をもとに考えれば、黄之鋒が集会を組織した首謀者だとは到底認められないだろう。3人が集会への参加を煽ったというが、裁判官は具体的に、彼らのどのような言動を根拠に、その事実を認定しているというのか。今回の案件を担当した王詩麗裁判官は、民主活動家に対して厳しい判決を下す傾向があるとして評判になっていた。彼女は「事件の規模、人数、時間と地点」を考えて、3人の判決を下したという。では、警察署を包囲する人数が膨れ上がった集会の責任を、全てこの3人に押し付けるというのか。3人が過激な行動や暴力を促したという証拠がどこにあるのか。過去の判例を参考にすれば、周庭は若く、かつ初犯であり、集会への関与の度合いも低いのだから、有罪とされても、量刑は社会奉仕にとどまると見られていた。それなのに、結果は禁錮10ヶ月という実刑判決となった。

　周庭らに量刑が下った数日後の12月11日、黎智英が国安法違反で起訴された。彼が腰にチェーンを巻かれ、両手に手錠をかけられて移送される姿がテレビに流れた時、これはまるで見せしめだと感じた。中国のメディアもしばしば、同じような形で、政治犯として捕らえた人権派弁護士、改革派知識人、活動家の

姿を晒している。

香港に浸透する中国的法治

　イギリスの植民地であった香港は、コモン・ローを法体系の基本的理念としている。一国二制度の下、香港の司法はコモン・ローの法体系を維持してきた。コモン・ローは「共通する法律」を意味し、ノルマン朝の12世紀後半から、イギリスの国王裁判所が蓄積してきた判例を体系化した法である。議会制度が発展した13世紀以降、一般的な「慣習法」という意味合いに王権を制限するという要素が加わった。王権神授説を根拠に専制的な政治が行われていた17世紀初めには、議会が王権に対抗する理念、市民の権利を守るための基盤として、コモン・ローが掲げられた。

　しかし2020年9月1日、林鄭月娥行政長官は「香港に三権分立はない」と述べた。同月7日、中国政府の香港マカオ事務弁公室のスポークスマンは「香港にこれまで三権分立が存在したことはなかった」との見解を示し、行政長官の立場を正式に支持した。だが、そもそも「一国二制度」は、立法、司法、行政において独自の権限を有する特別行政区を設立するために、設けられたのではなかったのか。

　イギリスのコモン・ロー法体系の下にある香港と、社会主義の法体系を有する中国では、法の支配に対する考え方も大きく異なる。中国は「法の支配」（Rule of Law）ではなく、「法治」（Rule by Law）の考え方で、法を道具とした統治を優先してきた。言うまでもなく、国際社会の常識からすれば、権力側が都合よく法を選択的に使うことなどあってはならないことだ。昨今の香港においては、毎日のように「政治犯」が生まれているが、これは、香港の司法が独立性を失い、中国化しつつある現実を物語っている。

　イングランドの議会の指導者の一人であったエドワード・コークらによって起草され、1628年に議会で可決された「権利の請願」は、「国王といえども法に従うべきである」という考え方を基礎にしている。それに対して、三権分立を拒否する現在の中国の姿勢は、権力者が法に縛られることを拒絶しているのである。

黄之鋒や周庭は、海外に行くたびに議員と意見交換し、議会で証言したり、記者クラブで会見したりもしていた。自治侵害に関与した人物と、それら人物と取引のある金融機関に制裁を加えるという香港人権民主主義法や香港自治法の制定など、香港をめぐるアメリカの一連の制裁の法案に、彼らの活動が影響を与えた可能性は否定できない。中国政府の関係者は、こうした動きに激怒していたに違いない。しかし、彼らがやっていることは、法の支配の観点からすれば、なんら問題ではない。同様に、暴力を伴わないデモ活動や言論活動も、合法的に行われていたはず（少なくとも、デモ行進に許可が出なくなる前は）。しかし、国安法が施行された現在、香港における合法と非合法のラインは、以前とは全く異なる考え方で引かれるようになった。

　中国政府は、理性的に思考し、言論を武器に法制度改革を掲げる知識人を最も恐れている。中国における人権派弁護士や知識人への弾圧を見ていれば、それは一目瞭然であり、似たような状況が香港にも見られるようになってきている。暴力で立ち向かう人たちには、警察や軍隊を使って力で封じ込めればよい。しかし、黄之鋒や周庭ら、批判的に思考し、果敢に行動する若者たちは、外国語能力や専門的知識を駆使して海外の専門家や政治家とつながり、次々に中国政府を追い詰める策を提示した。だから彼らがスケープゴートになったのだ。

　彼らの活動は、国際的に見れば一般常識の範囲内で行われている。そのため、彼らを処罰するなら、中国独自の法治の観点から行うしかない。周庭らへの不当な判決は、このような背景の下に出されたと言える。今後、こうした中国のやり方がまかり通っていくのを国際社会が静観しているのなら、国際社会のルールは次々に中国の基準に置き換えられていくだろう。

中国の脅威に備えての「国家安全」

　ところで、視点が変わるが、「国家安全法」は台湾でも施行されている（2019年6月に改正案可決）。国家の安定に危害を加えることを目的に、中国当局に資金を提供したり、組織を発展させようとしたりする者を罰する法律だ。中国の脅威に備えての法律は他にもあり、昨年末には「反浸透法」が制定された。民進党の立法院党団が「反浸透法」の草案を2019年11月27日に提出し、12月31

日には可決・成立した。台湾では立法までに３段階の審議を行う。11月29日に第二段階の審議が始まり、12月27日と30日に与野党で協議した後、12月31日の本会議で条文ごとの審議を経て、採決が行われたという。筆者は2020年１月の総統選の時期に台湾を訪れた際、このスピード立法に対する批判を耳にした。

「反浸透法」は、「域外敵対勢力」が密かに台湾へ浸透・介入することを防ぎ、国家の安全と社会の安定を確保、中華民国の主権と自由民主の憲政秩序を維持するために制定された。「域外敵対勢力」（台湾と交戦・武力対峙している、あるいは非平和的手段で台湾の主権に危害を与える国や、政治実体、団体）が「浸透来源」（域外敵対勢力の組織やそこから派遣される人物）からの指示や委託、あるいは資金援助を受けて政治献金をしたり、選挙活動に携わったりすることを明確に禁止している。国家の安全や機密に関わる国防、外交、台湾海峡両岸業務に関するロビー活動を行うことも禁じている。

1991年に「違警罰法」という法律を改正して成立した「社会秩序維持法」が言論の自由を脅かしているという意見もある。違警罰法は軽微な犯罪行為に関し、被疑者を24時間拘留し、処罰対象者の財産権を剥奪する権利を警察に認めた、中華民国憲法施行（1947年）以前に制定された法律である。憲法は、被疑者の行動の自由を剥奪できるのは裁判所の審判によると規定している。つまり、違警罰法は違憲状態で30年間施行されていたのだが、これは問題だとして1991年に改正された。

違憲状態は解消されたが、社会秩序維持法は問題の多い法律だと言われている。まず、社会秩序維持法違反の名目で留置・取り調べを行うとしながら、警察が他の案件の捜査に利用する可能性が拭えないからだ。さらに、同法の63条１項５号は「デマを流布し、公共の安寧に影響を与える恐れがある場合は、３日以下の拘留か３万台湾元以下の過料と処す」と規定しているが、どのような話を、どのように広げれば公共の安寧に影響を与えたと判断されるのか明確ではない。つまり、「敵」を想定してつくられた台湾の法律も、一歩間違えば、現政権が権限を濫用し、反対勢力を封じ込めるために行使される可能性がある。

監視社会下の民主主義

　台湾の状況からもわかるように、民主主義国家においても、言論弾圧や権力濫用のリスクは常についてまわる。日本では、2013年12月に「特定秘密保護法」が成立した。これは、漏洩すると国の安全保障に著しい支障を与えるとされる情報を「特定秘密」に指定し、それを取り扱う人を調査・管理し、それを外部に知らせたり、外部から知ろうとしたりする人などを処罰し（最高で懲役10年と1000万円の罰金）、「特定秘密」を守ろうとするものだ。だが、「特定秘密」とはいったい何を意味するのか。防衛、外交、特定有害活動（スパイ）、テロリズムの防止に関わる情報というが、具体的に指定するのは、その時々の政府や行政機関の長であり、何が秘密かわからないまま、国民が処罰される可能性もある。

　2017年6月には、犯罪を計画段階で処罰する「共謀罪」の構成要件を改め「テロ等準備罪」を新設する「改正組織犯罪処罰法」が成立した。これにより、実行されたかどうかにかかわらず、テロ組織や犯罪組織が行うであろう犯罪に加担した場合に罰則が科せられる。つまり、実際に犯罪が行われていない段階で検挙・逮捕されるのであり、市民の社会運動や抗議活動に適応される懸念も示されている。政府による国民への監視が合法化されたと批判する声も強い。

　近年日本では、森友・加計問題、桜を見る会の招待者に関する情報開示の拒否、検察官の定年延長を可能にする検察庁法の改正案、新型コロナウィルス対策に関する持続化給付金支給事務の委託問題、河井克行前法務大臣と河井案里参議院議員の選挙資金をめぐる疑惑、日本学術会議会員の任命拒否など、政権が説明責任を果たしているとは到底思えない事案が続いている。メディア、市民、専門家の相互監視の目が弱くなれば、権力の濫用が起こり得る。公文書をしっかり管理し、情報公開を進めるよう、言論の自由を守り、開かれた討議ができるよう、私たちは政府や関係組織に働きかけなければならない。子どもたちが自由に考え、表現し、市民としての責任を果たすことができるよう、教育環境を整えることも重要だ。フェイクニュースに騙されず、質の高いメディアを評価できるよう、国民全体がメディアリテラシーを高め、不正を見抜く厳し

い目を持たなければならない。民主主義の環境は常に更新することが必要であり、そのためには、市民的自由を圧殺しようとする動きを黙殺してはならないのだ。

　情報化は私たちの暮らしを便利にし、コミュニケーションを促進してくれたが、「敵」の存在をより明確に示すようにもなった。実際には、「敵」の輪郭をくっきりと描くことなどできないのだが。ビッグデータの時代、中国は強大な影響力を持つようになった。私たちは中国の現在のありかたへの警戒を強めなければならない。しかし同時に、監視社会に抵抗し、民主主義を維持するために絶え間なく努力しなければならないのだ。

　本書は、一国二制度の下で一定の自由が保障されてきた香港の制度や法律を説明した上で、国安法の施行を受けて、関連の政策や法規にどのような変化が生じ得るのかを論じた。中国政府が強硬な姿勢を見せているとはいえ、香港で長年かけて整備された法や規定、蓄積された判例、権力を監視するための施策が一夜にして別のものに置き換わることはあり得ない。何がどのように変化し、変化しないのか。政治権力と法の支配はどのように関わっていくのか。すっかりイメージが悪化した警察は今後いかに役割を果たそうとするのか。自由が奪われる中で、人々はどのように在ろうとするのか。私たちは引き続き、香港を丁寧に見ていく必要があるし、一段と真剣に中国との関わり方を考えなければならない。そうした営為の中で、私たち自身のあり方も問われるのである。

　最後になったが、ご多忙の中、短い時間で作業を進めてくださった本書の執筆者全員に感謝を申し上げたい。特に、最初に本書の構想を提示してくれた増山健さんと高橋孝治さんのご尽力には深く感謝している。増山さんと高橋さんは2019年、私も参加した日本弁護士連合会での勉強会の後、出版に向けてのアイデアを継続的に出してくださった。表紙の素晴らしい写真を提供してくださった中村康伸さん、出版業界が厳しい状況に置かれている中でも、意義のある企画だとして前に進めてくださった日本評論社の串崎浩社長、編集作業を急ピッチで進めてくださった武田彩さんにも、心から感謝の意を伝えたい。

執筆者紹介（＊印は編者）

阿古 智子（あこ・ともこ）＊
東京大学大学院総合文化研究科教授。専門は現代中国論。著書に『貧者を喰らう国 中国格差社会からの警告〔増補新版〕』（新潮社、2014年）、共著に『超大国・中国のゆくえ5 勃興する「民」』（東京大学出版会、2016年）など。近著に『香港 あなたはどこへ向かうのか』（出版舎ジグ、2020年）。

宇賀神 崇（うがじん・たかし）
弁護士（日本・ニューヨーク州）。香港・中国法務と人事労務をライフワークとする。2019～2020年に香港の法律事務所 Gall Solicitors にて執務。著書として『中国経済六法』（共著、日本国際貿易促進協会）など。香港法務関連のセミナー多数。

倉田 徹（くらた・とおる）
立教大学法学部教授。専門は香港政治。著書に『中国返還後の香港』（名古屋大学出版会、2009年、サントリー学芸賞受賞）、共著に『香港』（岩波新書、2015年）、共編著に『香港危機の深層』（東京外国語大学出版会、2019年）など。

高橋 孝治（たかはし・こうじ）
会社員の傍ら立教大学アジア地域研究所特任研究員、韓国・檀国大学校日本研究所海外研究諮問委員。法律諮詢師（中国の国家資格「法律コンサル士」。初の外国人合格）。専門は比較法（中国法・台湾法）。主著に『中国社会の法社会学』（明石書店、2019年）ほか。2019年9月には香港中文大学訪問学者。

廣江 倫子（ひろえ・のりこ）＊
大東文化大学国際関係学部准教授。専門は香港基本法、香港法。単著に『香港基本法解釈権の研究』（信山社、2018年）、『香港基本法の研究──「一国両制」における解釈権と裁判管轄を中心に』（成文堂、2005年）。

弁護士 H
英国法（イングランド・ウェールズ）および香港法事務弁護士。

増山 健（ますやま・けん）
日本法弁護士。専門は香港法務、知財法。在香港日系企業からの相談や香港企業の対日投資相談に従事。香港中文大学法学修士へ留学中、大学が抗争の現場に。主論文に「フラダンス振付けの著作物性事件」著作権研究46号（2020年）178-194頁。

香港 国家安全維持法のインパクト
ほんこん こっかあんぜんいじほう
── 一国二制度における自由・民主主義・経済活動はどう変わるか
いっこくにせいど じゆう みんしゅしゅぎ けいざいかつどう か

2021年3月31日　第1版第1刷発行

編　者　廣江倫子・阿古智子
ひろえのりこ あこともこ
発行所　株式会社　日本評論社
〒170-8474 東京都豊島区南大塚3-12-4
電話 03-3987-8621　　FAX 03-3987-8590
振替 00100-3-16　　https://www.nippyo.co.jp/
印刷所　精文堂印刷
製本所　難波製本
装　幀　図工ファイブ
検印省略　© N. Hiroe, T. Ako 2021
ISBN978-4-535-52535-1　　Printed in Japan